キリストは甦られた

20世紀レント・イースター名説教集

R.ランダウ◉編

野崎卓道◉訳

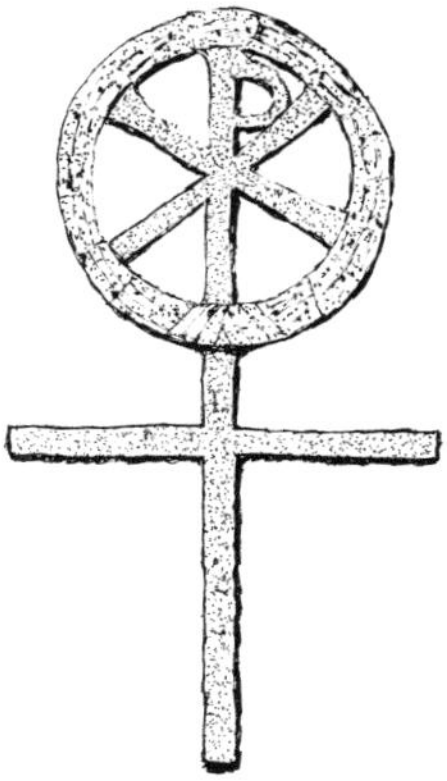

教文館

友たちを記念して

ライナー・ボーレイ牧師　マグデブルク
一九四一年五月一四日―一九八八年一二月三一日
ヘルマン・エルンスト牧師　エルムロイト
一九三〇年六月二四日―一九九一年一一月一九日
フォルカー・トラウトマン牧師　ケンツィンゲン
一九四〇年二月一二日―一九九一年九月七日

「わが救い主よ、私は絶えず、あなたへの溢れんばかりの感謝で満たされています。

全身全霊を注いで為し得ることを、私がいつも、あなたの御業と御栄えのために正しく捧げることができますように」。

（福音主義教会讃美歌第八四番七節）

Christ ist erstanden
Predigten und Bilder zu Passion und Ostern

Herausgegeben von
Rudolf Landau

目次

ゲオルク・アイヒホルツ
ヨハネの手紙一第四章一〇節 9
ユリウス・シュニーヴィント
四旬節第一主日（Invokavit） 詩編第一三八編三節、七節 13
クリストフ・ビツァー
四旬節第一主日（Invokavit） ルカによる福音書第二二章三一—三四節 25
ヴェルナー・クルシェ
四旬節第一主日（Invokavit） ヘブライ人への手紙第四章一四—一六節 38

フリードリッヒ・フォン・ボーデルシュヴィング
四旬節第二主日（Reminiszere）　マルコによる福音書第一四章二六―三六節――51
ハインリッヒ・ブラウンシュヴァイガー
四旬節第三主日（Okuli）　エフェソの信徒への手紙第五章一―八節――59
ローター・シュタイガー
四旬節第三主日（Okuli）　ペトロの手紙一第一章一八―一九節――70
ハンス・ヴァルター・ヴォルフ
四旬節第四主日（Laetare）　イザヤ書第五二章七―一〇節――81
ハンス・フォン・ゾーデン
四旬節第四主日（Laetare）　ローマの信徒への手紙第五章一―五節――94
ジークフリート・ヴァーグナー
四旬節第五主日（Judika）　創世記第二二章一―一九節――113

アントニウス・H・J・グンネヴェーク
棕櫚の主日（Palmarum）　イザヤ書第五〇章四―九節――133
ハインリッヒ・アルベルツ
棕櫚の主日（Palmarum）　マタイによる福音書第二一章一―一一節――140
マンフレート・ザイツ
洗足木曜日（Gründonnerstag）　ルターの『小教理問答』――149
ゲオルク・メルツ
洗足木曜日（Gründonnerstag）　詩編第一一三編――157
クラウス・ヴェスターマン
聖金曜日（Karfreitag）　詩編第二二編――169
エドゥアルト・トゥルンアイゼン
聖金曜日（Karfreitag）

イザヤ書第五三章一―六節、マルコによる福音書第一〇章三二―三四節――182
ヴァルター・アイジンガー
聖金曜日（Karfreitag）ルカによる福音書第二三章三三―四九節――197
クラウス＝ペーター・ヘルツシュ
聖金曜日（Karfreitag）ヨハネによる福音書第一九章一―五節――206
ハンス・ヨアヒム・イーヴァント
聖金曜日（Karfreitag）コリントの信徒への手紙二第五章一九―二一節――217
トラウゴット・コッホ
聖金曜日（Karfreitag）コリントの信徒への手紙二第五章一九―二一節――233
ゲオルク・アイヒホルツ
コロサイの信徒への手紙第三章一―四節――244

カール・バルト
復活祭主日（Ostersonntag）　イザヤ書第五四章七―八節――248
ゲルハルト・ザウター
復活祭主日（Ostersonntag）　マルコによる福音書第一六章一―八節――261
ルードルフ・ランダウ
復活祭主日（Ostersonntag）　ヨハネによる福音書第二〇章一一―一八節――272
マンフレート・ヨズッティス
復活祭主日（Ostersonntag）　ローマの信徒への手紙第四章一七節――292
クリストフ・ブルームハルト
復活祭主日（Ostersonntag）　コロサイの信徒への手紙第一章一二―二〇節――302
エーバハルト・ユンゲル
復活祭後第一主日（Quasimodogeniti）　ローマの信徒への手紙第八章一八―二四節a――317

カール・ハインツ・ラッチョウ
復活祭後第二主日（Miserikordias Domini）ペトロの手紙一第二章一八―二五節――335
訳者あとがき――349
人名索引――i

装丁＝熊谷博人

ゲオルク・アイヒホルツ

ゲオルク・アイヒホルツ（Georg Eichholz）は、一九〇九年に生まれ、一九七三年に死去。ヴッパータール教会立神学大学の新約学の教授であった。この説教は、ヴッパータール神学大学での礼拝の際に語られたものである。ゲオルク・アイヒホルツの説教集『聞くことと驚くこと』所収。Georg Eichholz, Vernehmen und Staunen, Neukirchener Verlag, Neukirchen-Vluyn 1973.

ヨハネの手紙一第四章一〇節

わたしたちが神を愛したのではなく、神がわたしたちを愛して、わたしたちの罪を償ういけにえとして、御子をお遣わしになりました。ここに愛があります。

受難週の中にあって私たちが出合う歴史、すなわちイエス・キリストの苦難と死の歴史においては、いったい何が起こったのでしょうか。また、それは私たちとどのような関わりがあるのでしょうか。普通、歴史におけるさまざまな結果に関して言えば、私たちがそれらから遠ざかれば遠ざかるほど、それらはますます色褪せ、理解するのが難しくなると言えます。しかし、聖書に関して言えば、イエス・キリストの苦難と死の歴史は、時が経つにつれ、私たちからますます遠のいてしまいかねない遠い過去の出来事ではありません。私たちがこの出来事を正しく理解するならば、私たちはこの出来事から「遠ざかる」ことはできません。むしろ、この出来事はそれ自体、私たちと密接な関わりがあります。なぜなら、この出来事において起こったことは私たちすべての者たちのために起こったからです。その結果、世界史においても、私たち自身の人生の変遷においても、私たちとこれほど密接に関わる出来事は他に何一つありません。確かに当時、何らかの仕方で関与していた人々は皆、イエスについてあれこれ思い巡らしました。すなわち、ユダヤ人たちの中で指導的立場にあった人々、ローマ国家の代表者ポンテオ・ピラト、彼から命じられ、十字架刑を執行した軍隊の司令官、大勢の群衆――彼らについては、彼らが「見物に集まっていた」〔ルカによる福音書第二三章四八節〕と非常に特徴的な言い回しで語られています――、そして最後に弟子たちです。その中のユダはイエスを裏切り、ペトロはイエスを知らないと否み、彼らは皆、イエスを見捨てて逃げ出しました。確かに当時、誰もがイエスについてあれこれ思い巡らしました。そして、おそらく私たちもイエスや当時起こった出来事についてあれこれ思い巡らすことでしょう。けれども、私はここで、当時起こった出来事に関するこのようなさまざまな人間的な考えと取り組むつもりはありません。聖書にとって重要なことはこのような人間の考えではなく、神がそこでお考えになったこと、神がそこでなされたことなのです。私たちには、それがいかに大胆なように思われようとも――この歴史について語りながら、神がここで行動されたことについて語っていない御言葉は聖書の中には一つもありません。

けれども、聖書の証人たちがこの歴史の謎を解く鍵を……次のような神の愛の中に見出していることは、私たちにとって、それよりもはるかに大胆で、それよりもはるかに理解しがたいことのように思われるかもしれません。すなわち、本来私たちが死ぬべきであったのに、神はその愛においてイエスを死なせた方として、私たちすべての者のために御業を成し遂げられたのです。パウロはそのように語っています。ヨハネもそのように語っています。そして、私はここで自分自身の小さな発見を見せびらかそうというのではなく、むしろ聖書の証人たちに従うことを望むので、私はここでヨハネ自身に語らせます。「わたしたちが神を愛したのではなく、神がわたしたちを愛して、わたしたちの罪を償ういけにえとして、御子をお遣わしになりました。ここに愛があります」。ヨハネがこのように語るとき、ここではカイアファやピラト、兵士たちや群衆がイエスの十字架のもとで考え、企てたことについて語られているのではありません。ヨハネがそのように語るとき、ここでは結局、神がここでなされたこと、すなわち本来私たちが引き受けなければならなかったはずの死を、神は御自分の御子に負わせられたということが語られているのです。まさにキリストの十字架は私たちに次のことを語ります。すなわち、私たちは皆、神に対して罪を犯しているということ――けれども、神は私たちの罪を私たちから取り除くことを望んでおられるということを。私たちは愛について何を知っており、私たちはどんな愛の業を行うことができるでしょうか。私たちが神に向かって一歩を踏み出す前に、神が私たちに向かって歩み出され、私たちとの間に橋を渡してくださったこと、それは私たちの想像を絶する神の愛の奇跡です。

そして今こそ、なぜ私が冒頭で「この歴史は私たちすべての者たちと密接な関わりがある」と語ったのかを私たちは理解します。この歴史が、あなたと共におられる神の歴史であり、私と共におられる神の歴史だからです。神がこの歴史において御業をなされたがゆえに、神はこの地上における私たちすべての者たちの人生に介入されたのであり、この歴史は過去の歴史にはならず、むしろ神は今日、私たちに語りかけておられるのです。耳を傾けているすべての人に、私は次のことを語ることができたらと思います。すなわち、神はこの歴史と共に、あなたのことも御心に留めておられるということ、あなたを苦しめ、絶望させるものが何であろうと、あなたはイエス・キリストにおいて私たちに出会う神の愛の現実に依り頼むことが許されているということ――そして、神御自身がそのような神の愛によって、あなたを愛へと召し出されるということを。なぜなら、神の愛に基づいて愛が「生まれる」からであり、この世界にも愛が生まれるからです。それは、私たちに与えられた大いなる愛を示すしるしであり、神が義務として私たちに負わせられるしるしです。神の愛は今日も明日も私たちの全生涯を通して、私たちの中に反響を探し求めているということに私たちが同意するときにのみ、私たちは神の愛を理解します。

ユリウス・シュニーヴィント

ユリウス・シュニーヴィント（Julius Schniewind）は、一八八三年に生まれ、一九四八年に死去。ハレ大学の新約学の教授であった。一九四六―四八年、ハレとメルゼブルクの監督教区長であった。この説教は、一九四五年ハレにて、四旬節第一主日（Invokavit）の前の土曜日に語ったものである。シュニーヴィント『講演と論文の遺稿集』所収。Julius Schniewind, Nachgelassene Reden und Aufsätze, Berlin 1952, S. 191-196.

四旬節第一主日（Invokavit）〔1〕
詩編第一三八編三節、七節

呼び求めるわたしに答え
あなたは魂に力を与え
解き放ってくださいました。
……

わたしが苦難の中を歩いているときにも
敵の怒りに遭っているときにも
わたしに命を得させてください。
御手を遣わし、右の御手でお救いください。

詩編第138編３節，７節

I

私たちはすでに不安[2]の中を歩んでいるのでしょうか。あたかも嵐の中を歩むように、不安のまっただ中を歩んでいるのでしょうか。私たち一人一人が経験したいくつかのことだけでもすでに、恐怖のただ中から逃れて来た人々が語ることを十分に暗示しています。けれども、まだあらゆる恐ろしい出来事が起こる前に、すでにこのような「不安のただ中に置かれる」経験をする人々も少なくありません。不安になり、心配し、悩むことが生涯を通じて重荷となる人も少なくありません。そして、今、私たちが置かれているこのような状況は次のことを明らかにするだけでしょう。すなわち、これが実際に私たちの置かれている状況であり、「命」と呼ばれるものは皆、死の不安に支配され、死の不安は私たちの全存在に決定的な影響を及ぼすということを。そして、おそらく、そのことを最も強く自覚している人はまた、「わたしが不安のただ中を歩いているときにも、あなたはわたしに生きる力を与えてくださる」〔詩編第一三八編七節のルター訳による〕ということを最も強く実感することでしょう。神は私たちのいかなる不安よりもはるかに強いお方です。

「わたしが不安の中を歩いているときにも、あなたはわたしに生きる力を与えてくださる」、それは「あなたはわたしを生かしてくださる。あなたはわたしの命を守ってくださる。あなたはわたしに命を与えてくださる」ということを意味します。神は私たちを死から救い出し、死の中にあるときにも、私たちを守ることのできる御力を持っておられます。神は、私たちの頭の髪の毛さえもすべて数えられていると私たちに約束されました。私たちはこの神の御言葉に基づいて神を信じるべきではないでしょうか。私たちの人生も、この御言葉が真実であることを証ししているのではないでしょうか。

「あなたはこのことに気づかなかったのですか」〔3〕。苦難や死のただ中にあるときにも、私たちの歩みを導いてくださるのは神です。救い主が〔エルサレム〕入城のためにロバの子を見つけ、食事の準備が整った広間を見出されるところ、まさにその道が死と、神に見捨てられることへと通じるところでこそ、神が一歩一歩を導いてくださるのです。そのことは救い主の御受難においても一貫しています。――「あなたはわたしに命を与えてくださる」。すなわち、神は生ける神であり、神はとこしえに生きておられます。地と世が造られる前に神はおられました。そして、世が過ぎ去るときも神はおられます。私たちが死にゆくときにも、私たちが死の不安のただ中にあるときにも、命の源なる生ける神であられる方が私たちと共にいてくださるのです。私たちはこのことを知らないのでしょうか。私たちは、神がそのようにお語りになるのを信じないのでしょうか。神は御自分の御言葉に責任を持ってくださり、まさにここでもこの御言葉に責任を持ってくださいます。「わたしが不安のただ中を歩いているときにも、あなたはわたしに生きる力を与えてくださる」。わたしが不安のただ中を歩いているときにも、あなたはわたしを生かしてくださいます。

けれども、最大の不安はまさにこのこと、すなわち神が私たちに御自分を隠されるということなのです。しかも、私たちが神の命から遠く離れたがゆえに、神は私たちに御自分を隠されるのです。「耐え難い不安のただ中で、私たちの罪が私たちを責め立てます」[4]。私たちが絶えずこの方、永遠に生きたもう神の近くにおり、この方と結ばれているならば、死がなんでありましょう。けれども、この方は私たちから遠く離れたところにおられ、私たちはこの方の御前から逃れ、この方を避け、この方を忘れています。事情がこのようであるとき、初めて本当の意味で不安は真の不安になります。そして、死は地獄となり、永遠に神から遠く離れることになるのです。

けれども、我らの主イエス・キリストは私たちのために、この不安のただ中に進み行かれたのです。この方は私たちのために、恐れとおののきと悲しみの中に進み行かれ、死ぬほど悲しまれ、恐怖と不安に陥り、死との闘いにまで至りました。私たちの福音書は、ゲツセマネの園でこの方が苦しみを耐え忍び、すでにその御生涯の間ずっと苦しみ耐え忍んでこられたことを述べています。この方は私たちの死の暗闇の中に進み行かれ、私たちのあらゆる試みの中に進み行かれ、神から遠く離れている私たちの状況の中に進み行かれ、神から見捨てられた状況の中に進み行かれました。そして、この方は勝利されたのです。この方は復活であり、命です。この方はこの世の人々の命と引き替えに、御自分の地上での命、御自分の「肉」を捧げてくださいました。しかも、この方は今や永遠の命を私たちに与えてくださるのです。この方は生ける主、今ここにいまし給う主、復活なされた主です。そして、今、神の教会を襲うあらゆる恐ろしい出来事はキリストの御受難に私たちをあずからせることができ、またあずからせなければなりません。私たちの死ぬはずの体にもイエスの命が現れるために、あらゆる不安や苦難において、私たちはキリストの死を体にまとっていると使徒パウロは語っています〔コリントの信徒への手紙二第四章一〇節以下」。そして、今やイエスの十字架はすべての破滅、死の戦慄、恐怖、途方もない罪を凌駕します。イエスは全世界の罪の贖いであり、神とこの世との和解です。そして、今やこの方は不安のただ中で、まさに不安のただ中でこそ、御自分が生ける主であり、御自分の御言葉に耳を傾けるすべての者たちや御自分の教会や私たちの上に君臨される主であられることを明らかになさいます。

私たちがこの方の聖餐を守るとき、御自分がそこに臨在してくださることをこの方は私たちに約束しておられます。聖餐には、この方の体と血、死と不安の中に捧げられたこの方の人間性全体があります。そして、そのようにして、この方は御自分がそこに臨在される中で罪の赦しを私たちに与えてくださるのです。すなわち、この方御自身があらゆる不安や罪を引き受けてくださったことが確かである限り、耐え難い不安は私たちから取り去られ、私たちに対する告訴は取り去られます。そして、そのようにして、この方はその食卓において、不安のただ中で私たちに生きる力を与え、死のただ中で私たちに命を与えてくださるのです。「罪のゆるしのあるところに、生命と祝福とがある」[5]。最初のキリスト者たちは主の食卓を「喜び歌って」祝いました。そして、いつの時代のキリスト者たちも、そこで私たちが主の死を告げ知らせる主の食事をそのように祝ってきました。なぜなら、罪の赦しのあるところには、生命と祝福とがあるからです。「わたしが不安のただ中を歩いているときにも、あなたはわたしに生きる力を与えてくださる」。

II

ところで、私たちはこの方の聖餐を守るとき、この方を呼び求めます。私たちはこの方御自身の祈りである主の祈りを唱えることで、この方を呼び求めます。私たちは罪の告白の祈りにおいてこの方を呼び求めます。そうするならば、この方は私たちの祈りを聞き届けてくださいます。「わたしがあなたを呼び求めるならば、あなたはわたしに答えてくださる」〔詩編第一三八編三節のルター訳による〕。私たちはこの御言葉に基づいて、この方の語られることを信じていますし、私たちはこの方の語られることを知っています。けれども「あなたはわたしの祈りに答え、わが魂に大いなる力を与えてくださる」というのは本当でしょうか。私たちは繰り返し自分の弱さや敗北を経験するのではないでしょうか。けれども、ひょっとすると、私たちはあらゆる苦しみや不安、罪や誘惑、呪いや恐れに直面して、私たちが所有し、私たちが意のままに操ることのできる非人格的な力を求めていたかもしれません。しかしながら、私たちが所有していると思っているそのような力は、繰り返し私たちを見捨てます。その結果、私たちは私たちの弱さや私たちの不安に逆戻りさせられます。けれども、ここで私たちに約束される力は決して非人格的な力ではありません。むしろ、それは主御自身の現臨です。この方の右の御手によって、私たちの手はしっかりと握られています。私たちは不安と罪と呪いの中にあるにもかかわらず、この方によって支えられており、この方は「ここにわたしがいる、ここにわたしがいる、あなたはわたしのものだ」と私たちに語りかけてくださるのです。

私たちはこのことを信じていますし、このことを知っています。けれども、そうであるならば、主が御自分の使徒に「わたしの力は弱さの中でこそ十分に発揮されるのだ」〔コリントの信徒への手紙二第一二章九節〕と語りかけておられることは本当にその通りなのです。この方の力はまさに私たちの弱さにおいてこそ完全に発揮され、目的を達します。この力は私たちには十分な恵みであり、決してそうするように要求する権利を持たない者たちに対する、主の恵み深いへりくだりです。ここにおいてこそ、「貧しい人々は幸いである」、「心の貧しい人々は幸いである」という最初の幸い章句が実現します。ここにおいてこそ、主が人として歩まれた御生涯の間、「激しい叫び声をあげ、涙を流しながら、御自分を死から救う力のある方に」〔ヘブライ人への手紙第五章七節〕祈られた主御自身の祈りが実現します。そして、神がこの方の祈りを聞き届けてくださり、死者の中からの復活を通し、御力をもってこの方を神の御子として定められたがゆえに、この方の祈りは聞き届けられ、呪いから解放されたのです。そして、それゆえに、明日、受難節の最初の日曜日は「彼は呼び求める」(Invokavit)と呼ばれるのです。それはすなわち「彼がわたしを呼び求めるならば、わたしは彼の祈りに答える」〔詩編第九一編一五節による〕ということです。主の復活において実を結ぶ、私たちの主の御受難について、そのように書かれているのです。

しかも、復活なされ、天に挙げられた方として「この方は常に生きていて、人々のために執り成しておられるので、御自分を通して神に近づく人たちを、完全に救うことがおできになります」〔ヘブライ人への手紙第七章二五節〕。この方の執り成しの祈りによって、またこの方が私たちに味方してくださるおかげで、私たちが神を呼び求めるならば、神は私たちの祈りに答えてくださるのです。キリストの絶えざる執り成しの祈りがなかったならば、私たちが人生を送る中で、思いや言葉や行い、行動や怠慢、意識や無意識において犯すあらゆる罪と共に、私たちは失われてしまうことでしょう。キリストの絶えざる執り成しの祈りがなかったならば、私たちの祈りは無駄に終わったことでしょう。私たちの祈りなど、どれほどのものでしょうか！　私たちの忘恩はどれほど深刻でしょうか！　ただ「キリストを通して」のみ、私たちは神に正しく感謝し、ただキリストを通してのみ、私たちの感謝は神の御前に届きます。私たちの思いはなんと散漫とし、転倒していることでしょうか！　ルターが「私は主の祈りを正しく祈れたことは**一度もない**」と言うとき、彼の言うことは正しいのではないでしょうか。外の喧騒や波立つ心は、私たちが祈る時間を見つけ、祈りに集中するのをどれほど妨げていることでしょうか！　私たちは何を祈るべきかについて、なんと無知であることでしょうか！　おのおのに何が必要であるかを知り、神が私たちや御自分の者たちや神のすべての被造物に対して、どのような御計画を持っておられるかを知った上で、私たちに委ねられているすべてのもののために執り成しの祈りをすることについて〔私たちはなんと無知であることでしょうか！〕。にもかかわらず、いかなる祈りも無効になることはありません。私たちの祈りは一つとして無効になることはありません。私たちは決して私たち自身の全権において祈るのでもなければ、私たち自身の力で祈るのでもありません。私たちはイエスの御名によって祈るのです。すなわち、イエス御自身が私たちの代わりに祈り、私たちのために祈ってくださるからこそ、私たちは祈るのです。私たちは「イエスの中で」祈るのであり、イエス・キリストが御自分の中に私たちをかくまってくださり、その体の肢として私たちを御自分のものと見なしてくださるからこそ、私たちは祈るのです。だからこそ、天の父は、私たちがこの方に祈る前に、私たちがまだ口を開く前に、私たちが何を必要としており、何を求めているかを御存じなのです。たとえ「エレイソン」、「憐れんでください、憐れんでください」という言葉だけであろうと、「アッバ」、「愛する父よ」という言葉だけであろうと、たとえば病気や仕事や生命の危険や苦悩や恐怖のどん底で、何かある聖書の御言葉や賛美歌の一節にすがり、たどたどしく語る言葉だけであろうと、天の父は私たちの内におられる聖霊の叫びを御存じなのです。

天の父は本当に私たちの祈りに答えてくださいます。「わたしがあなたを呼び求めるならば、あなたはわたしの祈りに答えてくださる」。これは厳密には「わたしが叫び求めた日に、あなたはわたしの祈りに耳を傾けてくださった」という意味です。天の父は日ごとに新たに私たちの叫びに耳を傾け、答えてくださいます。私たちは叫び、祈り求め、切に願う者として、日ごとに新たに神の御前に出ます。「……この日もまた、罪とすべての悪から私を守り、私のすべての行いと生活とが、み旨にかなうように、祈ります。……どうか悪い敵が、私にいかなる力もふるうことができないように、あなたの聖なる天使を私とともにおらせてください[6]」。そのようにルターは朝ごとに祈っており、また日ごとに捧げられるすべての正しい祈りの内容はそのようになるでしょう。なぜなら、私たちは主の祈りの規範に従って、そのように祈るからです。主の祈りにおいて、私たちは敵に相対して、神の御心がなるように、試みから守られるように、悪から救い出されるように祈るのです。

「悪い敵」、私たちが今取り上げている詩編の御言葉は敵の怒りについて語っています。神の敵に対する詩編の祈りは時おり、私たちには、適切でないように思われることがあるかもしれません。けれども「敵」という言葉で意図されているのは、神の民に敵対し、あらゆる災いをもたらす悪魔にとりつかれた人々のことなのです。実際に悪魔にとりつかれた人々や悪霊が存在します。だからこそ、私たちは、神が彼らの力に私たちを渡さないように、神が彼らの怒りに私たちを引き渡さないようにと祈り願うのです。神がサタンの力、サタンの怒りに私たちを引き渡さないように、私たちは神に祈り願います。ヨハネの黙示録は、あらゆる諸国民の怒りが神に対して燃え上がること――けれども、その後に神の怒りが襲う様子について力強く語る術を心得ています。あるいは、神の戒めを守り、イエスの証しを守る人々〔ヨハネの黙示録第一九章一〇節〕、すなわち神の教会に対してサタンの怒りが燃え上がる様子について力強く語る術を心得ています。神が私たちを試みに突き落とし、私たちを悪に引き渡したとしても、それは私たちにとって当然の報いであること、そのことを私たちは主の祈りを唱えるたびに口に出し、告白します。けれども、キリストはサタンに打ち勝ち、サタンから力と権利を奪い取られました。すなわち私たちを訴える権利をサタンから奪い取られたのです。そして、今や救い主であり、助け主であられるキリストが絶えず臨在なさることによって私たちを助けてくださいます。キリストが苦しみを受けられ、試みに遭われたからこそ、この方は試みに遭う人々を助けることがおできになるのです。

だからこそ、私たちは「わたしがあなたに呼び求めるならば、あなたはわたしの祈りに答えてくださる」とキリストに祈るのです。それは年老いたエリアス・シュレンク〔7〕の祈りに似ています（トラウゴット・ハーン〔8〕は、それが説教前に聖具室で祈られた祈りだと私たちに伝えています）。「敵が私を支配する力を持つことがないように、あなたの血を私の全身に注ぎかけてください」。私に対するあなたの見守りが絶えず私を取り囲むようにしてください！　死に渡されたあなたの命が絶えず私を守るようにしてください！　私たちが主の聖餐を祝うとき、私たちはそのようにキリストに呼び求めます。私たちの敵を前にしても、この方は私たちに食卓を整えてくださいます。この方の新しい契約、この方の血による新しい契約は告訴や怒りよりも強いのです。この弁護者は告発者よりも強いのです。それゆえに、私たちはこの方の前で、信仰の告白、誓い、感謝としてこの祈りを祈るのです。

「わたしがあなたを呼び求めるならば、あなたはわたしの祈りに答え、わが魂に大いなる力を与えてくださる。わたしが不安の中を歩むときにも、あなたはわたしに生きる力を与え、御手を伸ばしてわが敵の怒りを防ぎ、あなたの右の手でわたしを救ってくださる」。アーメン。

訳注

〔1〕四旬節第一主日の「インヴォカーヴィット」(Invokavit) という名称は、この説教の中でも述べられているように、ラテン語のミサの入祭文の言葉“Invokavit me, et ergo exaudiam eum”(「彼がわたしを呼び求めるとき、彼に答え……」)(詩編第九一編一五節、ラテン語のウルガタ訳聖書では詩編第九〇編一五節)に由来する。「インヴォカーヴィット」はラテン語で「彼は呼ぶ」という意味。

〔2〕新共同訳聖書で「苦難」と訳されている詩編第一三八編七節の御言葉は、ドイツ語のルター訳聖書では「不安」(Angst) という言葉が用いられている。

〔3〕福音主義教会讃美歌第三一七番“Lobe den Herren, den mächtigen König der Ehren”の第二節の歌詞。

〔4〕福音主義教会讃美歌第五一八番“Mitten wir im Leben sind”の第三節の歌詞。この讃美歌の第二節、第三節はマルティン・ルターによる作詞。

〔5〕マルティン・ルター「小教理問答」徳善義和訳、『一致信条集』教文館、二〇〇六年、五〇四頁。

〔6〕マルティン・ルター「小教理問答」徳善義和訳、『一致信条集』教文館、二〇〇六年、五〇五頁。

詩編第138編３節，７節

〔7〕シュヴァーベンの神学者、敬虔主義ないしは聖化運動の信仰覚醒説教者（一八三一年九月一九日—一九一三年一〇月二一日）。
〔8〕バルト海沿岸出身のドイツ人のルター派神学者・牧師（一八七五年二月一三日—一九一九年一月一四日）。

クリストフ・ビツァー

クリストフ・ビツァー（Christoph Bizer）は一九三五年に生まれ、二〇〇八年に死去。ゲッティンゲン大学の実践神学教授であった。この説教は、四旬節第一主日（Invokavit）に語られたものである。未発表。

四旬節第一主日（Invokavit）

ルカによる福音書第二二章三一―三四節

「シモン、シモン、サタンはあなたがたを、小麦のようにふるいにかけることを神に願って聞き入れられた。しかし、わたしはあなたのために、信仰が無くならないように祈った。だから、あなたは立ち直ったら、兄弟たちを力づけてやりなさい」。するとシモンは、「主よ、御一緒になら、牢に入っても死んでもよいと覚悟しております」と言った。イエスは言われた。「ペトロ、言っておくが、あなたは今日、鶏が鳴くまでに、三度わたしを知らないと言うだろう」。

I

ルカによる福音書第22章31―34節

愛する教会員の皆さん！　キリスト教会はおしまいです。教会はどうしようもありません。これ以上、教会のために努力しても無駄です。教会に属する人々は四散してゆきます。執事たちは教会に残ったものを清算し、神学教師としての牧師は教会に残った者を管理し、過去の状態を保っています。

確かに以前には、教会において時間と永遠が出会っていたかもしれません。イエスの周りには――何世紀も通じて――一つの民が集まりました。その民の交わりにおいて天の一角が開けました。救い主であり、贖い主であられる方が彼らと共におられ、救いの輝きで彼らを包んでくださいました。その照り返しの中で、彼らは一つの建造物を建立しました。それは時代の流れから完全に切り離され、何ものにも妨げられず、ほとんど時間を超越して存続するもの、すなわち教会です。

思い違いでした！　教会はどうしようもありません。教会のために努力しても無駄です。教会に属する人々は四散してゆきます。

愛する教会員の皆さん、私たちに与えられた説教テキストはこのような経験を前提としており、このような経験に由来しています。それは辛い経験です。教会、すなわちイエスとの生き生きとした交わりはもうたくさんだ！　という経験です。イエスの御姿と共に、教会は人間の最も深刻な貧しさと関わりを持ちます。すなわち、ベツレヘムの馬小屋におけるイエスの御姿と共に、あらゆる貧しさと関わりを持つのです。イエスの御姿と共に、教会は人間の最も辛い苦しみと関わりを持ちます。ゴルゴタにおけるイエスの御姿と共に、あらゆる苦しみと関わりを持つのです。教会はイエスを通し、聖餐においで、神に手で触れることができるほどに近づくことを許され、神の国におけるこの上ない幸いへと招かれます。けれども、イエスに連れて来られた人々、すなわちイエスの弟子たちは男も女も四散してゆきます。それは衝撃です。

今日の説教の物語の語り手である福音書記者ルカは、そのことにすっかり困惑している様子を、まさにこの受難物語の最初の場面の中に織り込みます。イエスはユダだけでなく、最も心強い仲間であったペトロにさえも裏切られることになり、イエスの仲間たちは我先にと逃げ出し、解散してしまいます。それが教会なのです。

II

私たちのテキストでは、イエスがペトロに普段の名前で「シモン、シモン、見よ……」と語りかけておられます。それはつまり「気をつけなさい。わたしは、あなたに重大なことを告げなければならない、見よ……」と語りかけておられるのです。

ペトロは実際に目を開かなければなりません。イエスがペトロに語りかけておられる間、イエスの御言葉を通して、ある光景を見なければなりません。すなわち、サタンが天上の世界で神の御前に進み出て、自分の願いを申し述べる光景です。「見よ、それがどのような光景であるかをあなたは注意して見なさい。ペトロ、もしあなたがサタンを、ただ賢い人間の思想から生まれる抽象的な原理、すなわち『**悪**』というような抽象的な原理にするならば、それはあなたには何の役にも立たない。もしあなたがサタンを、道化じみた悪魔の姿に変えてしまい、その結果、あなたがサタンを真剣に受け取る必要がなくなるならば、それはあなたには何の役にも立たない。シモン・ペトロ、見よ、よく見て、あなたが見ることを語りなさい。サタンは小麦のように、あなたと教会全体をふるいにかけようとしている」。

これが神の御前におけるサタンの要求です。私はサタンが手強い相手だと思います。サタンは攻撃を仕掛け、仕事をすることに慣れています。サタンは大股を広げて脱穀場に立ちます。サタンは、網目の細かい、丸く大きなふるいを両手に取りました。サタンが繰り返し穀物を振るうと、穀物は飛び上がります。穀粒はぴったりとくっついて再び舞い上がります。穀粒はふるいの網の目の上であちこち踊ります。すると、もみ殻は穀粒からはがれ、飛び散り、脱穀された純粋な小麦だけが残ります。

この古めかしいたとえは田園風景を描いているのではありません（比較的に害がない大学の試験を象徴しているのでもありません）。それは拷問、責め苦を象徴しているのです。サタンが上下にふるいにかける穀粒とは、人間のことなのです。ペトロが見るだけでなく、同時に聞かなければならなかったならば――彼は耳をふさがざるを得なかったことでしょう。なぜなら、恐ろしい叫び声、ふるいの上で骨が砕け散る音、戦争の足音と鬨《とき》の声（が聞えてくるからです）」。

「小麦のようにふるいにかける
シモン、シモン、見よ……」。

たとえペトロが二〇〇〇歳になり……、その間に機械による脱穀技術がこの古めかしいたとえからあらゆる具体性を取り去ってしまうとしても……事情はまったく変わらないでしょう。サタンはシモン・ペトロを、また彼と共にキリスト教会を、そして人類全体を小麦のようにふるいにかけることを望んでいます。

イエスは言われた。「シモン、シモン、見よ、
サタンはあなたがたを、
小麦のようにふるいにかけることを認めるように要求した」。

では、神はどうなされるのでしょうか。私たちはこのイエスの御言葉の中に神の御姿をはっきりと見ることができません。神は私たちの視界から消え去られました。私たちが目にするのは、このサタンという名の、強く堅固な土台の上に立ち、責任意識の明確な働き手だけです。サタンは真剣そのもので仕事に取りかかろうとします。私たちに神の威光を覆い隠す真っ暗で見通すことのできない闇に向かって、サタンはその願いを申し述べます。

では、神はどうなされるのでしょうか。私たちは、神が何もお答えにならないのを見ます。誰も、私たちのうち誰一人として、「私たちはかつて神と出会った」と胸を張ってはなりません！　けれども、神の答えは自ずと明らかです。何が起こっているのかを神が知ろうとなさらないはずがあるでしょうか。当然のことながら、神は、どれが**本物**の小麦であるかを知っておられるに違いありません。それはただ人生の時が経過するにつれて明らかになります。ふるいにかけることに対して、どうしてなのでしょうか。

神が反対されるというのでしょうか。働き手であり、実験者であり、探求者であるサタンは言わば神に代って委託調査をするのです。サタンは神に近づきます。――まさか、サタン自身が神の闇の一部なのでしょうか。

サタンの**魔力**とは、ふるいにかけ、吟味する魔力です。それはひょっとすると、謎に包まれた神の魔力でもあるのかどうか、私たちのうち誰が知っているでしょうか。サタンがあまりにも長くふるいを揺らし続けるならば、小麦の粒は一つ残らず裂けてしまい、ふるいから飛び出し、もみがらと一緒に飛び散ってしまいます。試みを受けるものが修復不可能なほどにすべての構成部分にバラバラに分解され、解体されるまで、サタンによる試みは決して終わりません。サタンの吟味は、人生に役立つ範囲に留める分別を持たず、吟味される人の命の尊厳を敬う感覚も持ち合わせていません。この試みの結末は見えています。シモン・ペトロはどうしようもありません。教会はどうしようもありません。それは散り散りになります。福音書記者ルカはここで第一に、なぜ教会の崩壊がそのように内部から生じたのかという理由を自分なりに解釈したのです。すなわち、明らかに教会は十分に満足の行くものではないのです。教会は貧しい人々と共にありながらも貧しくならず、福音と共にありながらも福音に基づいた生活を送らないのです。教会は組織化されて惨めな姿となり、神学によって見殺しにされました。けれども、最終的には、教会の崩壊の原因は天にあります。サタンが、神御自身がその原因なのです。そのことに対して、**教会**ができることはごくわずかしかありません！

III

ペトロはそのようなことにはまったく考えも及ばなかったことでしょう。私たちは彼を、すなわち彼の精神力、彼の勇敢さを過小評価しているのではありません！　すでに反抗心と怒りが彼のうちで高まっています。「そのようなことを－わたしは－決して－しません！」と。憤慨するあまり、ペトロはイエスの話の続きをそれ以上聞き取ることができませんでした。ここにも典型的な教会の姿があります！　もしペトロが引き続きイエスの御言葉に注意深く耳を傾け――目を注ぎ――イエスの御言葉を理解していたならば、彼の心の目の前で天の光景が劇的に変わるのを目の当たりにしていたことでしょう。

サタンと神の闇――そこに向かってイエスは語りかけておられるのです――との間で、明るく輝く方の御姿が前面に現れます。私たちはこの人の御姿を、影のように後ろから見ます。この方は古代の祈りの姿勢で両手を高く掲げて祈られます。この方の手の甲を注意深く見る人は、そこに出血し、かさぶたで覆われた傷跡に気づきます。あたかも人が釘を手に突きさし、再びそれを抜き取ったかのような傷跡です。この方こそ、まさにシモン・ペトロに向かって「見よ」と語りかけられた方です。この方はその視線の方向、この方が語りかけておられる方向、すなわちサタンに向かって進んで行かれます。ただ**この方**を通してのみ、サタンの願いは神の威光の領域に届きます。私たちに与えられた説教テキストは、この光輝く方が神の闇に向かって何を祈っておられるかを伝えています。この方は「シモン・ペトロの信仰が無くならないように、教会の信仰が無くならないように」と祈っておられるのです。文字通りに言えば、イエスはペトロに次のように語っておられるのです。

「しかし、あなたの信仰が無くならないように、わたしはあなたのために祈った」。

ただこのことだけがこの方の願いなのです。「偉大なる神よ、サタンが試み、吟味することを禁じてください」と祈っておられるのではありません。「私の教会の歩みが順調に行くようにしてください。なぜなら……」と祈っておられるのでもありません。「人類のために、少なくとも文化と教養の構成要素である教会をお守りください」と祈っておられるのでもありません。あるいは「最後に、彼らに悔い改める勇気をお与えください」と祈っておられるのでもありません。そうではなく、ただこのことだけ、すなわち「彼らの信仰が無くならないように」とだけ祈っておられるのです。

そのように、キリストの御姿は、天においては神の闇に向かって語りかけられます。同時に地上では、イエスはペトロに向かってまったく異なる言葉で、明らかに同じことを語られます。「ペトロよ、もちろんあなたも逃げ去るであろう。そのことについては、私は何も語らない。けれども、遠く離れた所で私の声が、すなわち約束を与え、信じるに値する私の言葉があなたに届き、またそれと共に私自身があなたのもとに来るときには、あなたは遠く離れたところで、あなたが私と共におり、いつでも私と共にいたこと、またあなたは再び私を信頼していることに気付くであろう。それのみならず、あなたは、あなたの信仰が決して無くならなかったことに気づくであろう。あなたのために裂かれたパンの中に、あなたのために流された杯の中に、私はあなたと共にいる」。

それゆえに、イエスはペトロに「あなたがいつの日か立ち直り、立ち帰ったならば、あなたの兄弟

フラ・アンジェリコ「最後の晩餐」

たちを力づけてやりなさい」と言われるのです。

福音書記者ルカはここで**第二**に、なぜ、そうならざるを得ないのか、すなわち教会の崩壊について自分なりに解釈しました。すなわち、まさに十字架に架けられたイエスの御姿以外には、教会は何も持たないことに気づくようになるまで、サタンはそれほどに長く教会を揺さぶり続けなければならないのだと。十字架に架けられたキリストの御姿こそ教会の宝なのです。イエスは天においても地においても、十字架に架けられた御姿で教会と共におられ、教会に語りかけてくださる信頼に値するお方なのです。イエスは、説き明かされる聖書の御言葉を通して語りかけてくださり、それらを通して御自分の活動の場を造り出されます。そして、説き明かされる聖書の御言葉はキリストの御姿を際立たせ、私たちに活動の余地を与え、私たちに次のような語りかけを聞かせてくれます。

「**見よ、見よ、**目を向けよ、あなたはこれらの**言葉**の中に私を見出すか? 私は世の終わりまで、いつもあなたと共にいる。他の権力は言うに及ばず、陰府の力〔門〕でさえもあなたに打ち勝つことはない。あなたの信仰が無くならないように、私はあなたと共にいる……」。

Ⅳ

ペトロは、ふるいにかけるサタンのたとえに引っかかり、先へ進めませんでした。彼は他のことはすべて聞きもらしてしまいました。「あなたの信仰が無くならないように……」という言葉も聞きもらしてしまいました。彼は、彼自身がこの約束のもとに立つことになること、この約束で、内面的にも外面的にも、彼は緊張した姿勢になるということに目を向けませんでした! 教会となるためには、わずかな信仰だけでは足りないと思われたがゆえに、彼は目を向けなかったのでしょうか。もし、サタンが小麦をふるいにかけるならば、少なくとも自分自身が苦しみを担う覚悟が不可欠なこととしてキリスト者に要求されなければならないでしょう。「主よ、サタンがふるいにかけるようにしてください。御一緒にならば、牢に入り、死んでもよいと覚悟しております」とペトロは言います。しかし、イエスは言われました。「あなたは今日、鶏が鳴くまでに、三度わたしを知らないと言うだろう」と。イエスとペトロの対話はそのように終わります。その後、本当にその通りになりました。

愛する教会員の皆さん、毎朝、多くの鶏が鳴きます。ゲッティンゲンではごくわずかなキリスト者たちだけが鶏を飼っており、朝早く起き、鶏が鳴く声を聞きます。そして、教会の**中であろうと**、**外であろうと**、彼らが鶏の鳴き声を聞いても――彼らは、鶏の言葉を理解しないでしょう。いわんや、鶏が証言する災いを理解しないでしょう。教会はどうしようもありません。主イエス・キリストよ、いつまでも私たちのそばにいてください。私たちを一つ所に集めてください。あなたの両手を高く上げ、私たちの信仰が無くならないように、私たちのために祈ってください。アーメン。

執り成しの祈り

主よ、永遠にいまし給う神よ、
宇宙のような広がりを持つ闇の中におられ
すべてを満たす計り知れない御力を持っておられる

クリストフ・ビツァー

天地の支配者よ。
主よ、永遠にいまし給う神よ、
私たちは、私たちの世界、あなたの世界が
あなたの御守りのもとにあるのを見ることができません。
あなたは私たちの前から御姿を消し去られます。
言わば、宇宙の果てに至る、
途方もなく遠い所に。
主イエス・キリストよ、
あなたにふさわしい仕方で、私たちの近くにいてください、
私たちの信仰が無くならないように
私たちのために祈ってください。
主イエス・キリストよ、私たちはあなたに祈り願います、
病と苦しみの中にある私たちとすべての兄弟姉妹のために、
裕福な生活と、あらかじめ作り上げられた幸福の中にある私たちとすべての兄弟姉妹のために、
実現不可能な要求の重荷を負っている私たちとすべての兄弟姉妹のために。
彼らや私たちと共にいてください。

ルカによる福音書第22章31—34節

彼らや私たちの信仰が無くならないように、
生き生きとした忠誠と落ち着いた信頼を取り戻すために、
サタンの試みをあまりに長く続かせないでください。

主イエス・キリストよ、私たちはあなたに祈り願います、
私たちの世界、あなたの世界のありさまをご覧ください。
私たちは私たちの世界、あなたの世界の生態系のバランスを失わせてしまいました。
私たちは生態系のバランスをすっかり破壊してしまいました。
私たちの武器の生産が戦争に次ぐ戦争を生み、殺戮や殺人を生みます。

私たちの研究は無気味な特徴を、それどころか悪魔的な特徴を帯びています。

主イエス・キリストよ、私たちはあなたに祈り願います、
世の救い主として、犠牲者たちのそばに、そして私たちのそばにいてください、
あなたの御命令と赦しにより、犯罪者を、私たちを悔い改めへと招いてください。

この世に信仰が無くならないように、
生き生きとした忠誠と落ち着いた信頼を取り戻すために、

あなたの教会のゆえに、
サタンの試みをあまりに長く続かせないでください。

主イエス・キリストよ、
私たちは、私たちと親密な関係にあるすべての人々のためにあなたに祈ります。
計り知れない神の御前に私たちの祈りを届けてください。
神が彼らや私たちに――恵み深く――父としての御顔を示してくださるように。
（私たちは黙禱します。）

……

主の祈り

ヴェルナー・クルシェ

ヴェルナー・クルシェ（Werner Krusche）は一九一七年に生まれ、二〇〇九年に死去。一九六八―一九八三年まで教会領ザクセンの福音主義教会監督。この説教は、一九九二年の四旬節第一主日（Invokavit）にマグデブルク大聖堂で語られたものである。未発表。

四旬節第一主日（Invokavit）
ヘブライ人への手紙第四章一四―一六節

さて、わたしたちには、もろもろの天を通過された偉大な大祭司、神の子イエスが与えられているのですから、わたしたちの公に言い表している信仰をしっかり保とうではありませんか。この大祭司は、わたしたちの弱さに同情できない方ではなく、罪を犯されなかったが、あらゆる点において、わたしたちと同様に試練に遭われたのです。だから、憐れみを受け、恵みにあずかって、時宜にかなった助けをいただくために、大胆に恵みの座に近づこうではありませんか。

愛する教会員の皆さん！　私たちのほとんどの者たちがすでに一度――あるいは何度も――履歴書を書いたことがあるでしょう。そこには、私たちの人生を決定づけた最も重要で、最も本質的な事柄が書き込まれたに違いありません。それでは、私たちの中に、イエスが自分の人生にとってとりわけ決定的に重要な方であると、かつてそこに書き込んだ人がいるでしょうか。私たちのうち大部分の者たちがそのようなことを書き入れたことはないと告白しなければならないのではないかと思います。ちなみに私もそうです。いったいなぜでしょうか。イエスには、第一〇学年の卒業証明書ほどの重要性もないのでしょうか。ところで――私たちが自分の履歴書の中でイエスについてまったく触れなかったことには、おそらくそれなりの理由があることでしょう――それでもやはり、それらの理由には十分な根拠があるのか、それともそれは単なる言い逃れに過ぎないのかということを、私たちは自分自身に一度問わなければならないでしょう。

「いったいイエスは私たちにとってどのような方であられるのか。イエスは私たちの人生において、どれほど重要な方であられるのか」と私たちは一度自分自身に問わなければならないでしょう。「私がイエスのものであるということこそ、私の幸福のすべてであり、私の喜びのすべてです」と言う人がひょっとすると私たちの中に実際にいるかもしれません。私はイエスのものです――そう語ることによって、私に関して本質的に重要なことはすべて語り尽くされたことになります。もはやこの方を抜きにして私は存在しません。この方と一緒でなければ、私の存在は考えることができません。――そのように語ることができ、それと同時に、私たちがこの方を見出したのではなく、この方が私たちを見出されたということを知っている人は幸いです。――ひょっとすると、私たちの中には、そのことについて語るのを少々ためらう人がいるかもしれません。そのような人たちは、この方――イエス・キリスト――を心から信頼し、この方に全幅の信頼を置き、「私はこの方のものである」と信仰を告白すべきときに、この方に対する信仰が不十分であったことを今なおあまりに大きな痛みをもって思い起こします。成年式〔1〕に参加するかどうか、若い教会に所属するかどうか、武器を持つ兵役に服するかどうかが問題となったとき、自分たちが圧力に屈したことを今なおあまりに大きな痛みをもって思い起こすのです。ひょっとすると、私たちの中には、イエスに対して非常に緩やかなつながりしか持たない人がいるかもしれません。けれども、彼らも、本当はもはやイエスから離れることを望んでいないことに気づいています。彼らは自分の人生から再びイエスを取り除こうとは思いません。イエスとつながる彼らの人生において何かが始まったのです。イエスに対する私たちの関係がいかなるものであれ――私たちは誰しも次の点で同じ状況に置かれています。すなわち、私たちは誰しもイエスを必要としているということです。

この受難節第一主日に、以下のことを私たちの心に刻みたいと思います。

イエス・キリストは私たちすべての者が必要としている方である、

(1)この方は私たちと同じように試練に遭われたゆえに。
(2)この方は私たちの弱さを心に留めてくださるゆえに。
(3)私たちはすべてのものを携えて、この方のもとに来ることができるゆえに。

I

人間であること――弱く、試みに陥りやすく、不安にとらわれた人間であること――がどういうことであるかを知り、**私たちを全面的に理解してくださる方を私たちは必要としています**。あらゆる責任を引き受けた上で人間となるのではなく、ただ上辺だけ人間となり、本当に試練に遭うこともなく、ただ上辺だけ試練に遭い、自分は誘惑に負けることはないということを前もって知っている神の御子――そのような神の御子は私たちにはまったく何の益ももたらさないでしょう。けれども、イエス・キリストはそのような方ではありませんでした。この方について「イエスは……すべての点で兄弟たちと同じようにならねばならなかったのです」〔ヘブライ人への手紙第二章一七節〕と語られております、ここでも「この方はわたしたちと同様に試練に遭われたのです」と言われています。このことは私にとって、イエス・キリストについて語られていることの中でも最も重要なことの一つに数えられます。このことのゆえに、私はこの方をとても身近に感じます。すべての点で私と同じようになられ、あらゆる点で私と同様に試練に遭われ、私とまったく同じように、困難を避け、争いを回避するか、それとも激しく言い争う危険にさらされたのです。この方が受けられた試練はまやかしではありませんでした。この方が試練に打ち勝つことは決して初めから確実であったわけではありませんでした。この方は決して何の苦労もなく、それを成し遂げられたわけではありませんでした。今日この日曜日に与えられた福音書の御言葉において、私たちは、イエスがその道の初めにお受けになった試みについて聞きました。もちろん、それは**この方**特有の試みでした〔「お前が神の子なら」〕〔マタイによる福音書第四章三節以下による〕)。――この方は私たちと同じように試練に遭われましたが、私たちはこの方と同じ試練には遭いません。けれども、それは確かに、この方お一人だけが受けられた試練ではありませんでした。最後に十字架が立っている道から常にイエスを逸れさせ、十字架を回避する方へ向かわせようとされたのです。あらゆる試みが、命を保ち、生き延びようとし、苦しみを避け、罪人たちに距離を置くようにイエスの心を動かそうとしました。いつでも、この方が失われた者を探し求め、救い出し、彼らのために御自分の命を差し出され、名声を失うという御自分の使命に忠実であり続けるのか、それともこの方が御自分の身を守り、もっと安易な道を行くのかということが問われていました。この方はいつも神の御心を選び、神と共に、より困難な神の道を選び取る決断を下されたことによって、この方はここで言われる通り「罪を犯されなかった」のです。したがってイエスが罪を犯されなかったのは、この方がいわば「生まれつき」――神の御子として――持ち合わせている性質や資質によることではありませんでした。まして処女から生まれたことによるのでもありませんでした。むしろ、それは繰り返し新たな決断によることであり、繰り返し新たに神の困難な道を従順に歩むことによることでした。ペトロがイエスに対して「そんなことがあってはなりません!」〔マタイによる福音書第一六章二二節〕とこの道を行くのを思いとどまらせようとしたとき、イエスはペトロを叱りつけられました。「サタン、引き下がれ! あなたはわたしの邪魔をする者。神のことを思わず、人間のことを思っている」〔マタイによる福音書第一六章二三節による〕。――そして「人間のこと」というのはまさに苦しみを避けることなのです。――この困難な道の終わりに、この方に一斉に襲いかかるあらゆる悪意に直面して、再び誘惑に満ちた問いが突きつけられました。すなわち、御自分にとって、もっと楽で歩みやすい別の道はないのだろうか、言葉では言い表しがたいこのような厳しい結末を迎えずに済ませることはできないのだろうかという問いです。私たちは、この方がゲッセマネの園で次のように祈っておられるのを聞きます。「アッバ、わが父よ、あなたは何でもおできになります。この杯をわたしから取りのけてください。しかし、わたしが願うことではなく、あなたの御心に適うことが行われますように！」──人々が私にしようとしていること、この恐ろしい辱めから逃れさせてください──「しかし、わたしが願うことではなく、あなたの御心に適うことが行われますように！」〔マルコによる福音書第一四章三六節による〕。「どうしてもこの道でなければならないのか」、「十字架を避けることはできないのか」、このような試みを受けておられる場面ほど、私がイエスを身近に感じる場面は他にありません。それと同時に、この方が御父の御心に従順に従われる点において、私とはどれほど異なっておられるかということに気づかされます。

II

私たちはイエス・キリストの中に、私たちすべての者が必要としている方を与えられています。この方は私たちと同じように試練に遭われました。この方は私たちの弱さを心に留めてくださいます。

この方は、試みに遭い、試練に遭うことがどういうことであるのか、また試練と戦い、倒れないことがどれほど難しいことかを、御自分の肉体と魂において経験されました。それゆえに、この方は、私たちが試練に打ち勝たないとしても、唖然としたり、思いやりのない対応をなさいません。ここで聖書に書かれている通り、私たちはイエス・キリストにおいて「わたしたちの弱さに同情できない」方と関わりを持つのではありません。この方は、私たちが誘惑に立ち向かうことができないとき、ただ同情されたり、共感されるだけではありません。――それだけではまだ私たちの助けにはならないでしょう。この方は私たちと同じように試練に遭われましたが、試練に耐え、試練に負けませんでした。だからこそ、この方は本当に私たちを助けることのできる方として私たちと共にいてくださるのです。この方について、「事実、御自身、試練を受けて苦しまれたからこそ、試練を受けている人たちを助けることがおできになるのです」（ヘブライ人への手紙第二章一八節）と書かれています。この方は私たちを無能なまま放っておかれず、そのことで「どうしてあなたはそんなことができたのか。そもそも、どうしてそんなことが起こり得たのか。あなたはそんなに弱虫で、哀れで、無能な者なのか」と私たちを咎めることはなさいません。この方は今日「密告者」（国家公安局〔旧東ドイツの秘密警察〕の非公式の協力者）という名称を、相手を打ちのめすための言葉として用いられることなく、そのように呼ばれる人々を、利用され、弱みにつけこまれた人々と見なされることでしょう。――彼らの不安、彼らの自己顕示欲、彼らのおしゃべり好きで、お人好しな性格、「弱いもの（女性）」（ペトロの手紙一第三章七節）に対する彼らの偏愛。「この大祭司は、わたしたちの弱さに同情できない〔共に苦しみを担うことのできない〕方ではない」（ヘブライ人への手紙第四章一五節による）。**このようにお語りになりません。共に苦しみを担ってくださる方〔同情してくださる方〕として、イエスは決して次のようにはお語りになりません。**「人が誘惑に負け、屈すること、人が利用されたこと、監視下に置かれた人について報告書を書き、送り届けたこと、人が選挙の際に無記名で投票したこと、人が戦闘部隊に協力したこと、両親が子どもの堅信礼教育のための授業を辞退する届け出をしたこと――これらはまことに残念なことに人間の弱さです。人間はそのようなものだから仕方がない」と。

もし、イエスがそのようにお語りになるならば、イエスは私たちの弱さに同情してくださらないでしょうし、私たちの弱さはこの方に苦痛を与えることはなく、むしろその場合には、イエスは私たちの弱さに妥協なさることになるでしょう。そうなれば、望みがなくなるでしょう。イエスが私たちの弱さに同情してくださるというのは、イエスが私たちを気の毒に思うということではなくて、イエスが私たちを助けてくださるということです――それは一つには、何よりも私たちが自分の弱さを認めるためであり、私たちが自分の弱さを隠し、なぜそうせざるを得なかったかについて、あれこれと言い訳を並べ立てなくて済むためです（「私たちはそうせざるを得なかったのです。人々が私たちにそうするように強制したのです。私は大した人間ではありません……」）。イエスはどんな人にも、自分自身に対しても、他の人に対しても、もはや何もごまかさない勇気を与えてくださいます。イエスはどんな人にも、この方――イエス――と教会の兄弟姉妹――すなわち十字架を負った経験がある人に――自分がどこで誘惑に負けたのか、どこで無能ぶりをさらけ出したのか、どこで罪を背負うことになったのかということを言い繕うことなく語る勇気を与えてくださいます。そして、イエスは、その人がそうすることができるように助けてくださいます。また、その人が責任を負っている人――自分の配偶者や子どもたち、あるいはある人について報告書を書き、もしくはその他の方法でその人についての情報を提供した、その被害者の所へ行くように、あるいはその人が何年か前に成績証明書に（「まだ確固とした階級的観点を持っていない」と）コメントを書き、その結果、大学入学を認められなかったかつての学生のところへ行くように助けてくださいます。そうする場合にのみ、私たちは自由になり、そうする場合にのみ、私たちの間で再び交わりが可能になります。イエスが私たちの弱さに同情してくださるというのは、この方が私たちの無能さや、これまでそのことについて黙っていた私たちの臆病さを共に悲しんでくださるということであり、また――暴露話の好きなジャーナリストや神学者たちのように――この方が私たちに有罪の判決を下し、私たちをさらしものにするのではなく、むしろ憐れみの心を持って私たちと関わってくださり、私たちの弱さ（例えば、私たちが他の人々について噂話をすることが好きなこと）にもっと上手に対処し、より一層イエスに似た者となり、イエスが試練に打ち勝たれたように、ここかしこで私たちの弱さを克服することができるように私たちを助けてくださるということなのです。

「この大祭司は、わたしたちの弱さに同情できない方ではない」。私にとって、その最もすばらしい例の一つは、イエスが実際にそうなされたように、イエスが復活なされた後、（「そんな人は知らない」「何のことを言っているのか、わたしには分からない」〔マタイによる福音書第二六章七〇節以下〕と）三度御自分を否んだペトロに出会われたことです。そして、今やペトロは復活なされた主の御前に立ちます。するとこの方は、「岩」を暗示する名前である「ペトロ」の行為を明るみに出さず、彼の無能ぶりを咎めることもなさいません。この方はペトロに罪の告白を強要せず、むしろ――「あなたはわたしを愛しているか」〔ヨハネによる福音書第二一章一五節以下による〕と三度ペトロの愛について尋ねられ――そして、そうお尋ねになることで、とても慎重に、彼が三度否んだことを思い起こさせられます。イエスはその際、決して単純にペトロから痛みを取り除かれるわけではありません。「ペトロは、イエスが三度目も、『わたしを愛しているか』と言われたので、悲しくなった」〔ヨハネによる福音書第二一章一七節〕のです。繰り返しそのように問われなければならないのは悲しいことです。ペトロは、なぜかつて、そのようにふるまったのかということについて説明しようとはしません（「私には悪気はなかったのです。私は他の弟子たちのようにあなたを見殺しにしようとしませんでした。だからこそ、私は偽装しなければならなかったのです。私はあなたに害を与えませんでした」と）。そうではありません――そのように自分で責任を軽くしようとするのではなく、一切の自信を放棄し、イエスのご判断に委ねたのです。「主よ、わたしがあなたを愛していることは、あなたがご存じです」。すると、イエスは「三年の執行猶予」を与えるのではなく、「わたしの羊を飼いなさい」と言われました。「私は、私が持っているものの中で最も価値あるもの、すなわち私の教会をあなたに委ねる」。イエスはそのようにして私たちの弱さと向き合ってくださるのです。十字架に架けられた方の御前では、誰も卑屈になる必要はなく、むしろ弱さのゆえにしてしまったこと、あるいはしなかったことを十字架の前に降ろすことが許されるのです。

〔この方は〕私たちと同じように試練に遭いながらも、試練に負けることなく、それゆえに、私たちが繰り返し誘惑に負け、屈してしまわないように私たちを助けることがおできになります。今日、私たちにとってとりわけ誘惑となるものは何でしょうか。もちろん、もはや旧東ドイツ時代のようにこっそりと教会を立ち去り、キリスト者であることを明らかにせず、迎合し、不安に駆られて、どんなことにも協力することではありません。果たして今日の誘惑は、いつでもより多くのものを所有することを望み、いつでも新しい願いを持ちながらも、ますます貧しくなるという点にあるのでしょうか。私たちはひたすら新しいことを何一つ逃さないようにするあまり、あらゆる堤防を破壊する性交や不倫の波の上を漂い、私たちの一生を台なしにするのでしょうか。それとも反対に、私たちが失望し、困難にぶつかる経験を重ねた結果、希望を捨て、感情の赴くままにふるまうほどに感覚が麻痺してしまうのでしょうか。それともアルコールに逃げるのでしょうか。それとも、あたかも私たちがここに留まり、あらゆる困難を耐え抜いたことに対する報いであるかのように、メディアによって私たちの教会が中傷されていることに対して苦々しい思いにとらわれるのでしょうか。イエス・キリストは私たちにとっての誘惑や私たちの弱点をご存じであり、私たちがそれらに屈することを望んではおられません。

III

イエス・キリストは、私たちすべての者が必要としている方です。この方は私たちの弱さを心に留めてくださいます。私たちはすべてのものを携えて、この方のもとに来ることができます。

ところで、このことはさらに次のことをも意味し得るでしょう。「立ち上がり、この方のもとへ行きなさい！」。「だから」――この方がそのような方であられるがゆえに――「憐れみを受け、恵みにあずかって、時宜にかなった助けをいただくために、大胆に恵みの座に近づこうではありませんか」。本来ならば、イエス・キリストの御前に出るようにとの明確な招きや促しが付け加えられる必要はまったくありません。王座に着き、天に挙げられたキリストはまさに私たちと同じように試練に遭われ、私たちの弱さに同情してくださる人間イエスにほかなりません。この方が王座に就かれるところでは、私たちは恵みを哀願する必要はなく、むしろ、私たちが恵みと慈しみを必要とするときにはいつでも――私たちは実際いつでも恵みと慈しみを必要とします――私たちは大胆にこの方に近づき、私たちの空《から》の手をこの方に差し出し、その手を恵みと慈しみで満たしていただくことができます。いかなる代価も必要とせず、私たちが墓に入るときにさえ、私たちの背後から投げつけられる安価な恵みに対するボンヘッファーの警告を私たちは知っています。否、恵みは安価なものではなく、それは無償で——ただで与えられるものであると宗教改革者たちは語ります。それが何の価値もないからではなく、それがとても高価なものだからです——その恵みはイエスの命を代価として必要としました——それは支払い得ないほどに高価なものであり、ただ贈り物として受け取る以外にないほどに高価なものです。ここでは、私たちは虐殺されることなく、死刑にされることもなく、むしろ慰めを与えられるという確信をもって、私たちが情け容赦ない世界から近づくことを許されるこのような恵みの場所が存在するということ——それはすばらしいことです。これによって「確信をもって恵みの座に近づこうではありませんか」という招きの御言葉が新たに語られたのです——聖餐においては「もう用意ができましたから、おいでください!」〔ルカによる福音書第一四章一七節〕との招きの御言葉が語られます。礼拝においては「喜び踊って来なさい。ためらわず、この方の聖なる御顔の前に来なさい!」[2]との招きの御言葉が語られます。そして、この方との個人的な交わりにおいては「疲れた者、重荷を負う者は、だれでもわたしのもとに来なさい。休ませてあげよう」〔マタイによる福音書第一一章二八節〕との招きの御言葉が語られます。あなたがたは元気を取り戻し、安堵の息をつくことができるようになります。私たちがこの方のものであるということは私たちにとって幸いなことです。このような方は他におられません。アーメン。

ヘブライ人への手紙第４章14―16節

訳注

〔１〕旧東ドイツにおいて、一四歳に達した少年少女に社会主義への忠誠を誓わせ大人の社会に組み入れる式典。

〔２〕福音主義教会讃美歌第二八八番 "Nun jauchzt dem Herren, alle Welt" の第一節の歌詞。

フリードリッヒ・フォン・ボーデルシュヴィング

フリードリッヒ・フォン・ボーデルシュヴィング（Friedrich von Bodelschwingh）は、一八七七年に生まれ、一九四六年に死去。「フリッツ牧師」。ベーテルのボーデルシュヴィング施設の施設長。一九三三年にドイツ福音主義教会全国監督。この説教は、一九二五年にベーテルで語られたものである。フリードリッヒ・ボーデルシュヴィング『活き活きと、そして自由に』説教集所収。

Friedrich Bodelschwingh, Lebendig und frei. Predigten, Bethel 1939, S. 39-43.

四旬節第二主日（Reminiszere）〔1〕
マルコによる福音書第一四章二六―三六節

一同は賛美の歌をうたってから、オリーブ山へ出かけた。
イエスは弟子たちに言われた。「あなたがたは皆わたしにつまずく。
『わたしは羊飼いを打つ。
すると、羊は散ってしまう』

と書いてあるからだ。しかし、わたしは復活した後、あなたがたより先にガリラヤへ行く」。するとペトロが、「たとえ、みんながつまずいても、わたしはつまずきません」と言った。イエスは言われた。「はっきり言っておくが、あなたは、今日、今夜、鶏が二度鳴く前に、三度わたしのことを知らないと言うだろう」。ペトロは力を込めて言い張った。「たとえ、御一緒に死なねばならなくなっても、あなたのことを知らないなどとは決して申しません」。皆の者も同じように言った。

一同がゲッセマネという所に来ると、イエスは弟子たちに、「わたしが祈っている間、ここに座っていなさい」と言われた。そして、ペトロ、ヤコブ、ヨハネを伴われたが、イエスはひどく恐れてもだえ始め、彼らに言われた。「わたしは死ぬばかりに悲しい。ここを離れず、目を覚ましていなさい」。少し進んで行って地面にひれ伏し、できることなら、この苦しみの時が自分から過ぎ去るようにと祈り、こう言われた。「アッバ、父よ、あなたは何でもおできになります。この杯をわたしから取りのけてください。しかし、わたしが願うことではなく、御心に適うことが行われますように」。

マルコによる福音書第14章26—36節

「あなたのへりくだりは私の傲慢と思い上がりを償いました」——古い受難の賛美歌の中にこのような言葉があります〔2〕。これが今私たちの読んだ物語の内容です。すなわち、この物語は、人間の心が救い主のすぐそばにあるように見えたとしても、傲慢で、思い上がっていることがあり得るということを私たちに示しています。さらにこの物語は、イエスの道がただひたすら暗闇の中を通り抜けるとしても、イエスのへりくだりはその御受難において完成されるということを私たちに示しています。

過越祭の後、話をしている間に、とっくに日は暮れていました。この日は遅くとも真夜中頃まで、人々はエルサレムで一緒にいることが許されました。真夜中になる直前、いたるところでもう一度人々の歌う声が聞こえてきました。聖なる都の幾千もの小屋や家から同じ歌が夜中まで響き渡りました。人々が声を合わせて一緒に歌ったのは詩編第一一五編から第一一八編までの古い厳かな御言葉でした。それは客たちの間で、最後に杯が手から手へと渡されるときに歌われました。主イエスも死を目前にして弟子たちと共に、もう一度大きな声で歌われました。この方の魂の奥底に響く御言葉があの歌の中に現れました。そこには次のようにありました。「死の綱がわたしにからみつき／陰府の恐れがわたしを襲った／わたしは悲嘆と苦しみに陥った。しかし、わたしは主の御名を呼んだ。『どうか主よ、わたしの魂をお救いください！』」〔詩編第一一六編三―四節〕。さらに次のように続きます。「……わたしが敗れるならば、主がわたしを助けてくださる」〔詩編第一一六編六節による〕。「わたしはあなたに感謝をささげる／あなたがわたしをへりくだらせ、わたしを助けてくださることに」〔詩編第一一八編二一節〕。その後、旧約聖書の信仰者たちのすべての感謝と祈りの主旋律である御言葉と共にその歌は締めくくられました。「主に感謝せよ、主は恵みふかく、そのいつくしみはとこしえに／絶えることがない！」〔詩編第一一八編二九節〕。

弟子たちが、山の斜面に位置するオリーブの園のいつもの宿泊所に行くために、夜のキドロンの谷を降りて来たとき、この奥深く力強い響きは果たして弟子たちの心に活き活きと鳴り続いていたでしょうか。それは私には分かりません。人は美しい歌を歌うことができても、魂はその内容から、はるか遠くに離れていることがあります。人は謙虚な言葉を口にすることができても、決して打ち砕かれることのない岩のような傲慢さが心の中にひそんでいることがあります。けれども、高慢はいつでも破滅を招きます。そして、自分自身を過大に評価する傲慢さの中に、サタンは人の子らを神の光に近い場所から暗闇の深淵に突き落とす絶好のチャンスを見出します。イエスはそのようなことが近づいているのを悟られます。「今夜、あなたがたは皆、わたしにつまずく。あなたがたは皆、わたしにつまずきを感じ、その結果、挫折するであろう」。なぜ弟子たちはイエスに対して、そんなにつまずきを感じたのでしょうか。イエスは沈黙を守り、御自分の民の公的生活において公然と決断するのを回避しているように思われました。弟子たちには、それが理解できなかったのです。イエスが一二軍団の天の戦士と共に闇の国を打ち倒す代わりに、御自分の聖なる御体に対してすらも悪に活動の余地を与え、それを支配することを許されたことが彼らには理解できませんでした。彼らは、イエスが権力ではなく苦しみを、喜びではなく孤独を、命ではなく死を選ばれたことが理解できませんでした。それを理解することは、彼らには不可能なことでした。なぜなら、彼らは、自分たちが聞いたすべての言葉にもかかわらず、また彼らのあらゆる決心にもかかわらず、イエスの愛と服従の最も深い意味をまだ理解していなかったからです。たとえ、傲慢が極めて信心ぶった衣を身にまとい、さっそうと歩いても、傲慢はいつでも目を見えなくさせます。たとえ人間が主イエスのすぐそばにいるように見えても、傲慢はいつでも耳を聞こえなくさせます。

おお、傲慢で思い上がったペトロはなんと目が見えず、耳が聞こえないことでしょうか！　彼は「私はします、私はします」と自信に満ち溢れた言葉を何度も繰り返し語り、彼の最も信頼できる友であられる方の警告をすべて聞き逃してしまいました。「たとえ、みんながあなたにつまずいても、わたしは決してつまずきません」、「たとえ、御一緒に死なねばならなくなっても、あなたのことを知らないなどとは決して申しません」〔マルコによる福音書第一四章二九節、三一節〕。しかも、ペトロは大胆なことを口にして、結局、悪い結果に終わりましたが、それはペトロだけに限ったことではありませんでした。すべての弟子たちが同じように語ったと書かれています。——ここでは、人間の心のありのままの姿が私たちの前に明らかにされます。私が弟子たちに見出すものは、私にとって私自身の本質を映し出す鏡となります。私の心の中で繰り返し、このような自分自身の意欲と能力とが頭をもたげ、あたかも自分の力で天国への道を見出すかのように、あたかも私が自分の力によって強くなることができ、忠実であり続け、受難の道を歩まれる主イエスに従うことができると思うほどに強情で、傲慢になります。けれども、主イエスが当時、ペトロをご覧になったときのように、主イエスは悲しみに満ちた眼差しで私をご覧になります。主イエスは次のように言われます。「子よ、あなたは、神が傲慢な者を喜ばれず、へりくだった者にのみ恵みをお与えになることをまだ学んでいないのか。そして、もし、あなたがまだそれを学んでおらず、あるいは繰り返し忘れるならば、私と共にゲッセマネに来なさい。そこで私は、真実のへりくだりとはどのようなものであるかをあなたに示そう」。

私たちはこの招きに従います。私たちはゲッセマネの園で三人の弟子たちのそばに座ります。イエスは御自分の最後の戦いの最前線とも言うべき場所に彼らを連れて行かれました。主イエスは御自分の最も深い苦しみを彼らにお見せになることを恥となさいませんでした。ペトロ、ヤコブ、ヨハネは、主が変貌なされたとき、この方の天における輝きを多少なりとも見ましたが、彼らは今や、陰府の門のすぐ前に立っておられるこの方の御姿をも見なければなりません。主イエスは悲しみ、震え、恐れおののき始められます。この方は彼らに「わたしの魂は死ぬばかりに悲しい」〔マルコによる福音書第一四章三四節による〕と、はっきりと語られます。その後、この方が、石を投げて届くほどの近い場所で地にひれ伏し、未だかつて実際に一度も起こったことのないことが現実となるのを彼らは目の当たりにしました。すなわち「深い淵の底から、主よ、わたしはあなたを呼びます」〔詩編第一三〇編一節による〕ということが現実となったのです。神の御子、すべての人間の魂への配慮をなさる方、永遠の教会の王であられる方がこのときには、ひどく貧しく、極めて小さくなられただけでなく、この方は御自分の強靭な魂の動揺と不安、戦いと苦しみに私たちを参与させてくださるのです。これこそが真実の兄弟愛です。この真実の兄弟愛は、この方があらゆる点で私たちと同じように試練に遭われ、しかも私たちよりも何千倍も激しい試練に遭われたがゆえに、私たちの弱さに同情できる方であることを私たちに教えてくださいます。おお主イエスよ、あなたがそれほどにへりくだり、私にあなたの御苦しみの奥底を一目でも覗かせてくださることに感謝します！

そして、私たちがつい先ほどペトロの口から聞いた言葉とイエスの御言葉とは、どれほど異なった響きを持っていることでしょうか！ 「**私は**何でもできます」。要するにペトロはそのように考えていました。「私はあなたに忠実であり続けることができます。私はあなたのために死ぬことさえできます。私には何でもできます」。それに対して、イエスは地にひれ伏し、「アッバ、父よ、**あなたは**何でもおできになります！」〔マルコによる福音書第一四章三六節〕と語られます。ペトロは繰り返し「私はします」と語ります。イエスは「わたしの思いではなく、御心がなりますように」と祈られます。――どんなことでもおできになる神の御力がイエスの人生を支配していること、そのことがこの方に安らぎを与えるのです。いつでも正しくいまし給う神の御意志がイエスの思いを支配していること、そのことがこの方に平安を与えます。神がかつてモリヤの山でアブラハムに対してなされたように、御父は死の苦しみの杯をイエスから過ぎ去らせることがおできになり、また完全に服従する決意を固めるならば、それによって、すでに為すべき行為は成し遂げられたと見なしてくださるとイエスは御父を信頼しておられるのです。けれども、イエスは、この杯が飲まれなければならないのであれば、それを飲む力をも御父が与えてくださると御父を信頼しておられます。御子は無条件に、御父の御手に御自分を委ねられます。御子は御自分の思いを完全に消し去られます。この方は御自分の力を完全に消し去られます。この方は御自分の知識を完全に消し去られます。この方は御自分の命を完全に消し去られます。神の威光と恵みがこの方の魂をその奥底まで包み込んでいます。それゆえに、イエスのへりくだりは最高の自由なのです。なぜなら、イエスは完全に神と一つに結ばれているからです。それゆえに、イエスのへりくだりは極めて立派な勇気ある態度なのです。なぜなら、この方はまさに従順な子であることしか望まれないからです。このゲッセマネでの夜ほどに、この方のへりくだりがこんなにも率直に、深く、真実に神のものとして啓示されたことは一度もありませんでした。

私たちは身をかがめ、あがめます。「あなたのへりくだりは、わたしの傲慢と思い上がりを償いました」。おお、願わくは、キリストの御受難と私たちの内面の苦しみとの間に、そのような親密な結びつきが実現しますように！　おお、「アッバ、わが父よ、あなたは何でもおできになります。しかし、わたしが願うことではなく、御心に適うことが行われますように」というゲッセマネの祈りが私たちの魂の最も深い響きとなるまで、私たちが徹底的に私たちの心の傲慢さを恥じ、キリストの道におけるつまずきを乗り越え、私たちのあらゆる戦いや苦しみ、願いや望みを、イエスの聖なるへりくだりの規範のもとに置くことを私たちが学びますように！

訳注

〔1〕四旬節第二主日の「レミニスツェーレ」(Reminiszere) という名称は、ラテン語のミサの入祭文の"Reminiscere miserationum tuarum, Domine, et misericordiarum tuarum quae e saeculo sunt"（「主よ思い起こしてください／あなたのとこしえの憐れみと慈しみを」）（詩編第二五編六節、ラテン語のウルガタ訳聖書では詩編第二四編六節）に由来する。「レミニスツェーレ」はラテン語で「思い起こしてください」という意味。

〔2〕福音主義教会讃美歌第八六番（"Jusu, meines Lebens Leben"）の第七節の歌詞。『讃美歌21』二九六番五節冒頭の「主のへりくだりは、おごりを砕き　主のみ苦しみは　喜びとなる」と訳されている箇所。

ハインリッヒ・ブラウンシュヴァイガー

ハインリッヒ・ブラウンシュヴァイガー（Heinrich Braunschweiger）は、一九四三年に生まれた。テュービンゲン・ルストナウ〔1〕の牧師。この説教は、一九九二年四旬節第三主日（Okuli）にテュービンゲン・ルストナウの教会で語られたものである。未発表。

四旬節第三主日（Okuli）〔2〕
エフェソの信徒への手紙第五章一―八節

あなたがたは神に愛されている子供ですから、神に倣う者となりなさい。キリストがわたしたちを愛して、御自分を香りのよい供え物、つまり、いけにえとしてわたしたちのために神に献げてくださったように、あなたがたも愛によって歩みなさい。あなたがたの間では、聖なる者にふさわしく、みだらなことやいろいろの汚れたこと、あるいは貪欲なことを口にしてはなりません。卑わいな言葉や愚かな話、下品な冗談もふさわしいものではありません。それよりも、感謝を表しなさい。すべてみだらな者、汚れた者、また貪欲な者、つまり、偶像礼拝者は、キリストと神との国を受け継ぐことはできません。このことをよくわきまえなさい。
むなしい言葉に惑わされてはなりません。これらの行いのゆえに、神の怒りは不従順な者たちに下るのです。だから、彼らの仲間に引き入れられないようにしなさい。あなたがたは、以前には暗闇でしたが、今は主に結ばれて、光となっています。光の子として歩みなさい。

愛する教会員の皆さん！　一見すると、ここでは道徳について語られているように見えます。しかし、さらに注意深く耳を傾けるならば、**新しい人間**とその生活、すなわち**新しい人間の新しい生活**について語られていることに私たちは気づきます。

道徳はまだ古い人間の問題です。道徳とは、神から遠く離れた人間が持っている、神の戒めに関する遠い昔の記憶のようなものです。古い人間は道徳の助けを借りることで新しい人間を造り出そうとします。けれども、このような試みは初めから失敗する運命にあります。誰でも知っていることですが、人はおそらく古いものを修理し、修復し、新しく壁紙を張り替え、新しくペンキを塗り直すことならできるでしょう――けれども、**元の中身は**古いままです。古い人間は新しい人間を生み出すことはできません。**東の社会主義陣営**には、確かに**マルクス主義の徴候と共に**、初めから一貫して真剣な考えと意志を持ってなされた、このような**試み**が存在しました。それはただ失敗しただけでは済みませんでした。それは遺憾なことに野蛮な非人間的行為に姿を変えました。**ナチス**も新しい人間のようなものを望みました。彼らは超人を育成しようとしました。それはすでに反文化的行為と共に始まっていたのであり、金髪の野獣を生み出し、最終的に世界を焼き尽くす劫火《ごうか》に終わりました。また**遺伝子工学**は新しい人間を作り出そうとしていると言われますが、少なくとも同様に破滅的な結果に終わることでしょう。もっとも東の社会主義陣営の大転換以来、新しい人間について語る人はもうほとんどいないでしょう。**ユートピアのような夢物語**は疑わしいものになりました。古いアダムはいつでも上流社会に受け入れられます。けれども、われわれキリスト者はユートピアのような夢物語に優るものを持っています。私たちには、約束が与えられています。だからこそ、私たちは**新しい人間**について語るのです。なぜなら、新しい人間は世界史の目標だからです。**新しい人間は世界史の最後を飾る冠となるべきものです**。それどころか新しい人間は被造物の冠なのです。けれども現在のところ、人間はどちらかというとまだ**茨の冠**です。それは被造物の上に重くのしかかり、筆舌に尽くしがたい苦しみを被造物に与えています。そしてそれゆえに、被造物全体が今の時に至るまでうめき、不安を抱き、新しい人間が現れるのを待ち望んでいるとパウロはローマの信徒たちに書いているのです。〔3〕

新しい人間は人間自身の憧れでもあります。スペインの詩人フアン・ラモン・ヒメネスはこの憧れを次のように表現しています。

「私は私ではない。
私は彼だ
彼は私の傍を通るが見ることは出来ない。

時々、彼を見ようと思うこともある。
時々、彼を忘れることもある。
私が話すとき、彼は静かに、黙っている
私が憎むとき、彼は優しく、許す、
私がいない所を彼は歩む、
私が死んでも彼は立ち続けるだろう〔4〕」。

愛する教会員の皆さん、この憧れ、**私でない者**への憧れ、**新しい私**への憧れが私たちに、私たち自身の中での新しい人間の誕生に備えさせます。神はすでにこの憧れにおいて、神に愛されている子どものうちに働いておられます。この憧れは、神が蒔かれた新しい人間の種に対して私たちの魂を開かせます。その種は成長し、実を結びます。成長し、永遠の命に至ります。そして、今日の説教テキストもそのために役立ちます。「あなたがたは神に愛されている子供ですから、神に倣う者となりなさい」と語るこの最初の節はたしかに驚くべき文章です。文字通りそのように語られるのです。そうです、他でもない創造主御自身に倣うときにのみ、人間は被造物の冠となるのです。憐れみに満ちあふれるこの方に〔倣うのです〕。ルターが言うように、〔この方は〕愛の炎が激しく燃え盛るパン焼き釜です。否、たとえ人間が最高の道徳や最も崇高な理想を持っていたとしても、古いアダムは決して被造物の冠になることはできません。神を抜きにして、神の傍らを通り過ぎるならば、このような試みは挫折します。けれども、このような試み、世界史の目標、全被造物の憧れが実現するために、神御自身が配慮してくださったのです。キリストにおいて神はすでに目標に到達されました。キリストにおいて神は**新しい人間、被造物の冠を創造されました**。そして、ピラトの前でキリストがかぶっておられる茨の冠こそ、この古い世の時間の**制約**のもとに置かれた新しい人間が本物であることを示すしるしなのです。この被造物とあらゆる人間に負わされるすべての苦しみもまた世の終わりまでこの方に重くのしかかります。そして、ピラトが群衆の前にこの方を引き出して「**エッケ・ホモ**」、「**見よ、この人だ！**」〔ヨハネによる福音書第一九章五節による〕と語るとき、ピラトは自分の意志とは関係なく預言者となります。なぜなら、事実そこにはこの方、すなわち新しい人間が立っておられるからです。この方においてこそ私たちの人間性も目標に到達します。ここには、神のまことの似姿であられる方が立っておられます。この方こそ、愛であられる神に倣う者となられ、私たちのための贈り物、また犠牲として御自分を捧げてくださったのです。イエス・キリストにおいて人間の真実――人間の本来あるべき姿――が人間の現実の中に入って来たのです。すなわち、人間の実際の生活の中に入って来たのです。イエス・キリストにこそ統一があり、一致があります。それはまさに、スペインの詩人が「私は私の傍を通る者……」と、二つに分裂しているように感じているものです。もし人が、この方の御姿、すなわちピラトの前に立たれ、ピラトの問いに対して「そうだ、わたしは王である」とお答えになるこの**茨の冠をかぶられたキリスト**を見ようとしないならば、真実の人間を正しく見ることは不可能です。**キリスト、王なる人間！**　そして、この神の似姿が私たちの魂の中に刻み込まれなければ、神に倣う者になることは不可能です。愛する教会員の皆さん、それゆえに、私たちが何をおいてもまず第一に果たすべき課題は人間形成の課題なのです。私たちは日曜日ごとの礼拝においてこの課題を引き受けます。神は私たちを形造られます。私たちの魂の中に神の似姿を形造られます。そして「神がこの人間の言葉と共に神の御言葉を私たちの魂に植え付けてくださるように」と祈りつつ私たちが聖書を開くときにはいつでも、神はそのようにしてくださいます。なぜなら、私たちがこの御言葉を本当に聞くところでは、この新しい人間の似姿が私たちの魂に刻み込まれるからです。そして、そこでは新しい生活への憧れも高まります。どんな人間の中にもこのような新しい生活への憧れが多少なりとも宿っています。豚の餌入れをあさっていた放蕩息子を――彼が遺産を使い果たしてしまい、それと共に彼の人生をも台無しにしてしまった後――再び父の腕の中に帰るように駆り立てたのは、このような新しい生活への憧れです。憧れは存在します。なぜなら、父の愛があるからです。父の愛は異郷にあっても疎遠な関係になっても、神から離れた生活を送っていても私たちに伴うからです。しかし、人は新しい人間や新しい生活への憧れを抑えつけてしまうこともあります。人は、この**憧れ**が宿る魂の奥底をふさいでしまうこともあります。けれども、この魂の**熱い思い**が埋められてしまうところでは、**病的な欲求**だけが魂の深淵から溢れ出て来るのです。

病的な欲求は尽きることがありません。人間は、生きがいを求める病的な欲求によって、生きがいや生活の享受や生活の質を自分に約束し、その代わりに安っぽい生活の埋め合わせによって人間を欺く、例のさまざまな諸力の虜になります。そして、今日の説教のテキストはまさにそのことを私たちに警告しようとしているのです。みだらなこと、汚れたこと、貪欲、たわいもないおしゃべり――これらすべてのことは私たちの世界や私たちの社会では日常茶飯事です。すでに古代末期には、これらのことが社会に蔓延する一般的な特徴となっていたように、それらはごくありふれたことです。この

ジョヴァンニ・ベッリーニ「ゲツセマネの祈り」

点に関しても**二〇〇〇年**の間、根本的には何も変わっていません。古いアダムは何千年の時を越えて自分自身に忠実であり続けています。ある解釈者は次のような提案をしています。「私は、皆が認める通り、厳しい訓練として、週末にテレビ放送局RTLプラスの夕方の番組をすべて見ることを勧めます。それらの番組は、この説教のテキストが挙げているすべてのこと、すなわち堕落し切った人間の性生活や、やりたい放題の商売や、言葉の乱れを一挙に無料で家庭に届けてくれます。どうか何百万という人々がそれを見るように」と。私はこのように助言してくれた解釈者に感謝します。なぜなら、このテレビ局や他のテレビ局の高視聴率は、私たちの文明社会がどれほど病んでいるか、**すなわちどれほど中毒症にかかっているか**ということを教えてくれるからです。――憧れが埋められてしまっているがゆえに、生きがいを求める病的な欲望に支配されているのです。人間の魂が本当に必要としている食物、すなわち神の言葉が与えられていないからです。というのは「人はパンだけで生きるものではない。神の口から出る一つ一つの言葉で生きる」〔マタイによる福音書第四章四節〕からです。けれども、この文明社会はこれまでの間、事実、神の言葉なしに生きてきたのです。言い換えれば、この文明社会はパンだけを食べるがゆえに死んでしまうのです。

この文明社会はその罪ゆえに死にます。そして、パウロが当時のエフェソの教会に対し、また**神に愛されている子どもである**私たちに対してそのことを警告しなければならないということは、これらの病的な欲求が教会の門の前で立ち止まらないことを示しています。言葉の荒廃、神とこの世、世界についての空しいおしゃべり、人に気に入られたいという欲求は教会の講壇をも征服してしまう恐れがあります。そうなると説教者は、自分の召命が実質を伴っていないことを知らされ、神の怒りを経験します。そして、**説教者は大抵の場合、自分の召命から逃れ、熱心な活動に逃げ込みます。**そして「イエスはあなたを愛しておられる」というような安っぽく味気ないおしゃべりや、車のステッカーとしても手に入れることのできるような言葉も、私は神の怒りを招く空しい言葉の一つに数えています。そして、貪欲、商売、商売の隠れた悪事は教会の領域でも営まれていることを私は敢えて指摘する必要はないでしょう。また、若者たちの落ちぶれた性のモラルについての信心ぶったおしゃべりは、察するところ、ここでも、すなわち教会という家の中でさえも何かいかがわしいことがあることを示しています。けれども、それも不思議なことではありません。私たちは皆、これらの病的な欲求がごくごく当たり前のことになってしまっているこのような文明社会で暮らしているからです。そして、このような社会に蔓延しているものの吸引力に対抗することは困難です。中毒症患者のグループ、すなわち薬物中毒患者を締め出し、汚名を着せるのは、中毒にかかった社会の特徴です。人々はしたたかな罪人として、贖罪のための犠牲の山羊を必要としているのです。

愛する教会員の皆さん、このような社会、すなわち人間はその病的な欲求から癒されなければなりません。なぜなら、病的な欲求は人間を滅ぼし、すべての被造物を滅ぼすからです。それゆえに、まさにこの説教テキストも「偶像礼拝者は、キリストと神との国を受け継ぐことはできません」と警告しているのです。ここでは、病的な欲求にとらわれている社会に将来はないと告げられます。けれども、神の善良な御意志によれば、この世と人間が滅びてはならず、将来も生き続けるべきであるがゆえに、私たち、われわれキリスト者がまことの生活を伝える先遣隊として、「あなたがたは神に愛されている子供ですから、神に倣う者となりなさい」という勧告を受けるのです。

キリストの御名によって洗礼を受けたあなたがたは、あなたがたの心の中にこの新しい人間の似像をすでに持っているのです。あなたがたはそれをこの世の暗闇の中に携えて行きなさい。あなたがたはすでに光なのですから。その光をいくらかでも輝かせ、あなたがたの生活から光がもれるようにしなさい！　**世の人々が**していること、**世の人々が**考えていることを行うのをやめなさい。また、あなたがたがこれらの病的な欲求のうちのいずれかの欲求を持って生きる必要はまったくありません。あなたがたは生活の安っぽい埋め合わせを探し求める必要はまったくありません。あなたがたには、創造の賜物として性生活が贈り与えられています。男女の愛に基づいた共生において、それは目標に到達すべきものです。そして、あなたがたはそのことに楽しみと喜びを見出すことが許されますし、見出すべきです。また、あなたがたには言語能力が贈り与えられており、このようなすばらしい器官が贈り与えられています。それを用いて、あなたがたはほめたたえ、感謝し、詩を作り、考えることができます。あなたがたは言葉によって隣人の魂と心に到達し、あなたがたは言葉によって慰め、癒すことができます。また、あなたがたにはこの地上の財産が譲渡されています。それらを救いの手段としてではなく、生活の手段として用いなさい。なぜなら、あなたがたの救いやあなたがたの人生の意味はこれらのどの財産にも依存していないからです。それらをあなたがたの体の健康のための道具として用い、それらを享受し、貧しい人々と分け合いなさい。

中でも、あなたがたには、キリストの命、永遠の命が贈り与えられています。ここでは、あなたがたの救いは創造の初めから用意されていました。それゆえに、あなたがたは心配する必要はありません。そして、この世の子らとは異なり、あなたがたはそのことをも知っています。またあなたがたは、人間が天の父に愛されている子どもであることをも知っています。それゆえに、今や天の父を模範としなさい。完全にこの世に没頭して、この世を造り変える愛の模範に倣いなさい。そうすれば、あらゆる愛の行為において魂は大きくなり、新しい人間はあなたがたのうちで成長し、世界の一部は善きものに変わります。そうです、愛する教会員の皆さん、私たちが愛されている子どもであるがゆえに、私たちには、何らかの生活の埋め合わせを、物欲しそうに横目で見る理由はまったくありません。

けれども、私たちは実に忘れっぽいのです。私たちは繰り返し神とその賜物を忘れてしまいます。そして、そのようなときには、私たちは貧乏くじを引いたと思い、世間一般の人々と競い合い、**世の人々と同じように行動し、**考えるようになります。それゆえに、使徒の**勧告**の中心には**「感謝を表しなさい」**という言葉が置かれているのです。感謝を表すこと――原文では「ユーカリスティ」[5]――それは、神がキリストを通して私たちに与えてくださった賜物と犠牲を思い起こさせます。私たちの生活が創造主に対する感謝へと高まるところでは、日常生活での偶像なる神々は無力にさせられます。そこでは、キリストが私たちの真ん中におられます。そして、私たちはパウロと共に**「生きているのは、もはやわたしではありません。キリストがわたしの内に生きておられるのです」**〔ガラテヤ人への手紙第二章二〇節〕と言うことができます。そして、この方、この神のまことの似姿に向かって私たちは次のように語りかけます。

あなたを通して、私は神のまことの似姿になる、
あなたを通して、私はすでに神のまことの似姿である、

神のまことの似姿は私の傍を通るが見ることはできない。
時々、私は早くも神のまことの似姿を忘れてしまうことがあるが、
わたしは神のまことの似姿を見ようと思う。
あなたの御前で、私はすでに神のまことの似姿である、
私が空しいおしゃべりに夢中になるとき、
神のまことの似姿は静かに黙っている。
私が愛する人を裏切ろうとも、神のまことの似姿は愛に生き、
私の目が死に際して光を失おうとも、神のまことの似姿は私のうちから現れ出るであろう。アーメン。

訳注

〔1〕テュービンゲンの東に位置する地区で、人口一万人弱。現在は二つの教会がある。

〔2〕四旬節第三主日の「オクリ」(Okuli) という名称は、ラテン語のミサの入祭文の“Okuli mei semper ad Dominum, quoniam ipse evellet de laqueo pedes meos”(「わたしはいつも主に目を注いでいます。わたしの足を網から引き出してくださる方に」)(詩編第二五編一五節、ラテン語のウルガタ訳聖書では詩編第二四編一五節)に由来する。「オクリ」はラテン語で「目」を意味する。

〔3〕スペインの詩人(一八八一年一二月二四日―一九五八年五月二九日)。

〔4〕フアン・ラモン・ヒメネス『ヒメネス詩集』伊藤武好・伊藤百合子訳、彌生書房、一九六八年、九三頁以下。

〔5〕ギリシア語で「感謝」を表す言葉。特に聖餐の後の感謝の祈りを表し、その後、聖餐そのものを表す言葉として用いられるようになった。

ロータ一・シュタイガー

ロータ一・シュタイガー（Lothar Steiger）は、一九三五年に生まれた。ハイデルベルク大学の実践神学教授。この説教は、一九九四年四旬節第三主日（Okuli）にハイデルベルクのペトロ教会で語られたものである。未発表。

四旬節第三主日（Okuli）
ペトロの手紙一第一章一八―一九節

知ってのとおり、あなたがたが先祖伝来のむなしい生活から贖われたのは、金や銀のような朽ち果てるものにはよらず、きずや汚れのない小羊のようなキリストの尊い血によるのです。

愛する教会員の皆さん！　幸せを得ようにも、固定給のない人、あるいは支払いをしようにも借金を背負っている人で、〔お金を〕自由に使える（flüssig）ことを望まない人がいるでしょうか。定まったものを前にして、自分自身はまるで定まらず、迅速さもなく、じっと座らされて動けず、自由を奪われている人、その命のすべてが生涯にわたって自由を奪われている人で、自由に動ける（flüssig）ことを望まない人がいるでしょうか。目が乾き、太陽光線がもはやその中で屈折できず、あなたがもはや泣くことも、嬉し涙を流して笑うこともできなくなるとき、よどみなく（flüssig）され、目に潤いが与えられることを望まない人がいるでしょうか。あなたの網膜、愛しい目よ、あなたは己れの罠にかかっており、今日、受難節第三日曜日〔Okuli〕に潤いが与えられ、贖われなければならず、足も自由にならなければなりません。礼拝式の初めに読まれる詩編は次のように語っています。「わたしの目は常に主に向かっている。主はわたしの足を罠から取り出されるからである」（詩編第二五編一五節〔口語訳聖書による〕）と。

そしてよどみなきこと（Flüssigkeit）や贖いについてよく知るペトロの手紙一は、今日、あなたがたに次のように語っています。

知ってのとおり、あなたがたが先祖伝来のむなしい生活から贖われたのは、金や銀のような朽ち果てるものにはよらず、きずや汚れのない小羊のようなキリストの尊い血によるのです。

（ペトロの手紙一第一章一八―一九節）

どんな目も乾いたままではいられません。アーメン。

I

私の目も乾いたままではいられません。この四旬節の時、私の心と内なる目よ、思い起こすのです！　四〇年前の夏、この町の大学で学びを始めた私は、もうこれ以上学び続けるのは無理だと思い、進まない学びのかたわらで、もう一つ別のことをしました。それはうまくゆきませんでしたが、うまくゆかなかったからこそ、行うことができたのです。学生運動に参加したのです。しかし私は再びそこから離れました。それは相対的に見てうまくゆかなかったからです。しかしながら、神学には今日に至るまでとどまり続けてきました。なぜなら、それはまったくうまくゆかないからです。さもなければ、答えを見つけ出すか、放免されていたでしょう。――そんな中でも、憧れだけはありました。それは贖うことはできないですが、解き、よどみなく（flüssig）させるのです。あなたはそう歌ったのです、もう忘れたのですか――それはうまくゆきませんでした。けれども、私の目よ、不慣れな、あるいは泥酔したビール飲みのために〔彼らがテーブルにこぼしたビールが付着しないために、緑色の固い表紙の四隅に、金色の〕鋲《びょう》が打ち込められている古い『コメルスブーフ』（酒宴歌集）[1]をあなたは読み上げ、私は次のような酔吟の歌を歌ったのです。

「我輩は金と銀を愛する
それを使いこなす術にも長けている
この身を沈める位の

大海原がこの手に出来れば
貨幣に鋳造する必要もない！
銀色の月影であろうと
黄金色の星影であろうと
それもまたいいのだが〔2〕」。

そして、泥酔していた私は第二連も歌いました。それはこう始まります。

「けれどももっと素敵なのは、
ブロンドの巻毛を
お下げ髪に垂らした
我輩の恋人……〔3〕」。

ご覧のように、そのように憧れはよどみなく（flüssig）させるのであり、憧れがこみ上げ、あふれ出てくるところ、それが金であり、銀なのです。他の金属と比べて融点が高く、固体の状態でも輝く貴金属、愛熱がそれと関わります。あなたの目はその輝きと地上のものを超越するものに注がれます。

Ⅱ

ここで、ペトロの手紙一の出番がやってきます。まず問題になるのは第三連です。かつての一学生には、まだ十分になれていませんでした。第一に大洪水の雨から洗礼に思い至ります。けれども、私はアララト山上のノアの箱舟の中に座り続けてはいけないのです。むしろそうではなく、まさにそれゆえに初めから、テキストは「そうではなく」によって展開されるのです。「そうではなく、キリストの尊い血によって」、私はよどみなく（flüssig）され、こなれて、贖われるのです。

するとあなたは考えることでしょう。「福音は仏頂面のぶちこわし屋であり、否定の言葉によってすべての憧れを消し去る」と。「金や銀によらず」、これをあなたはルターの『小教理問答』から聞き憶えているでしょう[4]。このルターの『小教理問答』は平易な言葉で述べられており、子どもの遊び道具のように手に取ることができ、なめらかで、そうでありながら、子どもの目には空想力豊かで、紛然乱雑にさえなります。甘美な福音が私を本気にさせ、私と戯れます。小羊は喜んで子どもと戯れ、未熟でおろかな私の首に金をかけ、苦難と情熱とをよく混ぜて合金にし、あるときは赤金、またあるときは白金にします。この度取り上げたペトロの手紙一は、私が生きているこの終わりの時について次のように語っています。「それゆえ、あなたがたは、心から喜んでいるのです。今しばらくの間、いろいろな試練に悩まねばならないかもしれませんが、あなたがたの信仰はその試練によって本物と証明され、火で精錬されながらも朽ちるほかない金よりもはるかに尊くて、イエス・キリストが現れるときには、称賛と光栄と誉れとをもたらすのです。あなたがたは、キリストを見たことがないのに愛し、今見なくても信じており、言葉では言い尽くせないすばらしい喜びに満ち溢れています。それは、あなたがたが信仰の実りとして魂の救いを受けているからです」（第一章六―九節）。聖ペトロ教会の、岩のように堅いペトロがどれほどよどみなく（flüssig）書いているか、耳を傾けてください。朽ち果てる金であっても多少は長持ちします。それは、これまでのところ、長きにわたって確証されています。ごくわずかに酸化するので、あなたは衣服でそれをぴかぴかに磨きます。布切れで十分です。あなたの苦しみの金は、それらと混ぜられて合金にされ、同じく固くなります。そして、あなたの信仰の情熱、あなたの愛の炎、あなたの希望の輝き、誰がそれらを手に入れるでしょうか。この愉快な交替と喜ばしい交換によってでしょうか。この小羊による祝宴と利益によってでしょうか。堅物にはこのぶどう酒の喜びは分かりません。「この杯はわたしの血による新しい契約である」！　私たちの受ける苦しみ、それは手段であり、この手紙が語るところによれば、それによって私たちは、私たちが見たことのない方、愛すべき目よ、まだ見たことのない方と結び合わされているのです。私はこの結びつきから離れません。というのは、いつか将来の四旬節第三主日〔Okuli〕に、それ以上のものを見ることになるからであるとこの手紙は語ります。旧約聖書の冒頭、エデンの園からは、再び良質の金箔が流れ出ます（創世記第二章一〇―一三節）。「エデンから一つの川が流れ出ていた。園を潤し、そこで分かれて、四つの川となっていた。第一の川の名はピションで、金を産出するハビラ地方全域を巡っていた。その金は良質であり、そこではまた、琥珀《こはく》の類（琥珀は錫《すず》／銅を意味する――合金を造るのに適している！）やしまめのうも産出した。第二の川の名はギホンで、クシュ地方全域を巡っていた」。――私の魂が連想して交ざり合い、静かに歌い始めるのが、魅力的で希望に満ちた歌、ペドリロ〔5〕の口を通して歌われたロマンツェ〔6〕です。

「ムーア人の国に
美しい娘が捕らえられた。
赤い唇に色白で黒髪の娘は
ため息をつき、涙を流し
自由になりたいとひたすら願うのだ〔7〕」。

そして、私の愛しい約束と聖書の結びには次のようにあります。そこで、私は天から来る新しいエルサレムに目をみはり、誰もがそこへの招きを受けます。「門は一二の真珠であって……」（ヨハネの黙示録第二一章二一節）、「いかなる目も、未だかつてそのような喜びを感じたことはなかった」（福音主義教会讃美歌第一四七番三節）。

III

ところで愛しい目よ、なぜこの同じ歌のこの節が今すでに可能であるのか、すなわち「私たちは皆、喜びの広間へと進み、共に聖餐を守ろう」（福音主義教会讃美歌第一四七番二節）という招きの言葉があなたにも向けられているのかを私はあなたに説明したいと思います。そして、さらに私はあなたに「そうではなく」という否定の言葉について説明しなければなりません。強く激しい否定の言葉です。

それがなければ、あなたは悪い結びつきから解放されることはありません。あなたの足もです。なぜでしょうか。「ちょいと、うしろを見てごらん、血が、くつにたまってる」[8]。血と罪があるところでは、金や銀はもはや何の役にも立ちません。なぜなら、血の罪は永遠だからです。そこでは、朽ち果てる通貨は何の役にも立ちません。たとえ、それが通貨の中で最も高価で、最も長持ちするものであったとしてもです。それゆえに「知ってのとおり、あなたがたが……贖われたのは、金や銀のような朽ち果てるものにはよりません」〔ペトロの手紙一第一章一八節による〕と言われるのです。つまり「キリストの尊い血によって」私たちが贖われなければならなかったということ、それは私たちがそこから贖われたもの、すなわち私たちが私たちの「先祖伝来のむなしい生活」から贖われたということによって明らかになります。そこでは、純金は何の役にも立ちません。それは、地獄がもたらす、うだるような暑さの中で蒸発してしまいます。つまり、カインの物語が解決されなければならないのです。そこでは「きずや汚れのない小羊」の純粋な血だけが助けとなります。

信仰を通して、完全な命であられる神にのみ与えられる承認を、カインが一瞬でも失ったと思ったときのことです――それは私の命、すなわち血の中に溶け込んでいます。地上での仕事を通して自ら糧を得ようと努める、関係性豊かな、美しい相対的な命です。心臓と、脈打つ血、この二つを区別しつつ、結びつけなければなりません――これこそが、カインに課された試みでした。なぜなら、羊飼いであったアベルは、与えられたものを差し出したにすぎなかったからです。それはごくたやすい感謝でした。生産物はありませんでした。なぜなら、羊飼いは小羊のように、神の御手によって直接、生活の糧を得ていたからです。ああ、カインは、こんなにも神と打ち解けた生活を侵したのです！

彼自身、血と大地の区別を知らず、それを保とうとしませんでした。そこで、彼は弟の体をさえも、耕地のように引き裂きました。――そして、さらに引き続き、地の中に命を探し求め続けたのです。すなわち、彼は最初は農夫、それから都市建設者になりました――そして、第七世代にトバル・カインがいます。彼は、「青銅や鉄でさまざまの道具を作る者となりました」（創世記第四章二二節〔一部改訳〕）。彼の父はレメクでした。過剰な殺害の産みの親です。「わたしは傷の報いに男を殺し／打ち傷の報いに若者を殺す。カインのための復讐が七倍なら／レメクのためには七十七倍」（創世記第四章〔二三―〕二四節）。最初に血を流した者は、あらゆる金属加工業者、製鉄工、刀工《とうこう》の父でもあります。――要するにそれは、私たちの先祖伝来の長い「むなしい生活」です。それは今なお続いています。白人の重砲にせよ、踊るズールー人の小さな斧にせよ、われわれ子孫は見事にそれに参与しています。私たちのカインの物語、それはむなしい生活です！　神の中に父を失ったがゆえに、ますます限りなく母なる大地に求めようとするこの残酷なる謎の答えには、何があるでしょうか。私は鉄の代わりに金を与えたのでしょうか？　第二のアベルがそれに抗します。彼は一匹の小羊であると同時に、羊飼いでもいまし給うのです。あなたがたの目よ、ペトロの手紙一は十字架をあおぎ、私たちにこう語っています。「そして、十字架にかかって、自らその身にわたしたちの罪を担ってくださいました。わたしたちが、罪に対して死んで、義によって生きるようになるためです。そのお受けになった傷によって、あなたがたはいやされました。あなたがたは羊のようにさまよっていましたが、今は、魂の牧者であり、監督者である方のところへ戻って来たのです」（ペトロの手紙一第二章二四―二五節）。

　私たちはもはやカインの系統ではなく、新しい系統であると、ペトロの手紙一は語ります。すなわち、王たる万人祭司（第二章九節）であり、「イエス・キリストに従い、また、その血を注ぎかけていただくために」（第一章二節）選ばれているのです。そして、それは次のようにして実現します。答えは次の聖書の御言葉です。「万物の終わりが迫っています。だから、思慮深くふるまい、身を慎んで、よく祈りなさい。何よりもまず、心を込めて愛し合いなさい。愛は多くの罪を覆うからです」（第四章〔七―〕八節）。身を慎むことと心を込めること、それらは固いようでありながら、よどみない（flüssig）ようでもあり、体のようでありながら、血のようでもあり、神において、また地上でパンとぶどう酒のようなもの、それは私たちが神に、そして大地に求める食糧ではないでしょうか。それゆえ、来なさい、準備は整っています。――あるいは「『美しい門』という神殿の門」のそばに、夕暮れ時ずっと座っていたあの人のように、あなたは席に着きなさい！「わたしには金や銀はないが」、わたしの言葉を受け取りなさいとペトロは言います（使徒言行録第三章六節）。

「わたしには金や銀はないが、持っているものをあげよう」とペトロは足の不自由な男に語りかけます。彼は歩き出します！　彼が夕べの祈りを唱えている声があなたには聞こえませんか。

そこで私たちはこの世の時間の終わりの時に次のように祈り、歌います。

「私の前に美しい門を開いてください、私を神の家に導き入れてください。
ああ、この場所で、私の魂はなんと喜びに満ち溢れることでしょうか！
ここには神の御顔があり、慰めと光だけがあります」（福音主義教会讃美歌第一六六番一節[9]）。

訳注

〔1〕ドイツ民謡第七集、徳間ジャパンコミュニケーションズ、一九九五年、二頁。この部分の訳注は宇野道義氏の解説に拠っている。『コメルスブーフ』（酒宴歌集）は、イェーナー大学創立三〇〇周年を記念して一八五八年に出版されたもの。

〔2〕ドイツ民謡第七集「ドイツ学生の歌」収録、「我輩は金と銀を愛する」、徳間ジャパンコミュニケーションズ、宇野道善義訳、一九九五年、四〇頁。

〔3〕前掲書、四〇頁。

〔4〕マルティン・ルター「小教理問答」徳善義和訳、『宗教改革著作集14』教文館、一九九四年、一八頁。

〔5〕ヴォルフガング・アマデウス・モーツァルトが一七八二年に作曲した三幕からなるドイツ語オペラ『後宮からの誘拐』（あるいは『後宮からの逃走』）（Die Entführung aus dem Serail）の中の登場人物。主人公ベルモンテの従者。

〔6〕一八世紀から一九世紀にフランス・ドイツなどで流行した抒情的・感傷的な物語を歌う有節詩と歌曲。

〔7〕ヴォルフガング・アマデウス・モーツァルト『後宮からの逃走』魅惑のオペラ一七、関口裕子訳、小学館、二〇〇八年、五四頁。

〔8〕グリム童話の「灰かぶり」（シンデレラ）の中に登場する家鳩のセリフ。『完訳グリム童話集』第一巻、金田鬼一訳、岩波文庫、一九九七年（改訂第三七刷）、二三八頁。

〔9〕福音主義教会讃美歌第一六六番“Tut mir auf die schöne Pforte”。

ハンス・ヴァルター・ヴォルフ

ハンス・ヴァルター・ヴォルフ（Hans Walter Wolff）は一九一一年に生まれ、一九九三年に死去。ハイデルベルク大学の旧約学の教授。この説教は、一九五二年四旬節第四主日（Laetare）に、ヴッパータールのエルバーフェルト地区にあるアム・コルク古ルター派教会で語られたものである。ハンス・ヴァルター・ヴォルフ説教集『たいまつのように――過去三〇年間の説教』所収。Hans Walter Wolff, Wie eine Fackel. Predigten aus drei Jahrzehnten, Neukirchener Verlag, Neukirchen-Vluyn 1980.

四旬節第四主日（Laetare）〔1〕
イザヤ書第五二章七―一〇節

いかに美しいことか
山々を行き巡り、良い知らせを伝える者の足は。
彼は平和を告げ、恵みの良い知らせを伝え
救いを告げ

あなたの神は王となられた、と
　シオンに向かって呼ばわる。
その声に、あなたの見張りは声をあげ
皆共に、喜び歌う。
彼らは目の当たりに見る
　主がシオンに帰られるのを。
歓声をあげ、共に喜び歌え、エルサレムの廃虚よ。
主はその民を慰め、エルサレムを贖われた。
主は聖なる御腕の力を
　国々の民の目にあらわにされた。
地の果てまで、すべての人が
　わたしたちの神の救いを仰ぐ。

イザヤ書第52章７—10節

これらの預言者の言葉を読み、また聞く人は、これらの言葉が、喜びのあまり興奮した息遣いで語られていることに気づきます。しかし、それと同時に、これらの言葉が最初にこの預言者の口を通して語られ、人々の耳に入ったのは厳しい時代であったということを知り、よく考えてみなければならないでしょう。これらの言葉は、強制的に捕囚に連れて行かれた人々のもとで語られました。すでに何十年も前に、彼らの故郷であるエルサレムから長い列をなしてバビロンへ連れて行かれた人々のもとで語られました。彼らは苦労の多い日々の仕事を終えた後、今やどこか広々とした大空のもとで、あるいは仮の宿泊所で、見つかってはならない小さな集会で出会います。説教を聞きに集まる今日のいかなる教会といえども、最初にこの御言葉を聞いたその当時の教会ほどはみすぼらしく見えないでしょう。今日のいかなる説教の聴衆といえども、この喜びの使者の言葉を最初に聞いたあの人々ほど厳しい日々を過ごすことはあり得ません。もし私たちが、これらの言葉を喜びにあふれて語った預言者は、苦しみに満ちたこの世の現実を知らないと考えるならば、私たちは初めからこれらの言葉を誤解することになるでしょう。彼らは苦しみに満ちたこの世の現実を知っています。けれども、この預言者はそれ以上のことを知っているのです。

私たちは今しばらくの間、最初にこれらの言葉を聞いた当時の教会に目を向けましょう。当時の教会はこの世の教会の状況をいかにもよく表しています。あの世界的強国であるバビロンは依然として力を持っています。その偉大な王ネブカドネツァルはエルサレムを焼き払い、その住民を連れ去りました。けれども、当時の王ナボニドゥス〔2〕の治世、バビロンの最後の時が到来します。すでに東の国々は不穏な情勢です。若いペルシア人キュロスは、メディア人のアステュアゲス〔3〕を倒しました。さらに、巨万の富を持つクロイソス王〔4〕を打ち破るため、キュロスは西へ向かいます。そして、間もなくしてバビロンを取り囲み、征服することになります。

捕囚の教会は、この世界史的意義を持つ出来事を固唾《かたず》を呑んで見守ります。けれども、この教会はそのまっただ中にありながらも、まったく何の重要性も持たない要素に過ぎません。神の民――捕囚の中にあった最も影響力あるグループと、エルサレムとエルサレムの周りにいた残りの小さなグループ――は無力である上に、引き裂かれた人々の群れの無残な姿を示しています――今日の教会の原型です。すなわち、明確な意志の形成もなされず、有効な影響力を発揮する可能性もなく、争い合う世界的強国になぶりものにされるのです。

このような状況のただ中で、私たちの預言者は目を開かれます。他の誰も見ることができず、政治の領域で最も多くの情報を持つ人々でさえも見ることのできない光景を、神は彼にお見せになります。彼は四つの幻を見ます。彼はそれらを、あの惨めな人々の群れの目の前に描き出します。

(1)一人の伝令が山々を越え、故郷のシオンへと急ぐ姿をこの預言者は見ます。この伝令の知らせは「あなたの神は王となられた!」という内容です。〔王となったのは〕侵略者の後継者であるナボニドゥスではないのでしょうか。最も多くの資産を有するクロイソスではないのでしょうか。若々しい英雄キュロスではないのでしょうか。彼らの神々ではないのでしょうか。「そうではない。取るに足りない、引き裂かれた民よ。あなたの神が王座を勝ち取られたのだ。あなたの神が戦われ、その戦いで、他のすべての人々はあなたの神の家来になったのだ。彼らはもはやあなたの神なしに、またあなたの神に逆らって、何一つ成し遂げることはできない」。この伝令はそのように語ります。

(2)急いで近づいて来るあの使者を見つけるシオンの城壁の上にいる見張りたちをこの預言者は見ています。彼らはもう随分長い間心配して知らせを待っています。今や彼らは突然、喜びの知らせを受けて驚きます。見知らぬ者たちではなく、破壊者たちでもなく、嘲りを受けた我らの神こそが勝利者であられる。この方はそのような方として、御自分の町に帰って来られるのです。

(3)この預言者は、廃墟と化したエルサレムを見ます。疲れ果てた人々や苦しめられる人々は廃墟から連れ出されます。彼らはまだその大転換を理解することはできません。けれども、瓦礫の石そのものが彼らに喜ぶことを教え、彼らを喜ぶように誘い出したに違いありません。すなわち、主はその民を慰め、主は自由をもたらし、新しく建てられるのです！

⑷この預言者はこの町を取り巻く広い周辺世界に目を向けます。この伝令の知らせを受けて、この町では新しいことが始まり、「地の果て」にまで至ります。それはあたかも巨大な舞台のようです。そこでは、世界のもろもろの民が次のことの証人となります。すなわち、神によって選ばれ、罰を受けた民を、神御自らが圧倒的な御力によって解放されるということです。

これらの四つの幻は、「あなたの神は王となられた」というただ一つの知らせがどんどん大きな波紋を広げる様子を示しています。すなわち、見張りの人々の小さな群れは、この伝令の口からその知らせを聞き、廃墟と化した町全体が感動に包まれ、すべての諸国民が証人となるのです。

神がお与えになったこの新しい預言の展望は、追放された人々の間で、どれほど口から口へ、心から心へと広められたことでしょうか！　どれほど人々は、急使たちを通し、御者たちを通して、可能な所ではどこでも、見捨てられた故郷の教会にこの幻を伝えたことでしょうか！　この幻はそもそもこの教会に向けられていたのです。「あなたがたは望みを持つことができるのだ！」と。これらの幻は現実となります！　神は、勝利を収めた王として故郷に帰って来られるのです！

それらの幻は現実となったでしょうか。数年後に転機が訪れました。キュロスが鎖を解き、帰還と再建を可能にしたのです。けれども、その実現と共に失望がやってきました。神は王となられたでしょうか。バビロンの世界帝国はそれよりもいくらか寛容なペルシアの世界帝国に取って代わられ、ナボニドゥスがキュロスに取って代わられただけではなかったでしょうか。引き続き神の支配の実現を待ち望まなければなりませんでした。あのバビロンの預言者がまだ考えも及ばなかった時が来るまで、この預言者の言葉は目を覚まして待ち続けました。ナザレのイエスがガリラヤの山々を越え、サマリアを越え、エルサレムに「王なる神の支配は近づいた！」という知らせを携えて御姿を現され、一部では驚きを、一部では恐れを引き起こす時が来るまで目を覚まして待ち続けました。「神の国は、見える形では来ない！」。実に、神の国の王は「あなたがたの間に」（ルカによる福音書第一七章二一節）おられるのだ。この伝令こそ、神が遣わされた王に他なりません。ただ、事柄の推移は予想したのとはまったく異なります。ローマの支配は砕かれません。人々がイエスを政治的な王にしようとすると、この方は姿を消されます。それは今日の福音書の御言葉が語っている通りです（ヨハネによる福音書第六章一―一五章）。この王は、反ローマ主義の、革命的な党派の人々によって指導者に祭り上げられることを許さず、御自分が、旧約聖書において約束された、神の全権を委任された王であり、この方において神御自身の王国が実現することを疑いの余地なくはっきりとお示しになります。それゆえに、「見よ、あなたの王が来られる！」という昔の御言葉がすべての人々に告げられるために、イエスはロバに乗り、エルサレムに入城されるのです。それゆえに、人々はこの方の十字架の上に、世界に普及したあらゆる言語で「ナザレのイエス、ユダヤ人の王！」と書かれた文字を読むのです。それによって、この十字架に架けられた方こそが神の民の王であり、同時に世界の救い主であられることにすべての人々が気づくためです。

その後、復活なされた主がなお数週間、御自分の弟子たちのもとに留まられたとき、この方は彼らに、おもに旧約聖書を教え示されました。旧約聖書において、彼らは、この方が歩まれる道全体をどのように見、彼らが何をさらに待ち望まなければならないかを学ばなければなりません。そのようにして実際に私たちに与えられた御言葉は、一つの世代から次の世代へと新たに語り継がれ、キリストの十字架が打ち建てられることによって私たちのもとで始まった王なる神の支配を信じる信仰へと呼び出すのです。十字架に架けられた方は旧約聖書を新たに理解することを教えられます。他方で、旧約聖書も、私たちが十字架に架けられた方を正しく理解することに役立ちます。それゆえに、教会は、受難節のただ中にあって旧約聖書を読み、私たちは十字架の御言葉を、喜びと勝利の知らせとして正しく理解するのです。旧約聖書の朗読はラエターレ（喜べ）！　というこの日曜日の名前を際立たせます。「エルサレムと共に喜び祝い／彼女のゆえに喜び躍れ／彼女を愛するすべての人よ。彼女と共に喜び楽しめ／彼女のために喪に服していたすべての人よ。彼女の慰めの乳房から飲んで、飽き足りよ」（イザヤ書第六六章一〇―一一節）。

そこで私たちは、いとも簡単に再びバビロン捕囚の狭い壁の中に閉じ込められてしまう、十字架のもとにある教会として、生ける主の御意志に従い、王なる神の御支配について語る四つの幻に改めて耳を傾けましょう。

(1)もし、現代に生きる私たちのもとに喜ぶ理由があるとするならば、それは**ひとえに**あの伝令のおかげです。この伝令は前線の報告者として、その敏捷《びんしょう》な足で山々を越えて知らせをもたらします。このような預言者の姿は、イエス・キリストにおいて血の通った人の姿を取りました。この方は、あらゆる決定が下された神の戦い、すなわち十字架における戦いから、「あなたの神は王となられた」という有効な戦況報告をもたらされます。この知らせはあなたに不幸をもたらすものではありません。というのは、あなたの敵が王となったのではないからです。この知らせは平和と慈しみと救いをもたらします――そのように、喜びの使者は絶えず新たに、溢れ出る言葉で語ります――なぜなら、神が王となられたからです。この方は御自分の敵と和解され、悪しき者たちに慈しみを施し、無力な者たちに助けを与えるために急いで行かれます。私たちのために御自分を犠牲にし、十字架に架けられた方として、この方は王としての御支配を始められます。この方は王として「あなたの神」であられ、この方はあなたの神として唯一の「王」であり、主であられるのです！

この福音書の御言葉――古典ギリシア語の翻訳では、ここでの「伝令」のことを「福音書記者」と呼んでいます！――こそが、瓦礫と化した神の民の町における新しい命と喜びの源なのです。私たちはさしあたり、この御言葉のほかには、まったく何も持っていません。けれども、この御言葉は私たちに事の真相を教えてくれます。それによって、私たちは、見たところこの世の短い時間の中で状況はそれほど変わったようには見えないとしても、進むべき正しい方向を見出さなければなりません。それは、私たちが依然として私たちの兵舎におり、それまでと同様に同じ指揮官や軍曹と関わりを持たなければならなかった一九四五年のドイツの降伏後のあの当時に似ています。それでも私たちは、戦争がすでに終わったことを知っていました。私たちは皆、今やイギリスの指揮権のもとに置かれ、イギリスのオートバイに乗った伝令兵が毎日伝える命令に頼らざるを得ません。それと同じように、私たちは皆、この世の時間の中で――聞く耳のある者は聞きなさい！――イエス・キリストの福音に頼らざるを得ないのです。目先のことしか考えない者たちだけが、このみすぼらしい伝令の姿をあざ笑うことができます。

この知らせは有効であり、この知らせのもとで新しい生活を始めることができるのです。「あなたの神は王となられた！」。あらゆる全体主義的な締め付けの中での、なんという助けでしょうか。あなたの神が王となられたのであって、世界史の狂信者が王となったのではありません！　残忍な暴力だけが自分の地位を守り通すと思い込むあらゆる強迫観念からの、なんという解放でしょうか。十字架に架けられた方が王となられたのです！　あらゆる方向から私たちの耳に入る、好ましいことや平和や助けしか語らないあらゆる約束の魔力からの、なんという解放でしょうか。私たちに味方してくださる神だけが王であり、ただこの方だけが私たちの人生を良きものとし、有益なものとし、平和に満ちたものとしてくださるのです。「なぜなら、神が私たちのもとで支配されるまでは、すべてのことが私たちにとってうまく行かず、それゆえに、私たちは不幸にならざるを得ないからです！」とカルヴァンは言っています。したがって、今日も、そしてこれからもずっと、この伝令の知らせ、すなわち聖書の証はあらゆる救いの源なのです。神の国の伝令官であり、同時に神の国の王であられる方が私たちのために生きていてくださるのです。

⑵この方の知らせは見張りの人々の仲立ちによって、廃墟と化した町に届きます。第二の幻は、城壁の上にいる見張りを私たちに示します。私たちは教会として、王の伝令から言葉を受け取る人々に頼らざるを得ません。そのような人々がキリスト教徒の中にいるがゆえに、私たちは神を賛美したいと思います。彼らは、王なる神の支配を告げる御言葉を新たに聞き取り、はっきりと証する証人たちです。人々が町の通りでまだ見ていないものを、この証人たちは塔の上から見ているのです。彼らは

大声で叫び、ほめたたえます。以下の両方のことが大切です。すなわち、彼らがはっきりと声をあげること、そして彼らが解放の発見者として喜びの声をあげることです。ヘルムート・ゴルヴィツァーはロシアでの捕虜の経験から、ある一人の人について語りました。その人の内には、主と、主が探し求めておられる人々に対する愛の炎がとりわけ赤々と燃え上がっていました。出発する際、彼は朝ごとに聖書の中から日課の御言葉を人々に語りました。夕べには、彼自身、死ぬほど疲れているのに、共に聖書を読む仲間を呼び集めました。そして、ある人が、人間的なずる賢い考えから不正な道に進もうとしたときには、彼はその人に「君、私たちはいつでも神に導かれるままに歩もうではないか！」と注意を促しました。兄弟姉妹の皆さん、私たちはそのような勇敢な見張りを祈り求めましょう。私たちに王なる神の支配を、十字架に架けられた王を思い起させてくれる魂の見張りを祈り求めましょう。私たちに正しい方を推奨する正しい監督、牧師、友や兄弟、警告者を祈り求めましょう！　城壁の上にいるこれらの証人たちは、主がシオンに帰って来られ、御自分の教会に帰って来られるのを、人々がその目で――「膝を突き合わせて！」――見るであろうと確信し、心を躍らせています。私たちが、王として十字架に架けられた方と膝を突き合わせて向かい合うであろうというこのような勧告を、今日私たちは必要としています。感謝と執り成しの祈りをもって、そのような見張りを忘れないようにしましょう。

(3)第三の幻は私たちに廃墟を示します。今や私たちは、この預言者の知らせがもともと目指していた人々のもとにいます。彼らのために、この伝令は道の途上にあり、見張りの叫びは彼らに向けられているのです。今や私たちはこのテキストにおいて、私たち、すなわち教会に到達しました。今や初めて、あることが率直に命じられます。歓声をあげ、喜び歌え！　「エルサレムの廃墟よ！　歓声をあげ、共にほめたたえよ！」。王なる神が支配してくださるという喜びは伝染します。すなわち、この喜びは伝令から見張りへ、見張りから町へと伝えられるのです。

私たちが思い知ったように、廃墟は教会を表すのにふさわしい比喩です。聖書は、私たちの教会の嘆かわしい状況について、私たちに幻想を抱かせるようなことはしません。労働者たちや知識人たちが間で語られる辛辣で嘲笑的な言葉は日々そのことを確証します。しっかりと目を見開いて私たちの教会の状況を見る人は、大なり小なり内部分裂の現実に直面し、堅信礼を受けた後に大勢の青年たちが離れてしまう事態に直面し、また圧倒的大多数の教会員たちが神の御言葉に対して完全に耳を閉ざしている現実に直面する中で、それ以上ふさわしい比喩を見出すことができません。最も誠実な人々でさえも、まさに廃人になろうとしています。自分自身と自分の周囲にいる最も身近な教会の人々を本当に知っている人は、この比喩が的を射ていることを知っています。まさに廃墟です！

けれども、この預言者は、私たちが悩みと嘆きにさらされたままにしておきません。というのは、当時と同様に、「あなたの神は王となられた！」という叫びはこのような私たちの廃墟に向けられているからです。それゆえに、あなたがた、廃墟の中にいる人々よ、喜び、歓声をあげなさい！　喜び、ほめたたえる理由が教会にはあるのです。なぜなら、神が支配し、働いておられるからです。教会そのものが立派だからではありません。けれども「主はその民を慰められる」ということが今こそ本当に現実となったのです。主は傷ついた哀れな人々を御心に留め、自分のために泣き叫ぶ以外にない人々を立ち上がらせてくださいます。主は廃墟の中に来てくださり、瓦礫の山をそのまま放置なさいません。「主はエルサレムを贖ってくださる」。主は打ち砕かれた民のために力を尽くされ、光輝く国々にではなく、主の約束が与えられた町に王の旗を立ててくださいます。主は公然と、嘆き悲しむ人の味方となってくださいます。主はそのような人のために十字架に架かられたのです。そのような人を顧みて、主は世界史を支配しておられるのです。主の民がそれに値したからではありません。にもかかわらず、主はそうなさるのです。うなだれる人々が皆、避け所を持ち、この世で挫折した人々が皆、希望を持つようになるためです。あなたの神は王となられた！　この知らせを聞く人には、息が詰まるような牢獄の中で、扉が外に向かって開かれる経験をした人と似たようなことが起こります。このような人はこの王のもとで、もはやいかなる日も空しく過ごすことはなくなります。この王と出会う中で、この王と言葉を交わす中で、このような人は新しい経験や課題と取り組むようになります。このような人はあの商人のように語ります。「確かに私は今なお、さまざまな生活の不安の中に置かれています。けれども、私は先を見通しています。そのことが私に耐え抜く力を与えてくれるのです」と。この世を見通すこと――自分の鋭い洞察力によるのではなく、むしろ聖書が私たちに見通す力を与えてくれるがゆえに、この世を見通すのです。それこそが、「あなたの神は王となられた！」という知らせを受けたキリスト者の特権なのです。十字架に架けられた方が王としてあなたがたのもとに帰って来られるがゆえに、廃墟は喜ぶことが許されるのです。

⑷それゆえに、廃墟もこの世に対して意味を持っているのです。第四の幻において、目は地球全体に向けられます。それは巨大な観客席に変わります。その観客席では、すべての民が目撃者となります。彼らは、どのように神が贖いを成し遂げられるかを見ます。この預言者は、強制的に連れ去ら

れ、厳しい労働に服させられた当時の人々と露骨な言葉で語ります。神はすべての人々の目の前で御腕をむき出しにされます。むき出しの御腕で、神はその民のために決闘を始められます。そのようにして神御自身が彼らを解放されます。私たちは、十字架に架けられた方のむき出しの御腕に目を向けます。神は、幕が上がった舞台で御業をなされます。キリストは世界中の人々が見ている前で死なれます。この方の御名は、世界に普及したあらゆる言語で十字架上に書かれています。私たちはすでに、キリストの教会に導き入れられた「地の果て」に属しているということをよく考えてください。主が私たちの信仰を目覚めさせ、ほめたたえる気持ちを起こしてくださるところでは、嘲けられた方御自身が王として、目に見える御姿で来られる時まで、主はいつでも、より広い世界の人々に、御自分の憐れみと慈しみのドラマを見させてくださいます。世界全体を視野に入れて、主が私たちのために力を注いでおられることを私たちは決して忘れてはなりません！　アーメン。

訳注

〔1〕四旬節第四主日の「ラエターレ」（Laetare）という名称は、この説教の中でも述べられているように、ラテン語のミサの入祭文の“Laetare cum Jerusalem, et exsultate in ea, omnes qui diligitis eam”（「エルサレムと共に喜び祝い／彼女のゆえに喜び躍れ／彼女を愛するすべての人よ」）（イザヤ書第六六章一〇節）に由来する。「ラエターレ」はラテン語で「喜べ」という意味。そこから四旬節第四主日は「喜びの主日」とも呼ばれる。

〔2〕新バビロニア最後の王。在位期間は前五五五―前五三九年。

〔3〕メディア王国最後の王。在位期間はヘロドトスの歴史書『歴史』の記述によれば、前五八五―前五五〇年。

〔4〕リュディア王国の最後の王。在位期間は前五六〇／五六一―前五四七年。

ハンス・フォン・ゾーデン

ハンス・フォン・ゾーデン（Hans von Soden）は、一八八一年に生まれ、一九四五年に死去。マールブルク大学の新約学、教会史、キリスト教建築と教会法の教授。この説教は、一九四〇年四旬節第四主日（Laetare）にマールブルク／ラーンの大学教会において語られたものである。ハンス・フォン・ゾーデン説教集『キリストにおける真理』所収。
Hans von Soden, Wahrheit in Christus, München 1947, S. 116-125.

四旬節第四主日（Laetare）
ローマの信徒への手紙第五章一―五節

　このように、わたしたちは信仰によって義とされたのだから、わたしたちの主イエス・キリストによって神との間に平和を得ており、このキリストのお陰で、今の恵みに信仰によって導き入れられ、神の栄光にあずかる希望を誇りにしています。そればかりでなく、苦難をも誇りとします。わたしたちは知っているのです、苦難は忍耐を、忍耐は練達を、練達は希望を生むということを。希望はわたしたちを欺くことがありません。

わたしたちに与えられた聖霊によって、神の愛がわたしたちの心に注がれているからです。

私たちのテキストの中心には**「わたしたちは苦難をも誇りとします」**という驚くべき御言葉があります。私たちすべての者たちが互いに、わが国民全体と共に、それのみならず、同じ人間として他の諸国民の数え切れない人々と共に、大いなる「苦難」によって結び合わされている時代にあって――また、これ以上苦しい目に遭わずに済むようにという願いと、私たちも非常に困難な状況を乗り越えたいという願いとの間で私たちの心が揺れ動く時代にあって、この御言葉は私たちには、そう簡単に理解できないに違いありません。この御言葉は私たちにはいくらか狂信的な響きを持つように思われますし、人は心から誠実に、まったく嘘偽りなく「わたしたちは苦難をも誇りとします！」と語ることなどできないと私たちは思ってしまいます。確かにその通りです。覚悟と決然とした態度、規律と勇敢さ、服従と確信、義務の履行と戦いにおいて犠牲をいとわない態度、これらのことを真剣に考えるときには（今まさにそうであるように！）、私たちはそのために全力で戦い、私たちはそのために祈ろうとします。けれども、「誇りとする」ということは、苦しみが襲って来るときに喜びを感じ、感謝の気持ちを抱き、誇りに思うというようなことなのです。――そのようなことは不可能なこと、不自然なこと、非人間的なことであり、それゆえに無気味なことではないでしょうか。このようなパウロの宣教におけるキリスト教信仰は私たちには無縁なものではないでしょうか。正直に申し上げるならば、私は教会暦によって、今日この日曜日のために定められたこのテキストにざっと目を通したとき、このテキストから目を逸らしたいという誘惑に駆られました。このテキストは今日の私たちにとって厳しすぎるように思われて仕方ありませんでした。けれども、偶然にも、今日この日曜日に、このテキストが教会暦のゆえに、いわば私たちの行く手を阻むということが起こります。そして、この御言葉を書き記したキリストの使徒は決して熱狂主義者などではなく、自分では、さまざまなとても辛い経験をしたこともなく、苦しみとはいかなるものかを本当には知らない人だということは決してありません。コリントの信徒への手紙二を読んでみてください！　そして、もしそうであるならば、私たちすべての者たちが今、共に経験している苦難の時代はまさに、私たちがこの使徒の言葉を信じているかどうか、またこの使徒がその信仰に基づいて真理として私たちに宣べ伝えていることを、それが私たちにとって真理であると認識し、告白するかどうかを試すことのできる時であるに違いありません。その際、この説教の冒頭ですでに語られたこと、すなわち「苦難をも誇りとする」という御言葉が私たちのテキストの真ん中に置かれているということを私たちは初めから見失ってはなりません。私たちがイエス・キリストを通して、信仰によって神との間に平和を得ていること、また私たちの心には聖霊の愛が注がれているということ、このしっかりと固定された二本の柱に頑丈な鎖でつながれた橋のように、「苦難をも誇りとする」という御言葉はぶらさがっているのです。パウロはローマの信徒への手紙の中で、今日私たちに与えられた聖書の御言葉の前の箇所で前者の柱について語っており、今日の御言葉の後に続く御言葉において後者の柱について展開しています。私たちはこのような内的な関連を忘れることなく――私たちの講壇では、それこそ繰り返しこの二本の柱について語られることになります――今日はしばらくの間、真ん中の部分を扱いたいと思います。すなわち、神

ジョット「ユダの接吻」

との間の平和のゆえに、また神の愛において、私たちは苦難をも誇りとするということです。それはまさに次のことを意味します。すなわち、私たちは神を誇りとするということ、私たちは苦難の中にあるときにも、否、まさに苦難の中にあるときにこそ神を信頼するということです。苦しみの中にあるとき、私たちは自分たちの信仰を試され、その結果、信仰の結ぶ実を収穫するのです。

「苦しみの中にあるときにこそ、キリストは、どこでも力を発揮する御自分の似姿を心に、魂に刻み込んでくださるのです〔1〕」。

I

この世における人間の生は**苦しみ**に満ちていると考えることは決してキリスト教だけの特別な見方ではなく、キリスト教の嘆かわしい弱さや誤った考えでないことは言うまでもありません。むしろ、あらゆる言語で、あらゆる時代に、人類の代弁者や詩人や思想家がこのことを語っています。そして、彼らはいろいろな声で語られる彼らの嘆きの言葉でもって、自分たちが何に苦しんでいるのかを語る言葉を知らない無数の人々によって無感覚に、あるいは悲痛な思いで黙って担われてきたことを広く世に知らせ、理解させることで、人々の心を激しく揺り動かします。私たちは、戦争になって初めて厳しい状況に置かれ、多くの人々が苦しみを受けるのだと考えてはなりません。この世における苦しみは、それとは反対の、真実の生きる喜びが沸き起こる余地などまったくないほどに圧倒的で、支配的なものではないのではないか、また喜びに満ちた、俗に言う楽観主義的な人生観、すなわち人生の肯定は、そもそも偽造されたのではないにしても、結局は繰り返し失敗に終わる欺瞞、または幻想と見なされなければならないのではないか（確かにショーペンハウアーはあるところで、そのような楽観主義的な人生観は「まことに放埓無道な考え方のひとつ[2]」と言っています）、また生きようとする意志を働かせないことが唯一の真実の知恵なのではないかという悲劇的な論争が繰り返しなされます。「生きることは苦しみであり、老いは苦しみであり、病気は苦しみであり、死にゆくことは苦しみであり、恨み憎む人と出会うことは苦しみであり（怨憎会苦）、愛する人と別れることは苦しみであり（愛別離苦）、求めるものが得られないことは苦しみである（求不得苦）」（四苦八苦）というあの仏教の言葉においては、ひょっとすると、まさに多くの人々にとって人生全体が言い換えられており、人生経験が総括されているのではないでしょうか。少なくともアイヒェンドルフ[3]は次のような憂鬱な詩によって、私たちの誰もが言いたいことを代弁しているのではないでしょうか。

私たちの目に映るものは移ろい行く
日は暮れ、夕陽に染まり
喜びは薄らぎ
すべてのものには死が訪れる。
苦しみは盗人のようにこっそりと
人生に忍び込み
私たちは皆
私たちの愛するすべてのものと別れなければならない。[4]

それとは反対の立場にも、いつでもその代弁者たちがいたことは言うまでもありません。「喜びと苦しみがさまざまに分配され、とても見事に組み合わされている人生は、全体として見れば、やはりあらゆる不幸をも凌駕する幸福をもたらします。この世での生活は、そのために捧げられるあらゆる犠牲に値する価値を生み出します。生まれつき備わる、生きようとする意志が結局正しいのであり、嘆くよりも感謝する方に、いつでもはるかに多くの理由が存在します。そして、苦しみはもはや、あらゆる光と結びついている影以上のものではなく、勝利の前の戦い、あるいはそれなしには、歴史における個人の生は実現し得ない、必然的な不完全さ以上のものではない」ということを証明しようという試みが繰り返しなされました。

もし、私たちがこのパウロの言葉の中に、この世における苦しみの尺度と普遍的な意味についての問い――それらの問いは繰り返し人間の思考をかき乱します――を探し求めるならば、また、もし私たちが、人生と人生の苦しみに対する然りと否の二つの極の間――私たち自身もいつでもその間を行ったり来たりして揺れ動きます――にパウロの立場を割り当てるならば、私たちは今やこのパウロの言葉の正しい理解を完全に覆い隠してしまうことになるでしょう。パウロは何らかの方法で苦しみを推し量ったり、説明しようとはしません。そして、パウロが苦しみを誇りとしたとしても、決して次のことを否定するつもりがないことは疑いようもなく明らかです。すなわち、私たちが実際に苦しみを受け、多くの辛い経験を耐え忍んでいること、また私たちが何のために苦しまなければならないのかを知っているときにも、私たちは苦しむのである、なぜなら私たちがまさにそのことを知っているがゆえに苦しまなければならないからであるということを。パウロはとりわけ次のことを考えています。すなわち、私たち人間が私たちの立場、私たちの権利、私たちの能力を繰り返し誤解し、過大評価し、誤って用いてしまうこの世において、キリスト者自身が陥る過ちや呪いや誘惑におけるのと同様に、キリスト者は、この世における誤解や拒絶や迫害において激しい苦しみを受けなければならないということを。キリスト者は――キリスト者だけではありませんが、おそらくキリスト者は最も――その運命においても、その良心においても次のことを知っており、経験しています。すなわち、大抵の苦しみや最も激しい苦しみは、人間が自ら招いており、人間同士で互いに与え合っているものであるということ、また彼らはそれをやめることができないがゆえに、繰り返しそうしてしまうのだということを。それ以外の場合には、人間の科学や行動力が人間の生活空間を広げ、人間の幸福を脅かすいくらかの危険を防ぐことに成功するとしても、この最も強力な苦しみの源流が枯れることはないでしょう。――パウロは苦しみの哲学を宣べ伝えようとしているわけではなく、苦しみの道徳を宣べ伝えようとしているわけでもありません。むしろ、彼はただ一つのことが言いたいのです。すなわち、苦しみは、神との間の平和を私たちから取り去ることはできず、神の愛を私たちの心から引き裂くことはできないということ、むしろそれを確証し、確認せざるを得ないということです。キリスト者にとって苦しみは議論の余地のない事実であり、明らかに最後の最後にキリスト者によって否定される事実であるように、キリストはキリスト者にとって、それに劣らず議論の余地のない事実なのです。この事実をキリスト者は決して否定しようとしませんし、否定することは許されません。パウロにとって人間の弱さや悪意が周知の事実であるように、神の栄光は彼にはっきりと啓示されています。パウロは、苦しんでいる人間の前で、神が正しい方であられることを証明しようと考えているのではありません。むしろ、彼は、苦しんでいる人間が神の栄光に目を向けるように指示しているのです。私たちは神との間に平和を得ているがゆえに、苦難をも誇りとするのです。

人間の宗教は昔から人間にとって苦しみと特別な関係を持ち、苦しみにおいて経験した命の衰弱や命の危険と特別な関係を持っていました。ここでは、二つの大きな誤りが根を張っており、キリスト教によっても（しかも、単にカトリックのキリスト教によってだけではありません）実際には、依然としてまったく克服されてはおらず、むしろキリスト者たちのもとでも一層荒っぽく、あるいは一層上品にこのような誤りが繰り返されています。すなわち、一方では、人は犠牲や立派な行いによって苦しみから自分の身を守り、それによって幸福を保つことができると思っており、他方では、人はこの世の生活から逃れることで苦しみから逃れられると思っています。この箇所でも、パウロ書簡や新約聖書のその他の箇所でも、そのようなことについて語っている御言葉は一つも見出されません。パウロは苦しみに対して、ただ一つのことを対置します。すなわち信仰です。そして、信仰は苦しみにおいて強くなるばかりであり、より確かなものになるばかりであると主張します。というのは、苦難、忍耐、練達、希望が相前後して次から次へと力を発揮するとパウロが語るとき、彼はそこで――私たちは一度問うてみましょう――あたかもいわば抵抗力、また救いの力として、忍耐と練達と希望の力を発揮することが苦しみの性質であるかのように、精神的、あるいは心理的変化のことを念頭に置いているのではないからです。ああ、苦しみから焦燥や頑なな心や絶望がどれほど頻繁に生じてくることでしょうか！　それとは反対に、パウロの確信は次の点にあります。すなわち、神との間の平和において自由になり、心を神の愛で満たされた人間は、忍耐、練達、希望の力を苦しみに対置するということです。なぜなら、そのような人間は神の恵みに基づいて、神に由来するそのような力を示すからです。**ルター**は彼の『ローマ書講義』の中でそのことについて次のように語っており、この箇所を深く理解していました。「苦しみが一人の人を捕えるや否や、苦しみはその人の性向をいっそう強くします。その人が肉欲に縛られ、弱く、目が見えず、邪悪で、怒りっぽく、自信家であるならば、苦しみの試練がその人を襲うとき、その人はこれらすべての点において、ますますそのような者になります。それに対して、その人が霊的で、強く、賢く、善良で、慈しみに富み、謙遜であるならば、その人は苦しみにおいても、これらすべての点において、ますますそのような者になります。『苦しみは人を苛立たせ、怒りっぽくさせる』と語るのは愚かなことです。むしろ、苦しみは、苦しみに襲われる人が短気であることを明らかにします。そして、苦しみにおいて信仰と愛を失う者はそれまでも、それらのものをまったく持ったことがなかったのです。それらのものを見出すために、このことを認識してほしいのです[5]」。

Ⅱ

「私たちは苦難をも誇りとします。私たちは知っているのです。苦難は忍耐を生むということを」。

――これが、パウロが、苦難を誇りとし、苦難の中で神を誇りとすることの根拠として挙げる第一のことです。もちろん、信仰深いキリスト者でない人でも、忍耐や毅然とした態度やねばり強さ（これらすべてのことは、パウロがここで用いているギリシア語の中に含まれています）を苦しみの中で奮い起こすことがあります。私はそれを戦争の最中に、もしくは人生において、どれほど繰り返し見てきたことでしょうか！　そうです、キリスト者でなくても、そのように、いらだちは何の役にも立たないことを冷静に洞察し、痛みと苦しみの中にありながらも、しっかりと規律を守り、あるいは職業の具体的な目標に向かって多くの忍耐を示す人々もいれば、個人的な交わり、たとえば自分の家族や同胞のために献身的な生活を送り、多くの忍耐を示す人々も存在します。そのような人々は、キリスト者──苦しみの中にあるときに、もはやキリスト者であり続けることができず、キリスト者であることを示すことのできないキリスト者──を恥じ入らせます。キリスト教の外にも、忍耐の徳と似た他の徳があります。他方で人間的な過ちや弱さも、他の人々に劣らず、キリスト者に重荷を背負わせます。私たちはそのことをまったく否定しようとは思いません。パウロはむしろ、キリスト者には、忍耐するのに特別な理由があり、このような理由から、事実、忍耐する特別な力を生み出すことができる、すなわちそれは神との間の平和であると考えています。そう考えることでパウロは、それがどのような苦しみであろうと、その苦しみがその根拠や意味とどのような関連があろうと、その関連が、見分けがつこうがつくまいが、神の御手からその苦しみを受け取るのです。パウロはそれを神の御心として、場合によっては神から密かに遣わされた使者、あるいは密かなしるしとして受け取ります。パウロは何とかして苦しみから気を逸らそうとするのではなく、むしろ完全に苦しみの中に身を置きます。パウすると、そこでいらだちは消えてなくなるのです。なぜなら、いらだちというのは、まさに、神が望んでおられることを、人間が望まないことから生じるからであり、私たちにはどんなに理解できないとしても、神が、あるお考えを持ってなされていることを、人間が意味のないものと見なしてしまうことから生じるからではないでしょうか。たとえ、それが人間によってどんなに悪意をもって考えられ、行われたとしても、神が良しとされ、許容されることを、人間が悪と見なすことから生じるからではないでしょうか。神の御意志に「なぜ」はありません。それはもちろん、人間の「なぜ」ということを言おうとしているのではありません。人間が理解し、あるいは人間がそれに対して釈明を求めることのできる「なぜ」は何一つありません。私たち人間は神を咎めることも、神を理由づけることもできません。「わたしが主、ほかにはいない！……光を造り、闇を創造し／平和をもたらし、災いを創造する者。わたしが主、これらのことをするものである」〔イザヤ書第四五章五節、七節による〕。人が神の御手から苦しみを受け取るならば、苦しみが軽くなるというわけでは決してありません。私たちに苦しみをお与えになるこの神は、私たちが願い、あるいは夢見ているような単純な神ではなく、幸運の神でもありません。けれども、この方はまさに神であられ、真実の神であられ、全能の主であられます。神が私に関わる事柄にどのように着手なさるのかということを、私は神に委ね**なければなりません。**

私が望んだことは砕かれました。
主よ、私は嘆きを捨てます
そうすれば、心は静まります。
どうか今、私が望んでいないことを担う力をも与えてください。〔6〕

そのように祈る人は、その祈りを聞き届けていただけます。

「忍耐は練達を生む」とパウロは続けます。ルターの言葉遣いでは、練達は、私たちの言葉遣いにおけるのとはいくらか異なっており、私たちが「試験」や「実証」と呼んでいることをも含んでいます。そして、このことは実際に、この箇所のギリシア語で意図されていることなのです。言うまでもなく、本当にそう呼ぶに値する練達は、苦しみの中で勝ち取られると考えることはそれ自体すばらしく、正しい考えです。ただ苦しみを経験した人のみが、より深い意味で真実に人生を経験し、この世を経験している人です。経験を積むために、人がさまざまなことをなし、可能なところではどこでも、さまざまな危険なことや禁じられていることをしなければならないと考えるのは若気の至りです。苦しみは練達を生み出し、実際また、そのような行為へと至る苦しみだけが練達を生み出します。キリスト者はそのことを知っています。なぜなら、人間はそのことを知っており、あるいは知ることができるからです。けれども、ここで意図されており、キリスト者に対して言われていることは、苦しみの中で信仰が試され、真実なものであることが証明されるということです。見るからに信仰深そうで、自分でも少しでも良い信仰者でありたいと願っている人々が激しい苦しみに襲われ、神との間の平和を失い、疑いと争いの中で心を苛立たせ、頑なにするという事態を私が経験しなければならないとき、そのことは繰り返し私を動揺させます。共感したいという気持ちをどんなに持っていても、他の人々や他の人々に関係する事柄を理解できるのと比べれば、それとは比較にならないほどに、私たちが自分の個人的な生活全体や自分の個人的な運命や不幸を強く意識するのは、至極当然ではないでしょうか。例えば、今この戦時下においても、危険を共有している多くの仲間のことを考えるのと、自分の夫や息子のことを考えるのとでは、誰もがまったく異なる考えを持ちます。ひょっとすると、私たちは自分の夫や息子のことになると過度に考えてしまうかもしれません。もちろん、自ら病気になり、あるいは苦しみや不安の中に置かれることと、そのような状況に置かれている人を訪ねることとがまったく異なることは事実です。自分の最愛の人を埋葬するのと、他の人が最愛の人を埋葬する際に付き添うのとでは、どんなに心を震わせて同情したとしても、まったく異なります。私たちは、苦しみを受け、死に行く同胞を孤独にすべきではありません。けれども、私たちは本当に彼らと歩みを共にすることができると信じ込み、彼らに言葉巧みにそのような考えを押し付けてはなりません。私たちは、自分自身を愛するように、本当に私たちの隣人を愛することができると思ってはなりません。したがって私たちは、人々が身をもって神を必要とする苦しみの中に置かれているのを見るとき、そのような人々を裁いてはなりません。けれども、私たちが、他の人々の多くの苦しみを知っており、他の人々と共に多くの墓所に行きながらも、自分が苦しみ、自分が悲しむとき初めて神が信じられなくなる、そのような人間であるということには、やはりがっかりさせられます。神が人間を死なせ、神が病気や戦争を引き起こされ、神が地上にそのような破壊を起こされるということを、果たして私たちは以前から知っており、あるいはそのように考えたことがあったでしょうか。しかも、私たちは実際に、自分が特別扱いされていると考え、それどころか、もしかすると私たちは自分がそれに値すると考えていたのではないでしょうか。たとえば、神が私たちの邪魔をしない限りにおいて、神の邪魔をしないという意味での平和は、決して神との間の平和ではなく、また神が私たちを大切にし、優先的に扱ってくださる限りにおいて神を敬うというのは、決して神との間の平和ではありません。そもそも多くの人々が、自分の人生の幸福な定めは神からの慈しみとして受け取りながらも、厳しい要求が突きつけられると神を悪く思うとき、彼らは神についていかに軽々しく考え、語っていることでしょうか。そして、それゆえに事実、苦しみは、信仰を試し、信仰が真実なものであり、ごまかしのないものであるかどうかを試す試験であり、自分の苦しみは、自分の実際の信仰を試す試験なのです。けれども、それは今やまた、私たちが苦しみの中で神を持ち続け、あるいは再び見出したならば、私たちは神を再び失うことはないという意味でも試験なのです。私たちは、まさに教会暦のこの受難節の時にもう一度、ルターによって次のことを思い起こさせてもらいましょう。すなわち、そもそもイエスが私たちの代わりに担ってくださったこの方の十字架を私たちの信仰の中心にしておりながら、私たちが自分の十字架を担わず、私たちのためにイエスを十字架に架けながら、イエスと共に自分自身を十字架に架けさせようとしないのは、私たちのキリスト教におけるひどい不誠実であるということを。

そして、第三に**「練達〔経験〕**[7]**は希望を生む」**ということ。人がこのことを決して一般化して言うことができないということは、ここではまったく疑いの余地がありません。確かに、いつでも将来に希望を与えるような経験もありますが、それに劣らず希望を打ち砕き、私たちに諦めさせ、疑い深くさせるような経験もあります。その他にも、私たちはどれほど繰り返し、私たちがすることができたであろう経験を避け、私たちが実際にした経験を否定していることでしょうか。私たちが頼みにし、拠り所にしていた希望が打ち砕かれるのは耐えられないという理由だけで、私たちはこれら両方のことをするのです。実際、練達〔経験〕は、次の場合にのみ希望を生み出します。すなわち、その希望が神への希望である場合にのみ希望を生みます。また練達〔経験〕が私たちの信仰の試験であった場合にのみ、練達〔経験〕から希望が生じるのです。「最終的には、神が計画なさったこと、神の御心に適うことが必ず実現し、目標に到達することになるのです[8]」と、私たちはパウル・ゲルハルトの賛美歌を歌いました。私たちはこのような希望において苦しむのであり、もしこのような希望のゆえに苦しみを受けなければならないのであれば、私たちは苦しまないことよりも、むしろ苦しむことを望みます。本当に神を愛し、聖霊によって神を愛する人は、神がそれをお望みになるならば、救いにあずかるよりも、永遠に死に、断罪されることを望むであろうとルターはまたしても語っています。もちろん（ルターは付け加えて言います）、神の御意志に完全に身を捧げる人が神から離されることなどあり得ません。けれども、まさに神に完全に献身すること、何の留保もなく神に賭けるこのような態度こそが重要なのです！　あらゆる将来は神のものであって、私たちのものではありません。私たちが死ぬとき、私たちは私たちの霊を神の御手に委ね、私たちがこの地上に置いていく人々を神の御守りに委ねます。この戦争の将来も神のものであり、わが国民の将来も、すべての民の将来も神のものなのです。神を信じるということは、そもそも神に望みを置くということ以外のなにものでもありません。それはつまり、神の真理、神の御力、神の慈しみ、神の聖性を、実際に、また真剣に考慮に入れ、それに依り頼み、それを信頼し、自分の命をそこにかけ、そこに方向を合わせ、常に新たに神を選び取る決断をするということです。新約聖書は、神が共におられない者には希望がないと繰り返し語っています。それはすなわち、根拠づけられた希望がなく、〔神の〕同意を得た希望がないということです。というのは、当然のことながら、神に逆らう希望など存在しないからです！　神に逆らって希望を抱くということは、神が神ではなく、神がその御言葉を守らず、神が御心を行わないことを望むということであり、それこそが人間の本当の罪なのです。

「希望はわたしたちを欺くことがありません」、これがパウロの語る最後の言葉です。希望、神への真実の希望はまさに欺かれることなく、それゆえに失望をもたらすことはあり得ません。希望を持たない人、あるいは希望を嘲る人は失望に終わります。ひょっとすると、自分のことをとても賢いと思い、自分は批判する鋭い目を持っていると思っている人々は思い違いをしており、人間と神とを正しく区別できるほどに鋭い批判の目を持っていません。彼らは自分自身に対して批判的ではなく、彼らが自分自身を疑わなければならないときに、神を疑い、自分たちの無力と困惑した状態を認識しなければならないときに、彼らは神の御力と知恵を疑います。それが他の人々であれ、自分自身の力であれ、いわゆる思考の法則であれ、物事の法則であれ、神以外の人、あるいは神以外の物に望みを置く人は失望に終わります。私たちは皆、神に望みを置き、偏見にとらわれず、心を奪われることなくあらゆる現実を見究め、観察しなければならず、勇気をもって、しかし高慢になることなく、私たちに贈り与えられている力を用い、誠実に、しかし隷属することなく他の人々に感謝しなければなりません――すべてのことが神への奉仕として、神の御栄えのためになされなければなりません。

それゆえに「一般の人々」は「私たちは苦難を誇りとします」と言うことができないというのは、事実その通りではないでしょうか。私たちは今や、これが一般的な真理ではないことを悟ります。万物やあらゆる人間よりも神を恐れ、愛し、信頼すると信仰者は言うことができます。このように語るのを許されるということがキリスト者の秘義であり、神との間の平和の秘義であり、聖霊の賜物なのです。そして、苦しみがより少なくて済むように神を持とうとする人には、信仰は与えられないのです。「苦難をも誇りとします」と私たちに説教するパウロは、もし彼に信仰が与えられていなかったならば、はるかに苦しみを受けることが少なくて済んだに違いありません。私たちのキリスト教会がその宣教と態度を、人々が理解し、受け入れ、信じ、実行できることに合わせることをもっと控えるようになるならば、人々が教会に背を向けることで、教会が今、味わい尽くしている苦しみのときは祝福を欠いたものではなくなります。人々が自分でも語り得ることに耳を傾けるためならば、実際に教会は必要ありません。また人々が喜んで耳を傾けることを語ることが教会が果たすべき務めなのでもありません。他の人々に助けを与えようと望む人、本当に助けを与えたいと望む人は、他の人々や彼らの望みに身を委ねてはならず、人々はおそらく喜んで欺かれたいと願っているがゆえに、いろいろと配慮するにしても、何らかの方法で彼らを欺いてはならず、むしろ彼らに真理を語る義務があるのです。教会は、教会に与えられている特別な土台の上に完全に立てられなければならず、教会が受け取った特別な使命を果たさなければなりません。「人の心に思い浮かびもしなかったことを、神は御自分を愛する者たちに準備された」〔コリントの信徒への手紙一第二章九節〕、それを教会は語らなければなりません。信仰の真実の根拠、苦難をも誇ることのできる信仰の真実の根拠はただ一つしかありません。すなわち、この根拠は**神の栄光**です。神の栄光とは、神を畏れ礼拝することにかかっており、イエス・キリストにおける神の愛の啓示を信頼することにかかっています。けれども、信頼することは礼拝することを終結させることなく、むしろ繰り返し礼拝へと連れ戻します。私たちが畏敬の念をもって神を拝むならば、私たちはもっと確信をもって祈ることができることでしょう！　御自ら私たちのところに降ってきてくださった神を、私たちは自分たちのところに引きずり降ろしてはなりません。要するに神の栄光は、私たちがこの方の愛を信頼することが許されることの根拠なのです。原始キリスト教会は、私たちが知っている中でも最も古い教会の祈りの中で「何よりもあなたが力に満ちておられるがゆえに、私たちはあなたに感謝を捧げます」とほめたたえています。パウロがほめたたえているのは、理解しがたく、すべてのものを超越し、あらゆるものを凌駕し、想像を越え、克服しがたい神の栄光です。パウロは、今日私たちに与えられたテキストであるローマの信徒への手紙第五章の冒頭において始まる、救いをもたらす神の愛を宣べ伝える御言葉を、この手紙の第八章の結びで、次のような勝利の確信に満ちた信仰告白でもって結んでいます。

「だれが、キリストの愛からわたしたちを引き離すことができましょう。艱難か。苦しみか。迫害か。飢えか。裸か。危険か。剣か。……しかし、これらすべてのことにおいて、わたしたちは、わたしたちを愛してくださる方によって輝かしい勝利を収めています。わたしは確信しています。死も、命も、天使も、支配するものも、現在のものも、未来のものも、力あるものも、高い所にいるものも、低い所にいるものも、他のどんな被造物も、わたしたちの主キリスト・イエスによって示された神の愛から、わたしたちを引き離すことはできないのです」〔ローマの信徒への手紙第八章三五節、三七―三九節〕。アーメン。

訳注

〔１〕ドイツ語の讃美歌“Endlich bricht der heiße Tiegel”の第一節の歌詞。

〔２〕アルトゥル・ショーペンハウアー『意志と表象としての世界Ⅲ』西尾幹二訳、中央公論新社、二〇一五年（第六版）、四二頁。

〔３〕ヨーゼフ・カール・ベネディクト・フォン・アイヒェンドルフ男爵（Joseph Karl Benedikt Freiherr von Eichendorff）、ドイツの小説家、詩人（一七八八年三月一〇日―一八五七年一一月二六日）。

〔４〕ここに引用されているのは、アイヒェンドルフの“Der Umkehrende”（「改心する者」）（一八三八年）という詩の第四節の言葉。

〔５〕マルティン・ルター「ローマ書講義・下」徳善義和訳、『ルター著作集第二集第九巻』リトン、二〇〇五年、四九頁にこの箇所と対応する訳が見られるが、ゾーデンが引用している文章と完全に一致しないので、ここでは徳善氏の翻訳を参考に私訳を試みた。

〔６〕前掲のアイヒェンドルフの詩の第三節の言葉。

〔７〕ここで「練達」と訳されている言葉はルターのドイツ語訳聖書では、通常「経験」と訳される“Erfahrung”という言葉が用いられている。

〔８〕パウル・ゲルハルト作詞、福音主義教会讃美歌第三六一番“Befehl du deine Wege”の第五節の歌詞。『讃美歌21』第五二八番「あなたの道を」。

ジークフリート・ヴァーグナー

ジークフリート・ヴァーグナー（Siegfried Wagner）は一九三〇年に生まれ、二〇〇〇年に死去。ライプツィヒ大学の旧約学の教授。この説教は、四旬節第五主日（Judika）に語られたもの。ジークフリート・ヴァーグナー／ヘルベルト・ブライト『神の博愛』所収。Siegfried Wagner/ Herbert Breit, Die Menschenfreundlichkeit Gottes, BEAT 7, Frankfurt u. a. 1986, S. 83-94.

四旬節第五主日（Judika）〔1〕
創世記第二二章一―一九節

これらのことの後で、神はアブラハムを試された。
神が、「アブラハムよ」と呼びかけ、彼が、「はい」と答えると、神は命じられた。
「あなたの息子、あなたの愛する独り子イサクを連れて、モリヤの地に行きなさい。
わたしが命じる山の一つに登り、彼を焼き尽くす献げ物としてささげなさい」。
次の朝早く、アブラハムはろばに鞍を置き、献げ物に用いる薪を割り、二人の若者と

創世記第22章１―19節

息子イサクを連れ、神の命じられた所に向かって行った。

三日目になって、アブラハムが目を凝らすと、遠くにその場所が見えたので、アブラハムは若者に言った。

「お前たちは、ろばと一緒にここで待っていなさい。わたしと息子はあそこへ行って、礼拝をして、また戻ってくる」。

アブラハムは、焼き尽くす献げ物に用いる薪を取って、息子イサクに背負わせ、自分は火と刃物を手に持った。二人は一緒に歩いて行った。

イサクは父アブラハムに、「わたしのお父さん」と呼びかけた。彼が、「ここにいる。わたしの子よ」と答えると、イサクは言った。

「火と薪はここにありますが、焼き尽くす献げ物にする小羊はどこにいるのですか」。

アブラハムは答えた。

「わたしの子よ、焼き尽くす献げ物の小羊はきっと神が備えてくださる」。二人は一緒に歩いて行った。

神が命じられた場所に着くと、アブラハムはそこに祭壇を築き、薪を並べ、息子イサクを縛って祭壇の薪の上に載せた。そしてアブラハムは、手を伸ばして刃物を取り、息子を屠ろうとした。

そのとき、天から主の御使いが、「アブラハム、アブラハム」と呼びかけた。彼が、「はい」と答えると、御使いは言った。

「その子に手を下すな。何もしてはならない。あなたが神を畏れる者であることが、今、分かったからだ。あなたは、自分の独り子である息子すら、わたしにささげることを惜しまなかった」。

アブラハムは目を凝らして見回した。すると、後ろの木の茂みに一匹の雄羊が角をとられていた。アブラハムは行ってその雄羊を捕まえ、息子の代わりに焼き尽くす献げ物としてささげた。

アブラハムはその場所をヤーウェ・イルエ（主は備えてくださる）と名付けた。そこで、人々は今日でも「主の山に、備えあり（イエラエ）」と言っている。

主の御使いは、再び天からアブラハムに呼びかけた。御使いは言った。

「わたしは自らにかけて誓う、と主は言われる。あなたがこの事を行い、自分の独り子である息子すら惜しまなかったので、あなたを豊かに祝福し、あなたの子孫を天の星のように、海辺の砂のように増やそう。あなたの子孫は敵の城門を勝ち取る。地上の諸国民はすべて、あなたの子孫によって祝福を得る。あなたがわたしの声に聞き従ったからである」。

アブラハムは若者のいるところへ戻り、共にベエル・シェバへ向かった。アブラハムはベエル・シェバに住んだ。

神は、人間が想像するのとはまったく異なる方です！　神は人間の想像をはるかに超えた方です！

神は、人が必要に応じてその都度、適当に造り変えることのできる蠟人形ではありません。神は私たちの家庭での暮らしにおける装飾品や消耗品ではありません。神は、結婚式の日や子どもの誕生の際、あるいは身内の死去の際には人々に思い出されますが、その他の時にはどうでもよくなる、私たちの家庭の冠婚葬祭の司式者でもありません！　神はまた、そばにいるととてもくつろいだアットホームな気持ちになり、古き良き時代のことを語り、根っから虫一匹殺せない気立ての良い年老いた祖父でもありません！　神はまた、人が多くの善行を伴う敬虔な生活に応じて決算をすることができ、また私たちの成し遂げた仕事に応じて、今度は自分自身がその等価物——それに対して、人は商売上の権利を主張することができます——を私たちに引き渡す商取引の相手でもありません。神はまた、人がぜんまいを巻くと走り出す、私たちの空想の玩具でもありません。神は人間が想像するのとはまったく異なる方です！　神は人間の想像をはるかに超えた方です！

多くの人々は、神がそれらのいずれかの姿をしているに違いないと考えています。多くの人々は、神がどのようにふるまわれなければならないかについて固定観念を持っています。そして、神がその通りにふるまわれないと、人々は憤慨し、神に非があり、最終的には、神など存在しないという結論にさえなります。「**そのようなこと**を神はお許しにならない！」。神に対するどれほど多くの絶望、どれほど多くのどうにもならない苦しみがそのような文章の背後にあることでしょうか。そのような文章に私たちはいたるところで出会います。ひょっとすると、私たち自身がすでに一度、そのような文章を語り、あるいは少なくとも心の中で考えたことがあるのではないでしょうか。すなわち「そのようなことを神はお許しにならない！」と——なぜ、神はお許しにならないのでしょうか。もちろん、人間が自分で考え出した神はそのようなことを許すことができません！　今日、私たちは一度、神は、私たちが想像していたのとはまったく異なる方であり得ることに驚かなければなりません。神は突然、人間の前に立つことがおできになり、逃げることができないように、情け容赦なく、挑むように人間の生活に突然、足を踏み入れることがおできになります。人がなんとなくついでに片付けることができ、大して苦にもならず——それが神であるという理由だけで——なんとなく好意で一緒にするような些細なことを神は要求なさいません。神が要求なさることは——冷静に考えるならば——無理な要求、想像もできないほど無理な要求なのです！　人はそれを避けることができず、それと取り組まなければなりません！

すでに幾多のことを乗り越えてきたあの年老い、人生経験を積んだ男がまさにそのようなことを経験しなければならなかったのです。彼はすでにこれまで、神と共にさまざまなことを経験してきたと人は考えるでしょう。彼は経済的な結びつきや家族との結びつきなどのあらゆる束縛を断ち切り、神の側から彼に向けられたあの招きに、よそ者として自分一人で従いました。いかなる法的保証もない約束、決して契約などではなく、約束以上のものではありませんが、一つの約束が、彼の保証された生活や彼の故郷を捨て、土地を持たない者として冒険への道を突き進もうとする気持ちを彼に起こさせました。やがてそれがうまく行くと、この夢想家《むそう》はまたしても奇妙な考えを抱きました。すなわち、いつの日か歴史において特別な役割を果たすことになる偉大な民となるために、自分は神から選ばれていると考えたのです。そして、何年もの間、夫婦生活を送りながらも子どもが与えられないという事実に直面しても、このような考えが変わることはありませんでした！　彼は夢想家なのでしょうか。

けれども、このことも単なる幻想にすぎないこととして証明されることはありませんでした。今回も彼は目に映ることに左右されず、御言葉に依り頼み、最終的に息子イサクを授かりました。神は一歩一歩、御自分の御言葉を実行されました。それは容易な道ではありませんでした！　一歩一歩が冒険であり、一歩一歩が無理解や誤解や中傷の流れに逆らって泳ぐことを意味しました。彼の妻はもはやついてゆけませんでした。確かにこの男は、神と共にさまざまなことを経験してきたと人は考えるかもしれませんが、それでも彼は「神は人間の想像をはるかに超えた方だ！」ということに気づかなければなりませんでした。

このことを背景にして、その後に続くことは理解されなければなりません。そこでは、極めて具体的な光景が私たちの前に簡潔に描かれます。ある日、神は再びこの男の目の前に立たれ、「アブラハム！」とその名をお呼びになり、彼を呼び出されます！　そして、この寡黙な男は神と向き合って立ち、進んで耳を傾けようとします。

「愛する神よ、いかなるものであろうとも要求してくださってかまいません。しかし、私の子どもだけはお許しください！」。神であっても、そのようなものを欲することなどあり得ません。神は御自らこの子をお与えになったのです。それは神からの贈り物です。それは、神が約束を果たしてくださった結果、与えられた子どもなのです！　「お聞きください。どんなものでも捧げます。けれども、私の子どもだけは、私の夫だけは、私の妻だけは、私の健康だけは、私の仕事だけは、私の生活の糧だけは、私の地位だけはお許しください！」。何人もの人々が子どもや夫の病床で、すべてのことがまさに崩壊しかかった、人生の極めて重大な瞬間にそのように語りました。そして、何人もの人々が絶望する中で、神に「どんなものでも捧げます。しかし、それだけはお許しください！」と交換取引をもちかけました。

アブラハムに対する神の言葉は明白です。そこには、変更や恩赦や緩和の余地はまったくありません。厳しく、情け容赦なく次のように言われます。「あなたの愛する独り子を連れて行き、ある場所であなたの息子を私に捧げなさい。その場所について詳しいことは、いずれまた聞くことになる」。――それでおしまい――それ以上は一言もなし！　神は沈黙されます。

ここでは、愛の神はどこにおられるのでしょうか。神はここで人間に対してあまりに過剰な要求をしておられるのではないでしょうか。この方は神であって、私たちは人間であることを神はお忘れなのでしょうか。いいえ、神は、御自分が要求なさることがどれ程の影響を及ぼすことになるのかを完全に把握しておられます。神は、この子が独り息子であること、それゆえに愛する子であることを御存じです。神は、ここではどのような状況であるのかをまったく見落とされたということなどあり得ません。神は、本当は隣人の妻の子どもを選ばれたおつもりだったのに、間違ってこの子を要求してしまったというのでもありません！　神が間違えることはありません。神はまったく真剣にアブラハムに語りかけておられるのです。そして、この男は今やその神の求めに真剣に向き合い、今や新たに生じた事態を克服しなければならないのです。誰も彼を助けることはできません。誰も彼から決断を取り去ることはできません！

今やここで叙述されることは、とても生き生きと、またまざまざと私たちの目の前に描き出されるので、あたかもそれが目の前で実際に起こっているかのように、アブラハムが早朝に準備したこの小さな隊商、すなわちアブラハム自身、息子、二人の従者、食料と祭儀の献げ物を運ぶ動物が歩いて行くのを私たちは目にします。

アブラハムの気持ちについては一言も語られていません。一言も不平を漏らさず、文句も口にしません。ここで語られることは、旧約聖書全体の中でも最も卓越した叙述の一つに数えられます。というよりもむしろ、行間に語られていることは、それ以上に卓越した叙述の一つに数えられます。彼、すなわち神の要求を背負うこの男と、彼以外の、まったく何も知らない三人の者たち。三日に及ぶ長い期間、この男はどれほど重苦しく、辛い気持ちでこの道を歩むことか、彼がほとんど顔を上げることさえできないのを人はまぎれもなく目にします。彼は彼の神と共にすでに多くの道を歩んできましたが、このような道はこれまで歩んだことがありませんでした。そもそも、これらすべてのことには、何か意味があるのでしょうか。これまで神がなさったことには、すべて深い意味がありました。けれども、今やすべてのことは終わります！「何のために故郷や家屋敷を捨てたのか。何のために妻と共にこの息子に心をかけてきたのか。何のために彼を育ててきたのか。すべてのことは無駄だったのか。神は私を欺かれた！神は私を苦しめようとしておられる！ここでは、神は御自分の御言葉に反対して立っておられる。ここでは、約束は破棄される！ここでは、将来は完全に粉砕される！人はなお、何に依り頼んだらよいのだろうか」。

人はこの男に次のように呼びかけたい気持ちに駆られます。「アブラハムよ、あなたの神を捨てなさい。あなたの息子を手放さず、引き返しなさい！」と。人が自分の人生を間違った土台の上に築いてしまったことを認めなければならず、結局「すべてのことは無駄だった！」と認めなければならない、このようなことがあろうとは恐ろしいことです！ 周りの人々は何と言うでしょうか。周りの人々は次のように言うことでしょう。「ご覧なさい、私たちの言った通りでした。今やイサクは世の人々の笑い物になり、嘲りの的となっただけではありませんか」と。「イサク」という名前は通俗的な語源に従えば、そのような意味で解釈することが可能でした。(2)「それは、偉大で、力があり、世界史的な意義を持つ民の父祖になりたいと高望みしたことに対する当然の報いだ！」。

私たちはそのようなことを何一つアブラハムの口から聞きませんが、私たちがそのようなことを推測し、考えてみることで、アブラハムがなんという究極的な孤独に、どれほど深い試みに導き入れられるかを私たちははっきりと理解することが許されます。もしアブラハムが詩編第二二編の詩人のように、「わたしの神よ、わたしの神よ／なぜわたしをお見捨てになるのか」〔詩編第二二編二節〕と叫んだとしたならば、私たちはそれをよく理解できることでしょう。

アブラハムが黙って最終段階に備える様子が私たちに伝えられます。誰も、アブラハムと神との間で決着がつけられることの証人となることは許されません。二人の従者たちは置いていかれ、息子だけが薪を背負って一緒について行きます。息子の身に何事も起こらないように、最後まで注意深く父自らが火と刃物を手に持ちます。そして、それから私たちは、置き去りにされた者たちと共に、そこを立ち去る者たちを後ろから眺めます。そして、語り手は再び、この状況の重苦しさと重圧感を見事に言葉で表現しました。「二人は一緒に歩いて行った」。最後の段階で四つの短い文章だけが語られます。それらはもう一度強い光で、運命を決する重大な時を照らし出します。「わたしのお父さん」と息子は沈黙を破ります。「わたしはここにいる」と父は答えます。息子は何も知らずに「火はここにあります。薪もここにありますが、いけにえの動物はどこにいるのですか」と問うことで、まさに傷口に触れます。父が見落としていたように思われた不備を、この息子が得意げな顔で指摘する様子が目に浮かぶようです。アブラハムは「わたしの子よ、焼き尽くす献げ物の動物はきっと神が備えてくださる」と曖昧な返事をします。そして、この文章は再びアブラハムの感情を一切覆い隠してしまいます。アブラハムは神ときちんと話をつけていたのでしょうか。だから、アブラハムはこの方――神――に一切の責任を任せることができたのでしょうか。それとも「すべては神のせいではないか⁉」と、アブラハムは依然として葛藤していたのでしょうか。そして、再び孤独の闇がこの二人を上から覆ってしまいます。すなわち「二人は一緒に歩いて行った」と聖書には書かれています。

山頂に到着すると、一切のことが一層ゆっくりと進行していきます。語り手は一つ一つの動作を細かすぎるほどに詳しく伝えています。アブラハムは祭壇を築き、薪を取り、それを祭壇の上に置き、息子を縛り、彼をも祭壇の薪の上に置きます。そして、今や一つ一つの手の動きまでも叙述されます。アブラハムは手を伸ばして刃物を手に取り、そして――緊張は頂点に達します――勢いよく振り下ろせば、それですべてのことが終わります。それは誠に耐えがたいことです！　するとこの瞬間、神が呼びかけられます。神御自身が興奮しているように思われます。神は「アブラハム、アブラハム！」と二度繰り返し呼ばれます。この男は手を止め、「わたしはここにおります！」と答えます。「やめなさい、やめなさい」と二度、この声はあたかも大慌てで興奮して叫び、そうすることで、言わば車のように、動き出してもはや止めることのできない出来事の進行を阻みます。息子に何事も起こっていなければよいのですが！　その後、この暗く、ほとんど残酷とも言うべき出来事の覆いは取り去られます。「あなたが神を畏れる者であることが、今、分かったからだ。あなたは、自分の独り子である息子すら、わたしに捧げることを惜しまなかった」。けれども、すでにクライマックスが過ぎたように思われても、この物語はまだ終わっていません。この物語はまだ続きます。そして、そのことは、これまでのことに劣らず注目されなければなりません。このいけにえの奉献は取り止めになりませんでした。木の茂みに角をとられ、今やアブラハムの目に留まったあの雄羊によって、いけにえの奉献は最後まで遂行されるのです。

人は次のように問うかもしれません。「この不思議な、ほとんどつまずきを与える物語は私たちにとって何を意味するのだろうか」と。これら一切の恐ろしい報告も含めて、旧約聖書を非難しようとする人々の言うことは正しいのではないでしょうか。人間をいけにえに要求するとは、どのような神なのでしょうか。この物語は私たちのあらゆる人間的な感情に反するものであり、私たちはここで反感を覚えるのではないでしょうか。とりわけずるがしこい人々は今や次のように言うことでしょう。「そうです、これこそが旧約聖書の神なのです。私たちは新約聖書の時代に生きています。私たちに対して権限を持っておられるのは、キリストにおける神です」と。そこまではよいでしょう。けれども、旧約聖書の神はイエス・キリストの御父ではないのでしょうか。これ以上、誰もこの物語につまずくことのないように、すべてのことが鰻のように滑らかで、この物語が今後、誰にでも要求され得るものとなるために、この文章の中の言葉の角や尖った言葉のほんの一部でも切り取り、残りの部分を磨いて平らにする資格や権限は私にはありません。もし私が今この言葉の鋭さを和らげ、ここで私たちに難しい問題を引き起こす一切のものを取り除くならば、私に災いがあるように！　人間に何か抱かなければなりません。

を要求するのみならず、この人間自身を全面的に要求することのできる神に、私たちは今日、恐れを抱かなければなりません。

ここでしばらくの間、私たちは中断し、この犠牲奉献の出来事にいくらか思いを巡らさなければなりません。それと同時に、私たちはまず一度、あらゆる人間的な感傷癖を取り除かなければならないでしょう。それは神に対する細やかな感性の役割を果たしますが、それ自体、他の人を情け容赦なくその生活領域に閉じ込め、隷属させ、抑圧し、それどころか最終的には犠牲にしかねません。私たちはあたかも今日では、もはや人間の犠牲は存在しないかのようなふりをすべきではありません！　今日に至るまで、依然として野蛮な戦争で人間を犠牲にする神々や偶像なる神々とは、いったい何者なのでしょうか。イエスの山上の説教に目を向けるならば、この問いはさらに先鋭化して突きつけられ、対人関係における態度やふるまい方に関する問いとして私たちに迫ってきます。もちろん、もはや一人の父親が出て行き、息子を殺すことはありません。私たちのやり方はもっと上品になり、私たちが用いる手段はもっと社会に受け入れられるものとなりました。

さらに人間の力や健康、生活や生活力のためならば、なんと多くのものが捧げられることでしょうか！　たとえば「アルコール」「中毒」「衝動」「思想」「理念」は、多くの人々が心酔する新しい偶像なる神々の名前です。人々がある人について、さらに何か賞賛に値することを挙げようとするときには、しばしば後から付け加えて「彼は仕事に打ち込んでいた」と言われます。決して仕事に反対するわけではありませんが、そのような文章が何を意味するのかを私たちは一度よく考えてみましょう！

もちろん、他の神々もいます。もちろん、雄羊を用意していない神々もいます！　私たちが眉一つ動かさずに、自発的に他の神々に犠牲を捧げていながら、私たちがアブラハムの神に憤慨するという偽善的なふるまいをしないようにしましょう。そして、今日まったく異なった態度で私たちに対峙される聖書の神に私たちが背を向けるならば、私たちは中立を保つことになると思うほどに、私たちは愚かにならないようにしましょう。

私たちを占有する神々の中に「私たちには時間がありません！」という一文をそのまま名前として持っている神がいます。そして、世界中の人々がそのような偶像なる神をどれほど信奉し、その名を大声で呼び、「私たちには時間がありません！」と叫んでいるかを聞いてください。このような神がどれほどその圧制の鞭を振り回しているかを見てください。そして、このような神がかつて私たちからさまざまな命を奪い去ることができたのです。このような神は欺きます！　もう一つ別の神は、例えば「お金」と言います。第三の神は「私」と言います。あなたはどう思いますか。この神はすべてのものを要求するのです！　十分です！　我々一人一人が正直に語るならば、自分の人生の中で、これらの神々をよく知っています。もし、私たちが神を本当に真剣に受け取るならば、神が私たちを全面的に要求することがおできになるということを私たちは良くも悪くも認めなければならないでしょう。さもなければ、何よりもまず聖書の神と関係を持つことはまったく何の意味もないことになります。聖書の神と関わりを持ちたいと思わない人は自分の神々のもとに留まり、これらの神々と共に滅びるがよい！

今やある人が来て、次のように言うかもしれません。「愛する友よ、今やあなたは、このように視界を開き、このように視野を広げることで、つまずきを与えるものを取り去るように解釈しました。

けれども、そこにはまだ依然として、自分の子を捧げるようにとの無理な要求がアブラハムに突き付けられるというつまずきの石が残っています」と。そのとおりです。このつまずきの石は残り続けます！　けれども、神は正しいのです。今や私たちはそのことを正しく理解するために、この犠牲奉献の出来事に関する問いについて、さらにいくつかのことを考えなければならないでしょう。

すべての人間社会には、法律や決まりがあります。それらに従って人間相互の関係が互いの間で耐え得るものとなるように調整されます。誰一人、罰せられる覚悟なしに、この組織から自分を切り離すことはできません。人は秩序を回復するために、自発的に犠牲を捧げなければなりません。誰もこの秩序に一緒に組み込まれているという事実から逃れることはできませんし、もしそのような秩序なしに生きなければならないとすれば、それは恐ろしいことでしょう。それは「万人の万人に対する戦争」[3]を意味することでしょう！　それゆえに、家族や国民や職域における関係も規制されているのです。そして、この規制の外に身を置く人は生きていくことができません。そのようなことは皆、分かっていますし、誰もそんなことをしたいとは思いません。

そのように神と人間との関係も調整されており、人が神との関係に入ろうとするときには、自分自身をそこから引き離すことのできない不可逆の権限が機能します。この方が主であり、この方が私たちを造られたのであって、私たちが自分で自分を造ったのではありません。この方は私たちを用いて御心に適うことをすることがおできになり、私たちは「なぜあなたはそうなさるのですか」と問う資格はありません。これらの権限は、私たちがそれを承認しない場合でも有効です。神の神性は、私たちがそれを神に認めない場合にも機能します。これらの秩序は私たちの同意に左右されずに力を発揮します。

ところで、人類の歴史は神と人間との間の混乱の歴史としても理解することができるという解釈が赤い糸のように聖書全体を貫いています。それは、聖書の証言を越えて、私たちの経験世界や私たちの決断の中にまで辿ることのできる赤い糸です。すなわち、私たちは、この神が私たちを支配なさることを望んでいないということです！　そして、アダム以来、人間は遂に自由であると思って、他の神々を追い求めざるを得なくなるということが起こるのです。けれども、この活ける、恐るべき聖なる神と関係を持とうとする者はいつでも、まず最初に損なわれた秩序を回復しなければならず、正当な権限に従わなければならず、償いを果たさなければなりません。しかし、それはどのようにしたらよいのでしょうか。

以上のような理由から、人類の歴史が経過する中で犠牲の慣習が打ち立てられるに至ったのです。そして、人々は再び、私たちの時代の犠牲の慣習が馴染みのないものになってしまわないようにそれらを引っ張り出し、人々に意識させたいという気持ちに駆られています。そのような犠牲的行為はうまく機能しますし、私たちは喜んでそれらに敬意を払います。それは、私たちが生き続け、快適な生活を送ることができるためであり、そして最終的に平穏な生活を送るためです。私たちは人類の歴史の中で、犠牲の制度において打ち立てられたものを軽蔑すべきではありません。

神の目からご覧になるならば、神の神性を否定する者は、自分の罪ゆえに死なねばならぬことになったのは、火を見るより明らかです。そのような人は、自ら支配することを望み、自ら神であろうとし、神をその御座から追放しなければなりません。そのような人には、次の二者択一しかありません。すなわち、神が死に、人間が支配するか、それとも神が支配し、この人間が死んで罪を贖うかの二者択一です。それゆえに、人間の命が根源的に神に属するものであることに気づくならば、どのようにして人は再び神との正しい関係に入ることができるのかということを大真面目に考えるようになります。最善のもの、最も美しいもの、最高のものを神に捧げることは有益であるに違いありません。周辺地域に住む他のさまざまな民のように、旧約聖書の神の民であるイスラエルの民も、自分たちの神に人間をさえも犠牲として捧げるべきではないかと考えました。それゆえに、アブラハムにとって、この要求は厳しく、つまずきを与えるものであっても、人間性を欠いた残酷な要求というわけではないのです。アブラハムはどんなことがあっても神の神性を真剣に受け止めようとします。もし、アブラハムがこの神に反抗するならば、彼も彼の家族も死は確実であると感じることでしょう。それは彼にとって理性では理解できませんが、生きるにも死ぬにも、神と正しい関係を結ぶチャンスであることに変わりありません。

そして、今や神の興奮した声がアブラハムの行為を止めたとき、それでこの物語はまだ終わっていなかったということを私たちが前もって指摘しておいたことは賢明でした。耐えがたいほどに緊張した状態がすっかり解消され、一切のことが、安堵をもたらし、ほっと一息つくことを可能にする転換を迎えた後、この犠牲が取り止めにならず、犠牲奉献の出来事は徹底的に遂行されなければならなかったということを私たちは思い起します。神は大目に見ることはなさいませんでした。神は、御自分の秩序の正しさを認め、その要求を受け入れ、権限を承認することをあくまでも要求されました。そのことを軽く考えてはなりません。神と人間との正常な関係の回復は今後も非常に真剣なものであり

フラ・アンジェリコ「キリストの嘲弄」

続けます！

けれども、神は代わりとなるもの、すなわち犠牲の小羊を用意してくださいました。イサクは生き延びることを許され、アブラハムも生き延びることを許されます。別の犠牲が死にます。私はここで、新約聖書がヘブライ人への手紙の中で旧約聖書の犠牲の献げ物について非常に重大なことを語っているということについて言及しないわけにはいきません。今やここでこそ、そのことが語られなければなりません。すなわち、雄羊はそれ自体、まったく十分ではなかったということです。この犠牲は、将来の完全な犠牲を考慮に入れることによってのみ、その有効性が認められたのです。この将来の完全な犠牲が初めて、旧約聖書の犠牲祭儀にその究極的な妥当性と効力を付与するのです。そして、この将来の完全な犠牲はまたしても代償の献げ物だったのですが、今やそれはすべての罪と罪責に対して十分に足るものであり、神と人間との隔たりを橋渡しするために十分であり、人間と神との正常な関係を回復する力を有しているのです。神はアブラハムに免除したものを、御自分には強要されたのです。そこには、いかなる雄羊もいませんでした！

私たちはアブラハムと同じように感嘆しつつ、この代理の秘義の前に立っています。そして、アブラハムが試みに打ち勝ったにもかかわらず、どうして犠牲の行為は中断されなかったのかということに関しても、私たちはもしかすると、今や以前よりも深く理解するかもしれません。それは決して、神がこれを機にアブラハムに恐怖心を起こさせるための教育的な手法ではありませんでした。それは決して型どおりの試験でもありませんでした。今や私たちは、その際どのように神がふるまわれ、正しさを証明されるかを見ましょう。神は私たちを弄《もてあそ》ばれません。神は、年老い、経験を積んだ男に、そして彼と共に私たちにも、御自分の本質をさらにより深く見させることをお望みになりました。それは秘義に満ち、驚きと同時に喜びを与えるもの、すなわち代理です！　人が神のもとを立ち去るということが理解できないのと同様に、人はそれを知性や理性によって理解できません。神はそのような印象を与えるのであり、そのようにして神は私たちとの正しい関係を回復されるのです。ここで人はアブラハムと同じように手を伸ばし、受け入れることしかできません。けれども、人はまた通り過ぎ、立ち去ることもできます。縄を解かれたイサクや、雄羊によって救われたアブラハムの姿には、はっと気づいて驚いた人のまことに美しい姿が密かに輝いています――あたかも彼らは何千年もの間、そこで身動きがとれないかのようです――。すなわち、私たちに平和が与えられるために、この方が懲らしめを受けられるのです。見よ、世の罪を取り除く神の小羊！

厳しく、不可解で、つまずきを与える神の命令に、アブラハムが信仰をもって従順に従わなかったならば、アブラハムは一度も神の本質のこの側面を経験し、理解し、捉えることはできなかったでしょう。そして、今や最後にもう一度、この孤独な男が私たちの心の目の前に立ちます。この男について、神は彼を試み、彼はこの試みにおいて神を畏れる者であることを認められたと聖書には書かれています。彼は彼の命と約束、彼の将来を神の御手と御口から受け取ることができました。この男はいったいどのようにして、そんなことができたのでしょうか。そこには何か秘訣があったのでしょうか。人はそれを真似できるのでしょうか。そのことについては何も語られておらず、何か特別なことがあるわけではありません。彼はただ神を信じたのです。当然のことながら、目に映る一切のことに逆らい、より深い理解やあらゆる合理的な洞察に逆らって、ただ神を信じたのです。彼はどこまでも神を正しい方と認め、神が命じられた道をただ従順に歩んだのであって、それ以上のことはしませんでした。そして、この道の途上で、神はアブラハムに御自身を新たに啓示なされたのです。

神は人間が想像するのとはまったく異なる方です。神は人間の想像をはるかに超えた方です！　神は、病気や苦しみや物価高や死から私たちを守る保険会社ではありません。神は、人がそれを持つことによって、どんな悪からも守られると信じるお守りではありません。神は、私たちが自分たちのアイディアを供給し、その後、神御自身の内なる計算機によって、期待どおりの結果を獲得するためのコンピューターではありません。神を操ることはできません。神は人間が想像するのとはまったく異なる方です。神は要求なさる方、挑む方、あなたが本来歩みたくない道にあなたを遣わす命令を与える方として、また襲いかかることもできる方として、しかし同時にまさに、これまで私たちを襲ったであろう悲運、あるいは今まさに私たちを襲っているあらゆる悲運にもかかわらず、私とあなたの代理として、決定的な最後の一撃を御自分に引き受けられる方として御自分を啓示し、その道の途上で、恐れを生じさせ、驚愕させ、驚くほどの喜びを与えてくださる方として、あなたの、あるいは私の人生に突然踏み入ることがおできになるのです。この方はそうすることがおできになると私たちは信じるでしょうか。アーメン。

訳注

〔1〕四旬節第五主日の「ユーディカ」(Judika) という名称は、ラテン語のミサの入祭文の“Judica me, Deus, et discerne causam meam de gente non sancta”(「神よ、あなたの裁きを望みます。わたしに代わって争ってく

ださい」）（詩編第四三編一節、ラテン語のウルガタ訳では詩編第四二編一節）に由来する。「ユーディカ」はラテン語で「裁いてください」という意味。四旬節第五主日は「受難の主日」と呼ばれる。

〔２〕創世記第二一章六節によれば、イサクは「笑い」を意味する。

〔３〕トマス・ホッブズ『市民論』本田裕志訳、京都大学学術出版会、二〇〇八年、二一一頁。

アントニウス・H・J・グンネヴェーク

アントニウス・H・J・グンネヴェーク（Antonius H. J. Gunneweg）は一九二二年に生まれ、一九九〇年に死去。ボン大学の旧約学の教授。この説教は、棕櫚の主日に語られたものである。未発表。

棕櫚の主日（Palmarum）
イザヤ書第五〇章四―九節

主なる神は、弟子としての舌をわたしに与え
疲れた人を励ますように
言葉を呼び覚ましてくださる。
朝ごとにわたしの耳を呼び覚まし
弟子として聞き従うようにしてくださる。
主なる神はわたしの耳を開かれた。

イザヤ書第50章４―９節

わたしは逆らわず、退かなかった。
打とうとする者には背中をまかせ
ひげを抜こうとする者には頬をまかせた。
顔を隠さずに、嘲りと唾を受けた。
主なる神が助けてくださるから
わたしはそれを嘲りとは思わない。
わたしは顔を硬い石のようにする。
わたしは知っている
わたしが辱められることはない、と。
わたしの正しさを認める方は近くいます。
誰がわたしと共に争ってくれるのか
　われわれは共に立とう。
誰がわたしを訴えるのか
　わたしに向かって来るがよい。
見よ、主なる神が助けてくださる。
誰がわたしを罪に定めえよう。
見よ、彼らはすべて衣のように朽ち
しみに食い尽くされるであろう。

愛する教会員の皆さん！　私たちはこの礼拝式の中で、通称「エチオピアの宦官」と呼ばれる物語（使徒言行録第八章二六―四〇節）を聞きました。すなわち、異邦人であるエチオピアの高官の物語です。彼はイザヤ書を読み、「預言者は、だれについてこう言っているのでしょうか。自分についてですか。だれかほかの人についてですか」（使徒言行録第八章三四節）と尋ねます。この問いはそれ以来、何度となく繰り返されてきました。そして、その問いに対する実にさまざまな答えや解答は小さな図書館を満たすほどです。「神の僕」に関するこのテキスト、すなわち王であり、預言者でありながら、貧しく、苦しみ悩むこの人物に関しては、ある秘義が隠されています。フィリポもこの宦官の問いに対して直接の答えを与えず、「聖書のこの個所から説きおこして、イエスについて福音を告げ知らせた」のです。それゆえに、私たちもそうしたいと思います。

I

このテキストの最初の部分では、耳と舌について語られています。聞き、語るという行為がなされるために、耳と舌が呼び覚まされ、教えを受けるのです。それは、特別な意味での聞くこと、また語ることです。それは神の御言葉の宣教です。神が耳を呼び覚まされ、舌に教えを与えられるところでは、そのようなことが起こります。すなわち、神はその天の領域、すなわち人間の感性を超越したところから御自分について聞かせられるのです。そこでは、人間がびっくりさせられて、単なる地上の領域から目を覚まされ、この世の虜になっている状態や自分自身に捕われた状態から目を覚まされ、神とのつながり、神との関係の中に置かれるということが起こります。

「預言者は、だれについてこう言っているのでしょうか」と宦官は尋ねました。預言者が当時、誰について語ったのか、自分自身のことなのか、それとも他の人のことなのか、預言者は語っていません。けれども、今日、預言者ははっきりと私たちのことを語っています。それは、私たちが聞く者、すなわち弟子のように聞く者となるためであり、私たちが聞く者となって、惨めさそのものから救われるためです。人間がもはや互いの言葉に耳を傾けなくなれば、彼らは互いにすれ違いの生活を送ることになります。それは憂慮すべきことです。一方、人間がもはや神の言葉に注意深く耳を傾け、神に聞き従わなくなれば、それは人間としての存在の終わりを意味します。なぜなら、私たちはそのために造られた唯一の被造物だからです。すなわち、神の言葉に注意深く耳を傾け、神に応える存在として造られた唯一の被造物だからです。この神との本質的な関係を欠いた人間性、人間らしさは、切断された人間存在であり、不完全な人間存在です。

ですから、この預言者は私たちのことを語っているのです。しかし、この預言者は私たちのことだけを語っているのではありません。私たちは聞くことを許されていながら、しばしば耳が聞こえず、宣べ伝えることを許されていながら、しばしば口が利けません。けれども、一人の方、聞くことと宣べ伝えることにおいて非の打ち所のない唯一の方が、神と人間との間の唯一の仲保者であられたのであり、今でもそうなのです。神の言葉に注意深く耳を傾けることは、この方の言葉に注意深く耳を傾けることなのです。この方御自身が私たちに対する神の言葉なのです。

II

このテキストの第二段落では、苦しみについて語られます。――神の言葉に耳を傾けることは救いであり、救いそのものを意味します。けれども、人間が救われるということは必ずしも幸せを意味しません。すなわち、人間から見れば、それは幸福でも、成功でもありません。むしろ、信じられないほどひどい世、それ自体、途方もなく堕落している世において、人間は神の言葉に耳を傾けるのです。「打とうとする者には背中をまかせ／ひげを抜こうとする者には頬をまかせた。顔を隠さずに、嘲りと唾を受けた」という御言葉の意味をよく考えてください。――そのようなことが、できる限り苦悩から目を背けようとするこの世において、また快楽を手に入れることや自己実現が努力するだけの値打ちのある高い目標と見なされるこの世においては起こるのです。そのような世に相対して、このような御言葉があり、本来、「詳細な前置きを伴う四つの受難物語」とも言うべき四つの福音書があるのです。このような世に対して、十字架が全キリスト教徒の最高のシンボルとして立っています。十字架は苦しみを肯定するものとして立っており、私たち人間と共に歩まれる神の道の一つとして立っています。たとえ、今はまだ苦しみの意味が理解されないとしても、苦しみは人生を無意味なものにしません。このテキストはそのことを語ろうとしているのです――しかも、それは明らかに一般的には受け入れられない考えです。そのようなことを口に出して語ること自体、またしても新たな心の葛藤や苦悩のもととなります。

この預言者は誰について語っているのでしょうか。彼は私たちについて語っているのです。けれども、彼は私たちのことだけを語っているのではなく、ただ一度、私たちのために苦しみに足を踏み入れられた唯一の方についても語っているのです。「このとき、弟子たちは皆、イエスを見捨てて逃げてしまった」〔マタイによる福音書第二六章五六節〕。イエスのものとされ、イエスをよく知る人々は皆、イエスを見捨てたので、イエスはお一人で苦悩し続けられました。神の僕についてのこのテキストに関しては、ある秘義が隠されています。それは神の僕の苦難の秘義であり、奥義です。

III

「主なる神が助けてくださるから／わたしはそれを嘲りとは思わない。……わたしの正しさを認める方は近くいます」。それは苦しみが終わることを意味しませんし、幸福な結末への転換を意味するのでもありません。そのようなことはここには書かれていません。むしろ「わたしは顔を隠さずに、嘲りと唾を受けた。主なる神が助けてくださるから／わたしはそれを嘲りとは思わない。……わたしの正しさを認める方は近くいます」と書かれています。神が人を導き入れられるその苦しみの中で、苦しむ者がしっかりと立つように、それどころか「硬い石のように」硬くなり、苦しむ者がその苦しみの中で、「わたしの正しさを認める方は近くいます」という感覚を経験し、神が近くにおられることに気づくために、神は苦しむ者をしっかりと支えていてくださるのです。

この預言者は誰について語っているのでしょうか。癒されることなく、慰めようもない苦悩の中で私たちがくず折れてしまわないために、この預言者は私たちについて語っているのです。けれども、ただ私たちのことだけが語られているのではありません。むしろ、「打とうとする者には背中をまかせ／ひげを抜こうとする者には頬をまかせた。顔を隠さずに、嘲りと唾を受けた」方がおられたのです。この方と私たちについて語られているのです。それは、私たちが次のことを知るためです。すなわち、すべての人々に見捨てられた方がおられるということ、またすべてのものが私たちを見捨てたとしても、ただ一人、私たちを見捨てることのない方がおられるということを。なぜ、この方は私たちを見捨てないのでしょうか。それこそがこのテキストに関する秘義です。それこそがこの方の苦難と愛の奥義なのです。アーメン。

ハインリッヒ・アルベルツ

ハインリッヒ・アルベルツ（Heinrich Albertz）は一九一五年に生まれ、一九九三年に死去。ベルリン－シュラハテンゼーの牧師。一九五五―一九六七年までベルリンの市政府のメンバー。ベルリン市長。この説教は、一九七八年の棕櫚の主日にベルリン－シュラハテンゼーで語られたもの。ハインリッヒ・アルベルツ『エデンのこちら側に』所収。
Heinrich Albertz, Diesseits von Eden, © Radius-Verlag, Stuttgart 1979.

棕櫚の主日（Palmarum）
マタイによる福音書第二一章一―一一節

一行がエルサレムに近づいて、オリーブ山沿いのベトファゲに来たとき、イエスは二人の弟子を使いに出そうとして、言われた。「向こうの村へ行きなさい。するとすぐ、ろばがつないであり、一緒に子ろばのいるのが見つかる。それをほどいて、わたしのところに引いて来なさい。もし、だれかが何か言ったら、『主がお入り用なのです』と言いなさい。すぐ渡してくれる」。それは、預言者を通して言われていたことが実現するためであった。

「シオンの娘に告げよ。

『見よ、お前の王がお前のところにおいでになる、
柔和な方で、ろばに乗り、
荷を負うろばの子、子ろばに乗って』」。

弟子たちは行って、イエスが命じられたとおりにし、ろばと子ろばを引いて来て、その上に服をかけると、イエスはそれにお乗りになった。大勢の群衆が自分の服を道に敷き、また、ほかの人々は木の枝を切って道に敷いた。そして群衆は、イエスの前を行く者も後に従う者も叫んだ。

「ダビデの子にホサナ。

主の名によって来られる方に、祝福があるように。

いと高きところにホサナ」。

イエスがエルサレムに入られると、都中の者が、「いったい、これはどういう人だ」と言って騒いだ。そこで群衆は、「この方は、ガリラヤのナザレから出た預言者イエスだ」と言った。


愛する教会員の皆さん！　聖金曜日の直前の日曜日であるのに、先ほどアドヴェントの賛美歌を歌うように私があなたがたにお願いしたために、ひょっとするとあなたがたをすっかり困惑させてしま

ったかもしれません。――この歌は「**私は**どのようにあなたを受け入れるべきでしょうか」[1]という問いと共に、イエスのエルサレム入城の物語を取り入れています。この問いはおそらく聖書のどのテキストを前にするときにも、最も重要な問いであるでしょう。けれども今日、受難週を始めるに当たり、もう一度、私たちが繰り返し何について語ってきたのかということをとりわけはっきりと示すことは、私にとって重要なことです。イエス・キリストの物語においてはすべてのことが非常に密接に関連しており、互いに分かちがたく結びついています。すなわち、クリスマスを祝おうとする者は、自分がどのような方の誕生を祝っているのかを知らなければなりません。すなわちそれは、やがて「わが神、わが神、なぜわたしをお見捨てになったのですか」〔マタイによる福音書第二七章四六節〕と叫ばれることになる方の誕生なのです。イエスの受難と死を思い起こす人は、ここでは誰かある殉教者が善いことのために死ぬのではなく、「今日、あなたがたのために救い主がお生まれになった」〔ルカによる福音書第二章一一節による〕という御言葉がその誕生の際に語られた子どもが死ぬのだということを知らなければなりません。そして、この物語を聞く人はそれを二度聞かなければなりません。アドヴェント第一主日**と**棕櫚の主日に、この方の誕生**と**この方の死に備えて私たちの心を整えるためです。福音は一つであり、ばらばらに引き裂かれてはなりません。

私たちが聖金曜日とイースターの前の日曜日にこの物語に耳を傾けるとき、ここでは、私たちに思いつく限り、最も不思議な王の入城が叙述されているということが伝わるよう、この物語は語られなければならないでしょう。ヒットラーから赤軍を経て、ケネディー[2]に至るまで、これまで進出してきたさまざまな人々を見たことがあるのは私たち年配者たちだけであり、これらの者たちが進出してきたのはこの私たちの町だけです。なんという歓喜に包まれた光景を、私たちは数日ごとにテレビで目にすることができることでしょうか。すなわち、東西で警察に厳重に守られて、これらの支配者たちが乗った果てしない車の列を見ることができます。そこでは、赤い絨毯や多くの演説を伴う外交儀礼によって、すべてのことがどれほど周到に準備されることでしょうか。これらの進出はいずれも、支配する者と支配される者たちの両方の姿を映し出す、栄光と権力の見世物です。

このナザレ出身の方も入城の準備をされます。「向こうの村へ行きなさい。するとすぐ、ろばがつないであり、一緒に子ろばのいるのが見つかる……」。人はニーチェのツァラトゥストラの中に書かれている「ロバの連禱」(4)を参照しなければなりません。それは私たちの主のへりくだりに対するひどい嘲りであり、神を冒瀆する言葉です。ルターはこの同じテキストに関するある説教の中で、イエスという方のことを「こじきの王」と呼んでいます。この王は全世界の支配者たちの権力や華やかさをほとんど耐えがたいほどに笑い物にされます。現代に生きるあなたがたは、あなたがたがいつも思い起こしている方がろばに乗っている姿を想像してみてください！　目に映る姿と〔その背後にある〕実在との間のあまりにも極端すぎる矛盾、みすぼらしい馬小屋での誕生と共に始まり、十字架において終わるしるしと実質の転倒が、ここでもう一度見過ごすことができないほどにはっきりと証明されます。というのは、聖なる都への入城、打ち砕かれ、抑圧された民のあらゆる希望の都への入城は、この方御自身が自覚していた御自分の屈辱的な滅びへの入城だからです。今、歓声を上げている人々は数日後には叫び声を上げることになります。「ホサナ」という歓声が「十字架につけろ」という叫びの渦の中に消えていきます。そして「主の名によって来られる方に、祝福があるように」という叫びは、「この男ではない、この男ではない、バラバを」という鋭い叫び声に変わります。彼らはバラバを求めるのです。

けれども、この場面、すなわちその一週間前の日曜日のこの場面は深遠な平和に包まれています。私たちは、明るい太陽に照らされた彼らの姿だけしか想像できません。人々は、光の輝きに包まれた神殿をベトファゲから見ることができます。素朴で、いじらしい動物、すなわちその若い毛皮には、まだ産毛が生えている子ロバと一緒にいるロバ、人々がその埃だらけの足で踏みつけている服、たった今、木から折り取られた青々とした枝、歌う民、そこにこの方が来られます。そこにこの方、すなわち待望された方、大いなるメシア、待ち焦がれた方、数え切れない人々を癒し、慰めを与えてくださった方、いつでも哀れな人々の味方になってくださった方、私たちの近くにいてくださった方、私たちが決して忘れることのない物語を語ってくださった方がおられるのです。山上の説教の祝福された世界が具体的な形で現れます。みすぼらしい動物に乗られるへりくだった方――一人の人間、一人の王。

誰がこれらすべてのことを理解できるでしょうか。イエスと共に歩む人々も同様に理解できません。この民、すなわち大勢の群衆は、自分たちをローマの占領軍から解放し、憎まれていた不信仰者たちから聖なる都を清めてくださる方を待ち望んでいました。彼らは、ポンテオ・ピラトが屈服するメシアを待ち望んでいました。そのときにはきっと、権力を、あらゆる意味での権力を自ら掌握されるに違いない来るべき王についての幻想と夢を彼らは抱きましたが、それらは無駄に終わりました。歓声をあげる人々の中には、敬虔な人々もおり、あまり敬虔でない人々、反乱を起こす人々、急進派の人々もおり、支配秩序を脅かす敵もいます。「ダビデの子にホサナ」、これは当時考えられ得る中でも最高の賛美の言葉です――その賛美の言葉には、自分たちの世界の変革を望むあらゆる憧れと期待が交錯しています。――主はこれらすべてのことをそのまま受け入れられます。この入城の時に主が語られた御言葉は何も伝えられていません。この方には、おそらくこの光景だけで十分なのでしょう。そうです、主は昔の預言の言葉を御自分のために要求なさいますが、まさにありのままの御自分の姿、すなわち貧しい人々の王、平和の君、無条件に暴力を放棄なさる方、人目につかない方、そのへりくだった姿においてはほとんど誰だか認識され得ない方であることを際立たせる外面的なしるしと共に、昔の預言の言葉を要求なさいます。神の被造物としての人間。神の愛する御子。光の輝きが通りを照らします。朗らかな雰囲気。明るい光。それは、人々がこの正しい方を見出し、この方に向かって歓声をあげる数少ない光景、厳密に言えば唯一の光景です。人類の歴史の中で唯一の光景です。正しい方でありながら、誰であるのかを認識されなかった方、尊厳ある方でありながら、人目につかない方、主でありながら、神と人間の僕となられた方に向かって人々が歓声をあげる唯一の光景です。

では、私たちはどうでしょうか。「**私は**どのようにあなたを受け入れるべきでしょうか」。「ホサナ」とは、文字通りには「助けてください、救ってください」という意味です。誰が私たちを助けてくれるというのでしょうか。それはどのような救いなのでしょうか。何世紀もの間ずっと、繰り返し新たに同じ答えが繰り返されてきました。「助けてください」――それはいつでも「束縛され、隷属した状態から、年齢の重荷から、貧しさや病気から、罪や死から私を、他ならぬこの私を救い出してください」ということを意味しました。また、それはいつでも「私たちすべての者を助けてください、平和と、より良い新しい世界への希望と確信を与えてください。私たちの人生のために変化を造り出してください」ということを意味しました。けれども、誰が私たちを助けてくれるというのでしょうか。

あの入城の日、あの最初の棕櫚の主日以来、同じ誤解が繰り返されてきました。この平和の王は繰り返し政治的な革命家として要求され、**さらに**その時々の国家秩序の番人として要求されてきました。考えられ得る限りのあらゆる権力の行使のために、この方は誤用されてきました。とりわけ私たちのキリスト教的ヨーロッパにおいて、人々は自分たちの権力行使をイエスの御名と結びつけることさえしました。けれども、ここでは護民官や反乱の煽動者が馬に乗ってエルサレムに入って来るのではありません。当然のことながら、すべての者たちの支配がこの方において砕かれるときにも、この主はなお存在します。また当然のことながら、この入城の光景は、私たちが人間の権力において表そうとするすべてのものを括弧に入れました。けれども、このイエス・キリストという方は武器や綱領を用いずにこの世界を変えられます。この方が暴力を用いられないことが分かると、この方はすべての人々に見捨てられることになります。[5]

したがって、私たちは日曜日ごとに、中でもアドヴェント第一主日と棕櫚の主日には、**誰が**私たちを助けてくださるのかを知らなければならないでしょう。「ホサナ」――助けてください、救いをお与えください。それは、平和と憐れみ、義と愛を私たちの生活の基準にすることを望んでおられる山上の説教者です。それは、人として十字架に架けられ、私たちすべての者のために死んでくださる幼子イエスです。それは、たとえ私たちが自分自身にまったく絶望し、私たちが暮らすこの世にまったく絶望したとしても、また繰り返し新たにローマで起こったことや、中近東における絶望的に思われる暴力の連鎖や、毎日のように人が殺される南アフリカやエチオピア、わが国における私たち自身や、ますます敵対心が激しくなる雰囲気――私たちはその中へと足を踏み入れます――にまったく絶望したとしても、私たちのために希望のしるしを打ち立ててくださる目立たぬ、人目につかない主として、言葉では表現できない仕方で私たちと共に生き、また私たちのために生きてくださる、あのイエス・キリストです。

そうです、私たちの物語は実際そのように終わります。「イエスがエルサレムに入られると、都中の者が、『いったい、これはどういう人だ』と言って騒いだ。そこで群衆は、『この方は、ガリラヤのナザレから出た預言者イエスだ』と言った」。そうなのです、イエスとはそのような方なのです。そして、聖金曜日とイースターとペンテコステ以後の時代に生き、毎年新たに受難週を迎えるための備えをする私たちは次のことを付け加えます。すなわち、「この方こそ、我らの主、また兄弟であり、私たちの救い主であられる」と。そして、それゆえに、私たちは安心して私たちのアドヴェントの賛美歌を最後まで歌いましょう。エルサレムへと向かう路上にいた人々のように歌いましょう！「ホサナ、助けてください、私たちに救いをお与えください」と。アーメン。

訳注

〔1〕福音主義教会讃美歌第一一番“Wie soll ich dich empfangen”。パウル・ゲルハルト作詞、ヨハン・クリューガー作曲のアドヴェントの代表的な讃美歌。

〔2〕一九一八年から一九四六年にかけてロシアおよびソビエト連邦に存在した軍隊。

〔3〕ケネディー大統領は一九六三年六月に西ベルリンを訪問した。その際、シェーネベルク地区の市庁舎前で行

った演説の中で「自由を求める者は皆、ベルリン市民である。私も一人のベルリン市民である」と語ったことは有名である。

〔4〕フリードリヒ・ヴィルヘルム・ニーチェ『ツァラトゥストラはこう言った』下巻、水上英廣訳、岩波文庫、二〇〇一年（第五一刷）。

〔5〕古代ローマで、貴族・平民の対立に際し、平民保護のため、前五世紀中頃に置いたといわれる官職（tribuni plebis）。

マンフレート・ザイツ

マンフレート・ザイツ（Manfred Seitz）は一九二八年に生まれた。エアランゲン大学の実践神学の教授（退職名誉教授）。マルティン・ルターの『小教理問答』の中の「罪のゆるしのあるところに、生命と祝福とがある」という一節に関するこの説教は、一九九四年、エアランゲンの大学教会で語られたもの。未発表。

洗足木曜日（Gründonnerstag）
ルターの『小教理問答』

罪のゆるしのあるところに、生命と祝福とがある。

I

愛する教会員の皆さん！　洗足木曜日は受難週の他の日とは異なります。古代教会の伝承によれば、受難週には、断食をするように定められているのに対して、洗足木曜日には、祭壇が白い布で覆われます。[1]イエスの苦難と死のために捧げられる週のただ中にあって、洗足木曜日は喜びの日なのです。私は今日あなたがたにその理由を告げたいと思います。答えは簡単です。この日にイエス・キリストが聖餐を制定されたからです。聖餐とは、あの繰り返すことのできる行為、神の御前で私たちを完全に新しく、罪の汚れのないものにする行為です。しかしながら、このような簡単明瞭なことでさえも、すでにその意味が見失われつつあります。なぜなら、私たちは何のためにそのような行為を必要とするのか、それが何の役に立つのか、あるいはそれが何を「もたらすのか」、そして、なぜ私たちは神の御前に、まったく新しく罪の汚れのないものにされなければならないのか、そもそものことがもはやよく分かっていないからです。それは雲に覆われ、いらくさで包まれています。私たちは、白色と洗足木曜日の特徴が私たちの内に呼び起こそうとするあの喜びに向かって突き進むために、そこへの入口を再発掘し、雲を押しのけましょう。

II

ルターの『小教理問答』の一文がそのために役立つことでしょう。それは聖餐に関する第五部に書かれています。そこでルターは聖餐の制定語を思い起こさせ、それを心に刻むように勧めた後、次のように問います。「このような飲食が、どんな役に立ちますか。それは、(ここで太字になります)『**これは罪のゆるしを得させるようにと、あなたがたのために与えられ、流されるのだ**』とのみことばに示されています。すなわち、この聖礼典において、このみことばを通して、われわれに、罪のゆるしと、生命と、祝福とがあるからです」。(そして、私たちが今、理解しようと努めている文章が続きます。)

「それは罪のゆるしのあるところに、生命と祝福とがあるからです」[2]。**「罪のゆるしのあるところに、生命と祝福とがある」**。これは四六五年前に書かれた言葉です！　人はそのことに気づきます。かろうじて教会だけが「罪」について真剣に語ります。そして「祝福」〔Seligkeit〕という言葉が本当に何を意味しているのかを知っている人は、今日では、もうほとんど存在しません。あたかも言葉が取り去られ、内容が消え去ってしまったかのようです。しかしながら、それは一目見たときの印象に過ぎません。二度目に見るときには、あるいは私たちがもっと注意して耳を傾け、熱心に考察するならば、これらの言葉において、事柄は活き活きと、明瞭になります。

III

まずは、軽蔑されており、実際にやっかいな「罪」という表現から始めましょう。私たちは**「かろうじて教会だけが罪について真剣に語ります」**と言いました。本当に真剣に語るのです。世界中の人々は罪について真剣に語らず、見たところユーモアたっぷりに、実際には心の底に悪意を秘めて語ります。彼らがその際、**「罪」**という言葉をそもそも用いないということが、彼らの底意地の悪さの一つに数えられます。たとえば、七五〇年の歴史を持つ国営温泉所バート・ブリュッケナウがテレビに映りました。司会者は笑いながら次のように言います。「そもそも保養には、『保養地で知り合った異性』がつきものです。そして、バイエルン王ルードヴィッヒ一世[3]がブリュッケナウでの保養の際にそのようにふるまったのであれば、人は今日もそのようなことを慣習とすることができます」と。皆が笑いました。笑わなかったのはまったくユーモアを解さない人でした。そして、さらに「それはそもそも第六戒と多少なりとも関係します」と語ろうものなら、当然、それはユーモアどころの話ではなくなってしまいます。別の例ですが、二五年前、大学紛争が続く最中、牧師や神学者たちも、暴力が高尚な目的に仕える場合には、さまざまな事態に対して暴力を用いることは許されるかどうかということを考えたことがありました。彼らは静かになりましたが、種は芽を出します。今日私たちはほとんど毎日のように、ドイツやアルジェリアやアイルランドなど、ほとんどどこの国においても、物や人に対する暴力行為に直面します。すると人々はショックを受け、**「どうして、こんなことが起こり得るのだろうか」**と問います。私たちは軽々しく答えませんし、知ったかぶりをして答えません。むしろ、聖書の土台の上に立って、それは起こり得ると答えます。なぜなら、あることが全人類を貫いて終始一貫しているからです。すなわち、神から離れること、自我の急激な広がり、私たちの上に立つ法廷の廃棄、あるいは自分自身の考えに都合の良いようにその法廷を乱用することです。それこそが根本的な罪、あるいは原罪です！　この誤解されやすい言葉はまさに次のことを言おうとしているのです。すなわち、それは第一には、決して私たちによって犯される個人的な罪ではなく、私たちが属している世界、すなわち人類が置かれた状態であり、私たちがその中で生きている気候であり、私たちがその中に産み落とされる領土です。それはたとえて言えば、世襲農地〔4〕に産み落とされた子どものようなものです。この子どもは後になれば、いずれその世襲農地を受け継ぐことになり、それゆえに、その子が生まれたときからすでにそれを所有しているのです。

　この遺産、この状態、この危険領域、この根本的な罪や根源的な離反から、私たちは洗礼を通して救い出されるのです。成人した大人であろうと、子どもであろうと、実際に私たちはキリストの小さな舟に海から引き上げられ、キリストのもとに連れて行かれ、キリストの衣のふくらみの中に、すなわち良い羊飼いの、ゆったりとした袖の中にかくまわれるのです。根源的な罪、この世の罪深い状態、この世が根本的に神から離れている状態はもはや私たちを神から引き離すことはなく、私たちにとってもはや害と見なされることはありません。ヨハネによる福音書第一七章の決別の祈りの中でイエスが語っておられるように、私たちはもはやこの世のものではなく、御父からこの方に委ねられた者たちなのです（第一七章六節）。もし私たちがそのことを真剣に受け止め、本当に肝に銘じるならば、私たちの人生においても、私たちの国においても、そしておそらく全世界で多くのことが変わることでしょう。けれども――そして、それゆえに私たちは今晩ここにいるのです――まさにこのこと、洗礼の現実、あるいは――小教理問答の中でも言われているように――「神のように生きること」は、私たちにはうまく行きません。それは私たちにはうまく行きません。なぜなら、罪、すなわち意図的に、故意になされる神からの離反は私たちの内にあるにもかかわらず、あたかも外から来るかのように繰り返し私たちに手を伸ばし、勝利を収めるからです。たとえを用いて語るならば、私たちは洗礼を受けた後、キリストの小さな舟から繰り返し転げ落ち、良い羊飼いの衣のふくらみの中にかくまわれているにもかかわらず、繰り返し外から噛みつかれるのです。

私はこのたとえを選びました。なぜなら、ルターの素晴らしい手紙が存在するからです。ルターはその手紙を一五二一年にヴァルトブルクから書き送り、その中で彼は、洗礼を受けた後の私たちの宿命について述べています。「私は先週の月曜日（［一五二一年］八月一二日）二日間、猟に出ていました。そこで、あのほろ苦い楽しみを……経験することになりました。……私たちは二羽の兎と、取るに足りないヨーロッパヤマウズラを数羽つかまえました。……私の努力の甲斐あって、私たちは小さな兎を生かしておくことができました。私が小さな兎を私の上着の袖の中に包み込み、小さな兎がそこから少し顔をのぞかせると、その瞬間、犬が（臭いをかぎつけ）哀れな兎を見つけ、（私に飛びかかり、）上着を通して兎の右の後ろ足を折り、喉を食いちぎってしまいました」。そのように罪とサタンは荒れ狂うので、サタンは救われた魂でさえも殺してしまいます。そして、私の努力はサタンの前には何の意味もないのです。ルターはそこまで言うのです！　私はそれ以上何も付け加えて言う必要はありません。後に私たちは、何が私たち一人一人に襲いかかり、洗礼を受けた私たちを繰り返し襲うのか、何が私たちの人生において折られているのかということを告白することになります。多くのものが壊れており、瓦礫は人目につかないところに横たわり、私たちだけが魂の奥底でそれを自覚しており、無意識の領域に至るまで瓦礫はその角《かど》で傷つけます。

Ⅳ

まさにそこで、語りかける言葉、もっとはっきりと言えば、語りかける出来事、すなわち私たちの羊飼いなる主イエス・キリストの救いの御業が始まるのです。**「罪のゆるしのあるところに……」**。それ――すなわち**「罪のゆるし」**はどこにあるのでしょうか。それは一回一回の礼拝の中にあります。けれども、罪の赦しはとりわけ聖餐と罪の告白の中にあります。そして「とりわけ」という言葉は、「はっきりと」そして「個人的に」ということを意味します。イエスが**「わたしの話した言葉によって、あなたがたは既に清くなっている」**（ヨハネによる福音書第一五章三節）と語られるのと同時に、それはすでに始まっています。それは次のことを意味します。すなわち、今日のこの礼拝も含めて、すべての礼拝において、私たちはキリストの御言葉とキリストの霊によって囲まれ、隅々まで満たされ、清められ、赦しを与えられ、慰められ、再び健康を回復させられるのです。私たちが神から離れた状態に置かれていることを認め、告白し、そのような状態を放棄し、捨て去ることによって、それはさらに前進を続けます。そして、イエス・キリストの命令に基づき、またこの方の代理として、罪の赦しの御言葉が私たちに語りかけられるとき、それは目標に到達します。より詳しく言えば、それが可能である場合には、幾つかの教会ですでに為されているように一人一人に手を置いて語りかけられるのです。罪の赦し、すなわち赦罪の際に切られる十字のしるしにおいて、そのようなことが起こっていると見なしましょう。罪の告白とは、洗礼に立ち帰らされ、再び洗礼に足を踏み入れることであり、正しく洗礼を思い起こすことなのです。すなわち、転げ落ちてしまった私たちが再びキリストの小舟に引き上げられ、神の御前で完全に新しく、罪の汚れのない者とされるのです。

V

「……**ところに、生命と祝福とがある**」。このことについては別の機会に詳しく説教がなされなければならないでしょう。私たちはそれを復活祭に委ね、今は暗示するだけに留めます。生命、それはこの礼拝の後も継続し、祝祭日の後も繰り返し私たちを要求します。生命、それは、ルターの袖の中に包まれていた小さな兎のように、私たちが再び飛び出し、食いちぎられることです。けれども、それとは多少異なります。すなわち、「**ゼーリッヒカイト**〔Seligkeit〕」〔ドイツ語で「祝福」を意味する言葉〕という古く使われなくなった言葉が語っているように、実際のあらゆる不幸にもかかわらず、私たちの生命には、多少なりとも幸福が隠されています。私たちがそれを感じなくても――すでに時々そういうことがありました！――私たちは恵まれているのです。なぜなら、私たちには神がいてくださり、キリストが私たちと共にいてくださり、神が私たちの味方でいてくださるからです。私たちはそのことで完全に満たされ、罪の告白においてそれを経験し、聖餐においてそれを味わい見たのです。生命は続きます。けれども、その生命を表す兆候はそれとは異なるものです。ある修道士は「あなたがたはそもそも一日中何をしているのですか」と問われました。彼は答えました。「私たちは倒れ、そして、再び立ち上がらせられるのです」。アーメン。

訳注

〔1〕白は光の色と考えられた。同様に衣も髪も白い「日の老いたる者」（ダニエル書第七章九節）や変貌したキリスト（マタイによる福音書第一七章一節、ヨハネの黙示録第一章一四節）、そして汚れのない者たち（ヨハネの黙示録第三章四節）も白い衣をまとうと考えられた。イザヤ書第一章一八節では、血のように赤い罪に対し、白は罪のないものの色である。

〔2〕『一致信条集』教文館、二〇〇六年、五〇四頁。ここでの引用文には、原文の引用に従い、括弧内の文章を加えている。

〔3〕バイエルン王国の第二代国王。在位期間は一八二五年―一八四八年。

〔4〕分割による細分化防止のため長子の独占相続を認める。ナチが復活させた。

ゲオルク・メルツ

ゲオルク・メルツ（Georg Merz）は一八九二年に生まれ、一九五九年に死去。一九四七年ノイエンデッテルスアウのアウグスターナ大学の創設時の学長。そこで実践神学、教会史、並びに神学の百科事典（Enzyklopädie der Theologie）の担当の教授であった。この説教は、一九四二年の洗足木曜日にベーテルのシオン教会で語られたもの。未発表。

洗足木曜日（Gründonnerstag）

詩編第二三編

主は羊飼い、わたしには何も欠けることがない。
主はわたしを青草の原に休ませ
憩いの水のほとりに伴い
魂を生き返らせてくださる。

主は御名にふさわしく
　わたしを正しい道に導かれる。
死の陰の谷を行くときも
　わたしは災いを恐れない。
あなたがわたしと共にいてくださる。
あなたの鞭、あなたの杖
それがわたしを力づける。

わたしを苦しめる者を前にしても
あなたはわたしに食卓を整えてくださる。
わたしの頭に香油を注ぎ
わたしの杯を溢れさせてくださる。

命のある限り
恵みと慈しみはいつもわたしを追う。
主の家にわたしは帰り
生涯、そこにとどまるであろう。

愛する教会員の皆さん！

「主はわたしを青草の原に休ませ……」。

キリスト教徒たちが洗足木曜日を祝うときには、すでにかなり早い時期からこの「青草の原」という御言葉を思い起こしていました。キリスト教徒たちは無意識のうちに聖餐制定の祝いを次のような大いなる秘義と結びつけました。すなわち、主なる神が荒れ果てた世を青草の原に変えることがおできになるということ、それは神の奇跡によって起こるということ、道に迷った羊たちのように世界中を彷徨い歩く人々は、神によって良い羊飼いの保護のもとに集められるということ、そしてこの世で闇の勢力に無防備にさらされていると感じている人間は、その力と杖によってあらゆる敵から保護することのできる力強い主人によって守られるように、神によって守られるという秘義です。

それこそが聖餐の秘義なのです。

そのようにして、人間は自分たちを脅かすものから救い出され、生気を与えられ、元気を回復させられ、神御自身の故郷にかくまわれるのです。動揺させられている人間は強められます。追い散らされ、ばらばらにされたと思い込んでいる人々は集められます。ここで不思議なことは、このような奇跡を成し遂げられる主御自身が荒野を通って行かれるということです。聖餐はまさにイエスの人生の最後の時に制定されました。そこでは、イエス御自身があらゆる命の保証の外に踏み出さなければならず、町の門の外に追い出され、もはや輝かしい風格も好ましい容姿もない者として、外で孤独のうちに死ぬことになります。

世に対抗する力がその強さを発揮した瞬間ではなく、むしろイエスの周りからすべてのものが失われたように思われた瞬間にこのような奇跡が起こったのです。もう一度、弟子たちとの交わりを喜び祝うために食事の席に着かれる方は、御自分の周りには裏切りだけが待ち伏せていることをご存じです。この方は「今や私は私の人生の道を歩み抜いた。私の敵はすでに打ち破られた。私に敵対しようとする人間がどこになお存在するだろうか！」という意識を持っているような方ではありません。むしろ、それとは正反対です。勝ち誇るのはこの方の敵たちなのです。ローマの権力に象徴されるこの世は、真理の王であられる方を死刑に処することを許されます。ユダは裏切り者になり、ペトロは行って否みます。そして、弟子たちは皆、この方を見捨てます。

主御自身が荒野に行き、見捨てられ、孤立した状態に足を踏み入れなければならない瞬間に、このような大いなる奇跡が起こるというのは不思議なことです。にもかかわらず、弟子たちは、この食事を記念として祝ったとき、「私たちは感謝と賛美をささげ、喜んでこの食事を受け取ることが許される」と言う以外、そのことについて語ることはできませんでした。

この世の人々から見れば、敗北の交わりであった食事が勝利の聖礼典になったという奇跡はどのようにして起こったのでしょうか。この世の人々から見れば、動揺し、離反と裏切りへと転落した人間であった弟子たちが教会を支える柱になったという奇跡はどのようにして起こったのでしょうか。主イエスがこの奇跡を成し遂げられたのです。私たちが先ほど祭壇で聞いた御言葉はそのことを私たちに暗示しています。その御言葉によって奇跡が成し遂げられました。

ジョット「ゴルゴタの丘への道」

「主イエスは、引き渡される夜、パンを取り、感謝の祈りをささげて……」〔コリントの信徒への手紙一第一一章二三―二四節〕。

この食事の制定はこの感謝の祈りと極めて密接に結びついています。これから引き渡されようとしているときに、それどころか、まさにこの世のすべてのものが御自分に敵対し、数日前にはまだこの方に歓声をあげていた民が四散し、非常に多くの人々は、その後すぐに「十字架にかけろ!」と叫ぶことになる人たちの側に身を置き、外見上の栄光など何一つないことを知りながら、主は感謝の祈りを捧げることを許されるのです。どうして主は感謝の祈りを捧げることがおできになるのでしょうか。まさにこの御言葉のゆえに、多くの人々が福音を信じられなくなります。「私たちには、そんなことは理解できません」と彼らは言います。このイエスがそのご生涯を最後まで勇敢に戦い抜き、世のあらゆる誘惑に耐え、毅然とした態度を貫かれた英雄であったというのなら、私たちは恐らく理解できることでしょう。けれども、この方が今や感謝の祈りを捧げられること、そのようなことは、私たちには理解できません。堂々と決然とした態度でこの世に別れを告げ、孤独に陥る支配者、自らが贈り与えたすべてのものを悪用する人々に対して憤り、厳しい非難の言葉を浴びせ立ち向かう指導者、そのような指導者であり、支配者であれば、世の人々はこの方を理解することでしょう。

けれども、主イエス・キリストは今やこのようなことをなさいません。この方は感謝の祈りを捧げられます。そして、この方が感謝の祈りを捧げられるがゆえに、私たちはここにいるのです。もしこの方が感謝の祈りと共に、この方に与えられるすべてのものを受け取られなかったならば、またこの方がこの感謝の祈りと共に、弟子たちの群れの中にお立ちにならなかったならば、この群れは教会として集められることもなかったでしょうし、聖礼典がこの世にもたらされることもなかったでしょう。今日に至るまですべてのキリスト教徒たちに確信を与え、この世の人々に約束を与え、何が起ころうとも固く立ち、永遠に存続するすべてのことは、この感謝の祈りから生じたのです。

すべてのものが揺れ動き、滑り落ち、裏切り、離反、背信、悪意、はずかしめが圧倒的な力を持ったとき、一人の方がそこにおられ、全世界を包み込まれました。「イエスはパンを取り、感謝の祈りを唱えて、それを裂き、弟子たちに与えて言われた。『取りなさい』」〔マルコによる福音書第一四章二二節、ルター訳聖書に合わせて一部改訳〕。

まさにそのようにして教会は誕生し、聖礼典が私たちに与えられ、私たちのすべての罪の赦しが贈り与えられたのです。

そのようにしてまったく新しいことが始まります。このように感謝の祈りを捧げるキリストをこの世の人々が不思議に思うことを、私たちは不思議に思う必要はありません。このように感謝の祈りを捧げる主と共に、まさに新しいことが始まり、新しい世界、新しい創造が始まります――そして、私たちはそれにあずかることが許されるのです。

なぜ、主は感謝の祈りを捧げることができたのでしょうか。なぜなら、主は従順であられたからであり、忠実であり続けられたからであり、主は父なる神のもとからこの世に携えて来ることを許された愛を、この世のいかなる堕落や罪からも守り続けられたからです。主は従順であり続け、主は何ものにも惑わされませんでした。主はユダによっても、ペトロによっても、仲間内でも、世の人々の間でも、この方に加えられた何ものによっても脅かされませんでした。主はこの世を受け入れられました。主は御父の世としてこの世を受け入れられ、この世の人々を御父の故郷に連れ帰るために、この世の人々を新たに結び合わされたのです。

そのようにして、主はこの世の人々に次のような確信をお与えになりました。すなわち、神は、御自分に忠実であり続けない私たち人間に対してさえも、常に信実であり続けてくださり、神に反抗する私たちをさえも愛で包み、神に反乱を起こすために繰り返し蜂起する私たちを御自分の子として、神が御国に招かれた群れの中に加えてくださるという確信です。

聖書が赦しの奇跡について語るとき、聖書はこのことを言おうとしているのです。この世で起こるすべてのことに神の御手がいつでも新たにさしはさまれ、人間をしっかりと放さずにいてくださるということについて聖書が語るとき、聖書はこのことを言おうとしているのです。次の証言はこのことを語ろうとしています。「心配することはありません。疑うことはありません。いかなる場合にも、この神の御手は存在します。この神の御手がひっこめられることはなく、永遠にあり続けます」。このことはこの感謝の祈りを通して起こりました。この奇跡は成し遂げられました。これはこの世のさまざまな要素において成し遂げられた大いなる変化です。

以前のこの世は、神から離反し、罪の重荷を背負わされ、サタンによって脅かされている世でした。けれども、今やこの世には、私たちがその中に身を隠すべき将来が存在すると語られるのです。赦しは確実です。それは揺らぐことがありません。そして、今や次のただ一つのことだけが重要です。すなわち、私たちも神の御力によって慰められ、神の恵みによって強められ、神の御守りのもとに置かれるために、私たちがこの罪の赦しによって囲まれるということです。

今やあなたがたは次のように言うことでしょう。「いったいなぜ、この聖礼典はこんなにも驚くほど簡単に成し遂げられるのでしょうか。私たちは、この世の人々にあまり気づかれることなく、このような慎ましい教会に来ます。ここには、パンとぶどう酒があります。質素なパン、質素なぶどう酒です。そして、私たちは日常生活の中からやって来て、また日常生活に戻っていく人間です。それが栄光に満ちたことだというのでしょうか。それが祝福の聖礼典だというのでしょうか。それが新しい創造の始まりだというのでしょうか。これらすべてのことは、もっと華やかで、もっと栄光に満ち、もっと輝かしいものでなければならないでしょう」。

「ほらご覧なさい。勇ましく大胆な英雄を見ることを望むこの世の人々の反論を、私たちが先ほど聞いた通りではないですか」――キリスト教徒たちの中で、主御自身がなされたことで満足しようとしない人々はそのように語ります――。けれども、キリストは、私たちが自分たちのことを知っているよりももっと深く私たちのことを知っておられます。キリストは言われます。「まさにこれらの最も質素な物質の中に、すなわちパンとぶどう酒の中に、私は私の恵みを隠す。それは、この地上であなたがたに与えられているもののうちで最も質素なものの中に、神の恵みは隠されているのだということをあなたがたが確信できるためである」。クリスマスの賛美歌の中で次のように歌われている通りです。

だから、あなたがたは今やそのしるしを正しく見分けなさい。
あまりにもみすぼらしい飼い葉桶と小さなおむつ、

そこに、全世界を支え、担われる幼子が寝かされているのをあなたがたは見出します。〔1〕

そのように今この時もまた「あなたがたはしるしを正しく見分けなさい！」と命じられます。このような最も質素で、最も貧しく、最もみすぼらしい姿で、キリスト御自身があなたがたのもとを訪れてくださり、あなたがたのもとに宿ることをお望みになるのです。そのようにしてキリストは御自分の勝利の秘義とはいかなるものであり、キリストの赦しの御力とはいかなるものであるのかをあなたがたに語られるのです。そのようにしてキリストはその苦しみと死を通して、私たちのために何を獲得してくださったのかをあなたがたに教えてくださいます。このことについて知っており、全生涯に亘ってまさにこのことを明らかにしようと努めたルターは「神は私たちに然りを語られます」と言うのです。けれども神はあからさまな、直接的な然りを語られるのではありません。むしろ神は、見たところ否であると思われるような然りを語られるのであり、その否の下に、またその否の向こうに、隠された深い然りがいつでも鳴り響いているのです。そして、そのような聖礼典の日が何を意味するのかを私が語らねばならないなら、私は次のように言わなければならないでしょう。すなわち、それは、私たちの人生において、そのような然りが鳴り響くことを意味すると。たとえ、それがひそかに私たちのもとに来るとしても、それはますます深く、ますます力強く私たちのもとに来て、すべての否に勝利します。この然りが理解されるところでは、私たちの疑いも、私たちの不信仰も、私たちの不安も、私たちの心配も、私たちの憂鬱な気持ちも、私たちの悲しみも、もはや正しくはありません。

ああ、そうではありません。これらすべてのものはこの然りの背後に消え去ります。主キリストの感謝の祈りを通して、この方の従順、この方の信実を通してこの光が輝き、この然りに対する勇気を私たちに与えるこの愛が輝くのです。

そして、今や私は「この然りを通して、私たちも、まさにこの教会も堅固な土台の上に建てられている」と言うことが許されます。ご覧なさい、私が過去数年間そうすることを許されたように、私はもはやこのシオン教会の講壇からあなたがたに語ることはできなくなります。なぜなら、私は今や別の場所で説教しなければならないからです。そして、今や、かの地バイエルンで「あなたはベーテルの教会で教えておられたのですか」と尋ねられるでしょう。そして、「『教会は、我らの主イエス・キリストの聖礼典を土台として築かれることが許される』ということが何を意味するのかを、私はベーテルで多少なりとも経験しました」と語ることができるのはまったくすばらしいことなのです。いたるところから連れてこられ引き合わされた人々が、この世で不思議な神の摂理によって動かされ、人々がイエス・キリストの恵みの力によって集められることを許されるのです。体と魂において苦しんでいる人々は、イエス・キリストの体と血によって強められるということが何を意味するのかを経験することが許されます。そして、その場合には、あなたがたは「それは本当ですか」と問うことが許されます。そして、その時には、私は「本当です」と答えることが許されます。というのは、これらの人々は、そこで私たちに次のように語りかける神の言葉を信じるようになるからです。「あなたは安心してよい。たとえ、全世界が否を語ろうとも、私はあなたに然りを語る。あなたの老衰した体がもはや言うことを聞かなくなり、あなたに逆らおうとも心配することはない。あなたが老いる日まで、私はあなたを担い、高く上げる。あなたが自分の邪悪な思想の虜になるときには、私は私の然りを携えてあなたのところに助けに行き、暗い夜の闇の中で私の光を見させよう。もしあなたが、自分の人生には、今なお意味があるのだろうかと不安に脅かされるときには、私はあなたに次のように言おう。『心配することはない。私の御子が裏切られた夜、この世ですべてのことが揺らぎ、崩壊したように思われた夜、私はこの世に然りを語った。それゆえに、私はあなたにも然りを語る』」と。

この然りに基づいて私たちは建てられており、この神の然りに基づいて私たちの人生の基礎は据えられているのです。今や私たちは、神の恵みがその中に隠されている貧しくみすぼらしいしるしについて、これ以上何も語ろうとは思いません。むしろ私たちは、主キリストがそのようにして、まさにそのようにして私たちのところに来てくださることに感謝したいと思います。私たちは、キリストが私たちを御自分のもとに招かれるときに語られる御言葉を信頼し、キリストに従い、この方に守っていただき、この方の約束がまことであり、その約束が私たちのためにも実現することを信じられなくなるようなことがないようにしましょう。それは、すでに旧約聖書において、遠くにおられるこの羊飼いが近づいて来られるのを、この詩編の詩人が見たときに語っていることです。この羊飼いはとても不思議な方法で御自分の御国の基礎を据えるのみならず、同時にそれを支え続けてくださるのです。その結果、私たちはこの詩人と共に安心して次のように語ることが許されます。

「わたしを苦しめる者を前にしても／あなたはわたしに食卓を整えてくださる。わたしの頭に香油を注ぎ／わたしの杯を溢れさせてくださる。命のある限り／恵みと慈しみはいつもわたしを追う。主の家にわたしは帰り／生涯、そこにとどまるであろう」。

見よ、この主の然りを。それは世界のさまざまな場所にあります。この主の家でひれ伏し拝む人々は一つとされています。この場所にいようと、他の場所にいようと、まったく同じことです。そして、私たちは、永遠に私たちに注がれ続ける主の恵みにおいて、私たちがそのように一つであり続けることを喜び、そのことに感謝しましょう。アーメン。

訳注

〔1〕マルティン・ルター作詞作曲、福音主義教会讃美歌第八五番“Vom Himmel hoch, da komm ich her”の第五節の歌詞。『讃美歌21』第二四六番。

クラウス・ヴェスターマン

クラウス・ヴェスターマン（Claus Westermann）は一九〇九年に生まれ、二〇〇〇年に死去。ハイデルベルク大学の旧約学の教授（退職名誉教授）。この説教は、一九七三年の聖金曜日に、ハイデルベルクのペトロ教会で語られたもの。クラウス・ヴェスターマン『説教集』所収。Claus Westermann, Predigten, Vandenhoeck & Ruprecht, Göttingen 1975, S. 127-131.

聖金曜日（Karfreitag）
詩編第二二編

わたしの神よ、わたしの神よ
なぜわたしをお見捨てになるのか。
なぜわたしを遠く離れ、救おうとせず
呻きも言葉も聞いてくださらないのか。
わたしの神よ

昼は、呼び求めても答えてくださらない。
夜も、黙ることをお許しにならない。

だがあなたは、聖所にいまし
イスラエルの賛美を受ける方。
わたしたちの先祖はあなたに依り頼み
依り頼んで、救われて来た。
助けを求めてあなたに叫び、救い出され
あなたに依り頼んで、裏切られたことはない。

わたしは虫けら、とても人とはいえない。
人間の屑、民の恥。
わたしを見る人は皆、わたしを嘲笑い
唇を突き出し、頭を振る。
「主に頼んで救ってもらうがよい。
主が愛しておられるなら
　助けてくださるだろう」。

わたしを母の胎から取り出し
その乳房にゆだねてくださったのはあなたです。
母がわたしをみごもったときから
　わたしはあなたにすがってきました。
母の胎にあるときから、あなたはわたしの神。
わたしを遠く離れないでください
苦難が近づき、助けてくれる者はいないのです。

雄牛が群がってわたしを囲み
バシャンの猛牛がわたしに迫る。
餌食を前にした獅子のようにうなり
牙をむいてわたしに襲いかかる者がいる。
わたしは水となって注ぎ出され
骨はことごとくはずれ
心は胸の中で蠟のように溶ける。
口は渇いて素焼きのかけらとなり
舌は上顎にはり付く。
あなたはわたしを塵と死の中に打ち捨てられる。

犬どもがわたしを取り囲み
さいなむ者が群がってわたしを囲み
　獅子のようにわたしの手足を砕く。
骨が数えられる程になったわたしのからだを
　彼らはさらしものにして眺め
わたしの着物を分け
衣を取ろうとしてくじを引く。

主よ、あなただけは
　わたしを遠く離れないでください。
わたしの力の神よ
　今すぐにわたしを助けてください。
わたしの魂を剣から救い出し
わたしの身を犬どもから救い出してください。
獅子の口、雄牛の角からわたしを救い
わたしに答えてください。

クラウス・ヴェスターマン

わたしは兄弟たちに御名を語り伝え
集会の中であなたを賛美します。
主を畏れる人々よ、主を賛美せよ。
ヤコブの子孫は皆、主に栄光を帰せよ。
イスラエルの子孫は皆、主を恐れよ。

主は貧しい人の苦しみを
　決して侮らず、さげすまれません。
御顔を隠すことなく
助けを求める叫びを聞いてくださいます。
それゆえ、わたしは大いなる集会で
　あなたに賛美をささげ
神を畏れる人々の前で満願の献げ物をささげます。
貧しい人は食べて満ち足り
主を尋ね求める人は主を賛美します。
いつまでも健やかな命が与えられますように。

地の果てまで

すべての人が主を認め、御もとに立ち帰り
国々の民が御前にひれ伏しますように。
王権は主にあり、主は国々を治められます。
命に溢れてこの地に住む者はことごとく
　主にひれ伏し
塵に下った者もすべて御前に身を屈めます。

わたしの魂は必ず命を得
子孫は神に仕え
主のことを来るべき代に語り伝え
成し遂げてくださった恵みの御業を
　民の末に告げ知らせるでしょう。

愛する教会員の皆さん！　私たちの生活圏では、さまざまな形やさまざまな状況での残酷な行為が目を見張るほどに増加しているのを私たちは認めます。また私たちは、しばしば衝撃を受けるほど多数の人々の突然の死や突然の負傷をもたらす事故の増加を目にします。どちらに対しても、私たちはほとんど無防備です。――他方で、ある種のカリスマ的な活力に溢れて行動することに対しては、ほとんど無条件の信頼が寄せられるのを私たちは認めます。そのことに基づいて、政治に関する事柄が優位を占めており、またできるかぎり多くの生活領域を政治に関する事柄に従属させようという努力がなされます。私たちは神学と教会においても、これと同じ傾向を認めます。それは、あちこち歩き回って行動するという傾向です。今日、「行動」という言葉は、時としてほとんど魔術的とも言うべき響きを持つことさえあります。

なぜ、残虐な行為の増加と人間を襲う不幸の増加を一方とし、ありとあらゆる領域における活動の増加を他方として、何かが本当に変わることもなく、それらが並走しているのかという問いをよく考えてみるように私はあなたがたに願います。

このように二つのことが並走している状況に、私たちが先ほど聞いた詩編第二二編はもう一つ別の要素をもたらします。詩編第二二編は、詩編に収められた多くの苦難の詩編の中の一つです。これらの嘆きの詩編は古代イスラエルの礼拝において重要な構成要素を成しています。これらの詩編においては、健康な人々、満ち足りた人々、活動的な人々の声の中で、苦しみが重要な声になっています。嘆きの詩編は礼拝の一部として次のことを示しています。すなわち、人々は当時、共に生きるすべての人々の生活上の苦しみや痛みや絶望に対して、共同発言権を与えたということです。明らかに人は苦しみを人生の一つの構成要素と見なしていました。それは完全に人生の一部を成しており、人はそれを取り除き、隅に追いやることはできず、むしろ世間一般には、それを尊重することが大切なことと見なされています。

旧約聖書の嘆きの詩編は多種多様ですが、それらには、ある共通点があります。すなわち、それらは例外なく、苦悩の深みや窮地から、少なくとも一歩外へ導き出すという傾向を示していることです。

これらの詩編の中で嘆いている人々のうち誰一人として、ただ自分の苦悩の周りをぐるぐると回っているだけの人はいません。すべての人が例外なく、このように自分の苦悩の周りをぐるぐると回ることから一歩外へ踏み出します。これらの詩編はこの一歩を証しており、それゆえにこれらは礼拝の歌となったのです。

詩編第二二編においては、この一歩がとりわけはっきりと現れ、感動を与えます。この詩編は、私たちが受難物語を通して知っている、神に見捨てられた状態の中からの叫びと共に始まります。最初の教会が、十字架上で死にゆくイエスにこの叫びを語らせているのには、イエスが、御自分の民の中で苦しむ者たちの嘆きの中に入って行かれるということを知らせるという意味があります。そのようにこの方は、御自分よりも前に語った何千という数多くの人々の嘆きの中に入って行かれ、男性や女性の苦悩、女の子や男の子の苦悩、年老いた男性や年老いた女性の苦悩に発言の機会をお与えになるのです。かつて神からさえも見捨てられたと感じるほどのどん底に陥ったことのあるすべての人々の苦悩に発言の機会をお与えになるのです。それ以前には、これらの言葉は危篤の人々によって語られました。死ぬほどの孤独の中に置かれた人々、自分の夫、妻、友人、愛する人を失った人々、他の人々から脇へ追いやられ、罪を犯していないのに訴えられ、すべての人に失望した人々によって語られました。

ナザレのイエスはこの詩編第二二編の御言葉を受け取られることによって、これらのすべての苦しむ者たちに向かって次のように語りかけられるのです。「私もいる！　あなたがたがもはや先に進むことができないところで、私はあなたがたと共にいる。あなたがたがいるところ、すなわちあなたがたがたの苦悩の最も深い深淵に私もいる」と。

イエスがこの御言葉を十字架において語り、神に見捨てられた者のこの叫びを神に向かって叫ばれたことで、人間の苦しみに尊厳が与えられました。それはもはや、この世のいかなる力も取り去ることのできない尊厳です。

イエスが詩編第二二編の御言葉によって御自分の民の嘆きの中に入って行かれたように、またこの方よりも前にこれらの御言葉によって自分たちの絶望を口に出して語ることを許された何千もの人々の嘆きの中に入って行かれたように、この嘆きの御言葉は、深い淵の底でこの御言葉を思い起こすすべての人々を、十字架に架けられた方と一つに結び合わせます。この尊厳にあずかることのできない人間の苦悩は存在しません。

初代の教会が詩編第二二編のこれらの御言葉を、十字架に架けられたイエスの口を通して語らせるとき、そこには、さらにもう一つ別の意味があります。イスラエルの礼拝の詩編は、ばらばらに切り離された一節一節あるいは一つ一つの文章の形でこの民の中に生きていたのではなく、一つの全体を成す詩編として生きていたのです。ある人が一つの詩編からある言葉を引用するとき、この人は、引用において切り離された言葉だけを念頭に置いていたのではなく、この詩編全体を念頭に置いていたのです。

事実イエスの受難物語は、詩編第二二編に由来する別の御言葉をも含んでいます。すなわち、苦しむ者を嘲ることとその服を分け合うことです。そのことでこの人の死はすでに先取りされているのです。すなわち、詩編第二二編からのこれらすべての引用や詩編第二二編の中の一つの文章の暗示はこの詩編全体を念頭に置いているのです。なぜイエス・キリストの苦難を叙述するために、他ならぬこの詩編が初代の教会の役に立ったのかを私たちが理解したければ、私たちはこの詩編全体に精通していなければなりません。詩編からの引用において、何がありありと思い浮かべられているのかということは、詩編が全体として理解されるときに初めて明らかにされ得るのです。

　この詩編にわずかしか耳を傾けず、あまり理解せずにこれを読む人は誰でも、このいわゆるキリストの苦難の詩編がまさに単なる苦難の詩編ではないということに気づかなければなりません。苦難の中にある者をその苦難から導き出す力強い動きがこの詩編においては決定的な役割を果たしているとすべての人が感じるに違いありません。この苦難の詩編は賛美の詩編に転換し、その最後の部分では、この苦悩の転換について語り伝えなければならないという切迫した雰囲気に満ちています。この詩編の冒頭で絶望の叫びをあげ、神に向かって絶望の叫びをあげた人が、この同じ詩編の最後には「わたしは兄弟たちに御名を語り伝えます」と語ることができるのです。そして、その根拠は、「主は貧しい人の苦しみを／決して侮られません！」という御言葉にあります。

　詩編第二二編が叙述しようとしていることは、苦悩する中で孤立し、その中に閉じ込められた者の絶望ではありません。それは、絶望し、死に向かって沈んでいく苦悩の変化を叙述しようとしているのです。この変化の背後にあるものは、この詩編の最後の一文が、「主が成し遂げてくださったからです」という壮大な文章で語っていることです。苦しむ者が「主は貧しい人の苦しみを／決して侮られません」と語ることのできるこのような可能性を、人類のすべての苦悩に対して開いておくためにイエスは苦しみを受けられたのであり、そのためにイエスは死なれたのです。

苦難の中にある者の嘆きの中に、すでにこの文章の前段階があります。この人の嘆きが最初に噴き出した後、この人はその嘆きを越えて外を眺めることができるようになり、かつては異なっていたことに気づきます。すなわち「わたしたちの先祖はあなたに依り頼み／依り頼んで、救われて来た」のです。確かにそのことはさしあたり、この人の現在の苦悩をいっそう激しいものとし、その苦悩に伴う非人間性と屈辱を彼に感じさせます。「わたしは虫けら、とても人とはいえない。人間の屑」。けれども、その後、その苦痛のただ中で、慈しみに満ちた神の御業がこの人自身の痛めつけられた体に近づきます。すると今や、この人は過去を振り返りつつ考えることができるようになります。「母の胎にあるときから、あなたはわたしの神！」。苦難の中にある者がこのようにして、ただ想起されたにすぎない、守り給う神の慈しみに避け所を見出すこともまた、キリストの苦難の詩編の構成要素の一つなのです！　それは、「わたしの霊を御手にゆだねます！」〔ルカによる福音書第二三章四六節〕という十字架上で語られたもう一つの御言葉の中にその余韻を残しています。

この詩編の内部に見られる感動的な対照を理解しようとするならば、そのような詩編は実に、非常に多くの苦難の中にある人々の経験を内包していることを再びありありと思い浮かべなければなりません。このような何百年も経た昔の経験は「わたしは虫けら、とても人とはいえない」「人間の屑」という言葉で表現されました。それは、あらゆる激しい苦難が、苦難の中にある者を他の人々から隔離し、孤立させる、しばしば残酷と言ってもいいくらいの苦い経験です。

このこともイエスの十字架刑と対応関係にあります。傍観者たちの信仰はその場面の一部を成していすなわち、中世の十字架刑の絵画が示しているように、ぽかんと口を開けて眺めている大勢の人々です。それは今日に至るまで何も変わっていません。すなわち、ある大惨事が起こるところでは、野次馬たちが群れをなして車やバスに乗ってやって来て、ぽかんと口を開けて見物し、救助活動を妨げます。まさに二〇〇〇年の間、ヨーロッパと共に歩み、教会や博物館でヨーロッパの人々が感嘆したイエスの十字架刑の絵画に描かれている通りです。一人の重傷を負った人が飛行機の残骸の中から運び出され、ぽかんと口を開けて見物している人々の顔を見ます。「わたしは虫けら、とても人とはいえない。人間の屑、民の恥」。

そのように苦難の中にある者が「母の胎にあるときから、あなたはわたしの神！」「主よ、あなただけは／わたしを遠く離れないでください。わたしの力の神よ／今すぐにわたしを助けてください！」と語ることができるならば、おそらくもっと分かりやすいことでしょう。

にもかかわらず、私たちが今日、この詩編のような非常に驚くべき産物を説明するために語ることができることはあまりにわずかであり、十分ではありません。ただ一つのことはまったく確実であり、それはこの詩編の決定的に重要な証言です。すなわち、それは、嘆きの転換です。その嘆きの真ん中に、力強く、確かな「だが、あなたは……！」という言葉が置かれているのです。

嘆きの転換として、この詩編はキリストの苦難の詩編となりました。この詩編は、神に見捨てられたことへの嘆きから、「主が成し遂げてくださった」という最後の文章への傾斜において十字架と復活を一つの全体として統一します。詩編第二二編の御言葉に足を踏み入れた多くの人々の苦難と嘆きは、福音書記者たちがイエスの苦難と死と復活について報告していることにおいて受容され、嘆きの転換において取り去られました。そこでこそ、キリストから始まり、現在に至るまでの多くの人々の苦悩と嘆きは、人間の苦悩のあらゆる深淵にまで届く神の然りを聞くことができるのです。

仲間内にとどまり、自己満足に終始している礼拝共同体において、ただ形式的にイエスの十字架の死を厳かに祝うことは、現代の人々にはあまり助けにはなり得ません。この詩編第二二編において、絶望の嘆きから始まり、「神が成し遂げてくださった」という確信へと傾斜していく力が私たち自身を貫き、私たちの人生の道の途上で私たちに出会うこの時代の人々の苦悩にまで届くとき、十字架の死を想起することは初めて意義深いものとなり、力を発揮することができるのです。**「わたしは兄弟たちに御名を語り伝えます！」**。アーメン。

エドゥアルト・トゥルンアイゼン

エドゥアルト・トゥルンアイゼン（Eduard Thurneysen）は一八八八年に生まれ、一九七四年に死去。バーゼルのミュンスター教会の牧師であり、バーゼル大学の実践神学の教授。この説教は、一九三五年バーゼルのツィンツェンドルフ・ハウスで語られたもの。未発表。

聖金曜日（Karfreitag）

イザヤ書第五三章一―六節、マルコによる福音書第一〇章三二―三四節

わたしたちの聞いたことを、誰が信じえようか。
主は御腕の力を誰に示されたことがあろうか。
乾いた地に埋もれた根から生え出た若枝のように
この人は主の前に育った。
見るべき面影はなく
輝かしい風格も、好ましい容姿もない。

彼は軽蔑され、人々に見捨てられ
多くの痛みを負い、病を知っている。
彼はわたしたちに顔を隠し
わたしたちは彼を軽蔑し、無視していた。
彼が担ったのはわたしたちの病
彼が負ったのはわたしたちの痛みであったのに
わたしたちは思っていた
神の手にかかり、打たれたから
彼は苦しんでいるのだ、と。
彼が刺し貫かれたのは
わたしたちの背きのためであり
彼が打ち砕かれたのは
わたしたちの咎のためであった。
彼の受けた懲らしめによって
　わたしたちに平和が与えられ
彼の受けた傷によって、わたしたちはいやされた。
わたしたちは羊の群れ
道を誤り、それぞれの方角に向かって行った。

イザヤ書第53章１―６節，マルコによる福音書第10章32―34節

そのわたしたちの罪をすべて
　主は彼に負わせられた。

一行がエルサレムへ上って行く途中、イエスは先頭に立って進んで行かれた。それを見て、弟子たちは驚き、従う者たちは恐れた。イエスは再び十二人を呼び寄せて、自分の身に起ころうとしていることを話し始められた。「今、わたしたちはエルサレムへ上って行く。人の子は祭司長たちや律法学者たちに引き渡される。彼らは死刑を宣告して異邦人に引き渡す。異邦人は人の子を侮辱し、唾をかけ、鞭打ったうえで殺す。そして、人の子は三日の後に復活する」。

愛する教会員の皆さん！　「引き渡され、死刑を宣告され、侮辱され、鞭打たれ、唾をかけられ、殺される！」。

この御言葉は、ハンマーで打ち叩く音のように私たちの耳に響きます。「これがエルサレムへと上るわたしの道である」とキリストは語られます。そして「弟子たちは驚き、恐れた」と弟子たちについて言われています。このような御言葉を聞いたとき、弟子たちを襲わざるを得なかったこの驚きを私たちは理解します。このような驚きは確かに私たちをも襲います。というよりもむしろ、このような道が、人の歩むことのできる道であることを誰が理解できるでしょうか。誰がそれをほんの少しでも理解できるのでしょうか。「引き渡される」、それは何を意味するのでしょうか。それは人の手に

委ねられるということです。昔からずっと変わることなく、一人の人間が人の手に委ねられたときには、国外に追放され、体も命も人々の手によってもてあそばれました。それでは、どのような人々に引き渡されるのでしょうか。「異邦人に引き渡される」のです。彼、すなわち裁判官の座から「わたしはこの男を引き渡す」と判決を下す、彫りの深い顔立ちをした裁判官ピラトが私たちの前に姿を現します。さらに彼、すなわちピラトの前に立って敬礼し、「私はこの男を引き渡す」と語るローマの司令官が私たちの前に姿を現します。彼はイエスを異邦人たちに引き渡します。では、何のために引き渡すのでしょうか。「鞭打たれ、侮辱され、唾をかけられる」ためです！　さらに彼ら、すなわちシリア州の荒くれ者たち、すなわちあの〔ローマ帝国の〕属州駐留部隊が私たちの前に姿を現します。キリストは彼らの手に渡されます。彼ら、すなわちキリストを鞭打ち、ずたずたに引き裂かれたこの苦難の男をひどく虐げ、王の冠をかぶせて虐待するこれらのサディストたちを私たちは目にします。そして、ついには「十字架にかけられ、殺される！」のです。彼らが、十字架の横木に結びつけられた縄を引いてキリストを高く上げ、彼らがそこでキリストを釘付けにし、地獄の苦しみに突き落とし、キリストが急に熱と渇きに襲われるのを私たちは目にします。「十字架にかけ、殺した」のです！　「イエスは再び十二人を呼び寄せて、自分の身に起ころうとしていることを話し始められた」。「引き渡され、死刑を宣告され、侮辱され、鞭打たれ、唾をかけられ、殺される」、そのようなことがこの方の身に起こるのです！　そのことについて、キリストは彼らに「これこそがわたしの道である」と語られます。そうです、これこそが、彼らが今やエルサレムに上って行くときに、キリストが歩まれる道なのです。本当に、キリストが歩まれるのは見知らぬ道であり、キリストが着手されるのは理解しがたい行為であり、キリストが近づいて行かれるのは見知らぬ場所なのです。私たちは、キリストと弟子たちとの間に口を開けており、しかしながら、確かにキリストと私たちとの間にも口を開けている深い溝を多少なりとも感じます。キリストは――あちら側におられます、この見知らぬ場所に、この見知らぬ世界におられます。それに対して、私たちは――こちら側にいるのです！　不思議な状況です。すなわち、私たちはここで、厳かな教会堂の中で互いに座し、虐げられたこの方の死を祝い、それどころか素晴らしい音楽と共にこの方の死を祝います。そして、そうしている間に、私たちの心の耳は、聖書から湧き起こる、この拷問にかけられた方の叫びを聞きます。そして、いかなる音楽もこの叫びを私たちに聞こえなくすることも、もっと美しいものにすることもできません。キリストがそこで足を踏み入れられるのは、言葉では語ることのできないほど残酷な状況、ぞっとするような恐ろしい状況なのです。そうです、キリストはあちら側におられ、私たちはこちら側にいるのです！

しかしながら、今やまさに私たちはあちら側に目を向けます。私たちが歩いている、より明るい光に照らされた通りから向こう側に目を向けます。この方が歩まれる道が向かう所、キリストが十字架に架かられるこの見知らぬ場所に目を向けます。私たちはそうせずにはいられません。私たちは向こう側に目を向けざるを得ません。私たちは今日、受難節の中にあってそのようにします。けれども、私たちは本来、私たちが聖書を開く度にそうするのです。というのは、十字架、すなわちこの拷問にかけられた方の死こそが私たちのキリスト教信仰の中心に立っているからです。正しく読むならば――ここで正しく読もうとしない神学者に災いあれ！――十字架が私たちの前に打ち立てられる、その中心へと目を開かせない御言葉は聖書の中に一つもありません。そこに目を向けるのです！　それは、今日私たちに与えられた聖書箇所においても、彼らが恐れ、彼らが驚いたということだけが書かれているのではなく、むしろその真ん中には「彼らはイエスに従った」と書かれているのです。たとえ、キリストが行かれる見知らぬ場所に、弟子たちが目だけで従わなければならないとしても、彼らもキリストに従ってそこに向かわなければならないのです。

不思議なことです。キリストは一人孤独に苦しみの中へと入って行かれ、一人孤独に苦しみを受けられ、その他の私たちすべての人間の場所とは異なり、見知らぬ場所で一人孤独に死なれました。けれども、その見知らぬ場所におり、死の苦しみの中にある、この孤独な人は御自分の後に、また御自分と共に多くの民を引き連れて行かれます。すでに旧約聖書において民はこの方と共にエルサレムに行き、エルサレムに上って行きます。すでにアブラハムが祖国を離れ、友人たちからも離れ、彼の知らない土地に一緒に入って行きます。ヤコブは故郷の家族のもとに帰って来たとき、神や人々と争わなければなりませんでした。罪に堕落したダビデはただ神の赦しを叫び求めることしかできませんでした。イザヤは何世紀も越えて、私たちの病を担われた神の僕を見越しました。エレミヤは、彼が黙ると、骨が今にも干からびそうになり、それゆえに彼は、神の民における、神の見知らぬ不思議な御業について黙っていることができません〔エレミヤ書第二〇章九節〕。それから新約聖書の声、すなわち使徒や福音書記者たちがいます。彼らは何の周りに集められたのでしょうか。十字架の周りです。そして、パウロが私たちの前に登場し、経験したことのない恐ろしい力によってダマスコへと駆り立てられ、そこで十字架に架けられた方の前に立たされます。そして、彼らの後に何世紀もの間ずっとキリスト教会の大いなる民として共に歩むすべての人々、昔の私たちの祖先に十字架を、まさに十字架をもたらしたすべての人々がいます。そして、ルターやカルヴァンやツヴィングリといった父祖たちでさえも、彼らは皆共に歩みます。彼らは皆、彼らが最初に属していた群れ、すなわち無関心な人々の群れ、傍観者たち、部外者たちの群れの中から呼び出されるのです。そして、彼らは一緒にエルサレムに上って行かなければなりません。「イエスは先頭に立って進んで行かれた」。そして、彼らはそのことによって生きるのです。すなわち、イエスが彼らの先頭に立ってエルサレムへ進み行かれることによって生きるのです。ヨハン・セバスチャン・バッハも、イエスが苦しみを受けられたことによって生き、私たちすべての者もそのことによって生きるように召し出されるのです。そして、人が食べ物や飲み物によって生きるように、イエスが苦しみを受けられたことによって彼らが生きることを表すしるしとして、彼らはイエスのパンを食べ、イエスの杯から飲むのです。不思議な民です、不思議な旅です、私たちはその不思議な旅へと召し出されているのです、エルサレムへと向かう不思議な旅です！　たとえ、私たちがそのことをわずかしか理解せず、あるいは少しも理解しないとしても、一つのことを私たちは理解します。すなわち、この引き渡され、死刑を宣告され、侮辱され、鞭打たれ、十字架に架けられた方のもとで、あることが起こったに違いなく、何かが突然姿を現したに違いないということです。そこでは、ある方がきらりと光ります。十字架に架かられたキリストです。それは神御自身です。御自分の世を通られ、哀れで、粉々に打ち砕かれ、血まみれになった御自分の世を通られる神御自身です。いかなる罪にも近づくことのない聖なる神、にもかかわらず罪人のもとに低く身を屈めてくださる憐れみ深い神です。エルサレムに上ったすべての人々はそれを見ました。

彼らはそれについて語り、歌います。これらの証人たちは、最初の者から最後の者に至るまで、自ら罪深く、自らすべての道において転倒している弱い人間でした。しかしながら、彼らが私たちをそこに呼び出すということ、すなわちエルサレムに向かう道に、キリストが立ち止まり、引き渡され、死刑を宣告され、侮辱され、鞭打たれ、唾をかけられ、十字架に架けられた見知らぬ不思議な場所に私たちを呼び出すという点で、彼らは最後まで正しかったのです。

キリストはそこで、その御苦しみの中で、あることをなされます。キリストはいったい何をなされるのでしょうか。通常、人間によって地上でなされるすべての業とは異なる、事実未だかつて見たこともない不思議な業です。キリストは苦しみを受けられます。しかし、キリストは、私たちが苦しむのとは異なった仕方で苦しみを受けられます。人が人生において、その人生にとって決定的に重要なことが成し遂げられることを知っている場所に行くように、キリストは苦しみへと向かわれます。私たちは皆、そのようなことをしません。私たちは皆、私たちの人生において、それとはまったく異なることをします。確かに私たちも苦しみを受けます。しかし、私たちは**キリスト**が苦しみを受けられたように苦しみを受けません。私たちは皆、苦難の場所に行きません。ひょっとすると、私たちはそのような場所に決して行くべきではないかもしれません。私たちは皆、私たちの人生を考え、私たちの人生を満たすものを考えるとき、苦しむことを意味することとは反対のことをします。私たちはそれぞれの人生において喜びを求め、欲しますし、活動的で、生き生きとした行為や創作や働きを求め、欲します。幸せを私たちは求めます。昇進を、人生の成功を求めます。確かに私たちは苦しみをも知っています。けれども、私たちはそこから逃れ、それを取り除くように努力するものとして苦しみを知っているのであって、私たちは苦しみを求めません。病気の人は健康になることを望み、死に行く人は命を求めて抵抗します。それどころか、当然のことながら、私たちが幸せを求め、仕事、活動、自由、成功、昇進を求めることは私たちに対する神の御心であると見なしています。「あなたは苦しみを求めなければならない」と私たちが言うならば、それは病的で、歪んでいることになるでしょう。苦難はやって来ます。苦難は、不安や生の苦しみの時と共にやって来ます。私たちはそれを捜し求める必要などありません。けれども、苦難がやって来るときには、私たちは私たちの本性に従って、そこから逃れようとせずにはおられず、そうせざるを得ません。キリストはまったく異なります。キリストは苦しみを**求められます**。キリストは苦しみの中に入って行くことを**望まれ**、しかもキリストはそのようにふるまわ**なければならないのです**。それこそがまさに、キリストが歩まれ、私たちは歩むことのない見知らぬ異質な道であり、それこそが、キリストが立たれ、私たちが立つことのない不思議な、孤独な場所なのです。キリストと共にエルサレムに上る人々でさえも、キリストが苦しみを求められたように苦しみを求めることはありません。イザヤも、エレミヤも、パウロも、ルターも、ツヴィングリも、カルヴァンも、ヨハン・セバスチャン・バッハも、キリストと共に歩んだ彼らは皆、確かに苦しみましたが、**キリストが**苦しまれたように苦しむことはありませんでした。キリストがお一人で立たれ、一人孤独に立っておられる場所に、彼ら自身が進み行くことはありませんでした。それとも、誰かそれを違ったふうに見、語ろうとする者がいるでしょうか！　けれども、一つのことを彼らはしました。共にエルサレムに上って行く多くの人々は皆、一つのことをしました。すなわち、目を向けること、**その場所に**目を向けることを彼らは学んだのです。預言者たちや使徒たちや証人たちはそうしました。彼らは目を向けました。彼らはそこに頭を向けました。十字架に架かられたキリスト、それは彼らにとって、彼らの視線が注がれたただ一つのものであり、これからも彼らの視線が注がれ続けるただ一つのものなのです。十字架に架かられたキリスト！　そして、彼らは十字架に架かられたキリストと向き合うのです！　彼ら自身はキリストのように苦しみを受けませんが、彼らはキリストと向き合うのです。本当にキリストと向き合うのです。その結果、キリストの十字架が彼らの人生の中にずっと打ち立てられるのです。それこそが大切なことなのです！

そこに目を向け、私たちをも一緒にエルサレムへ上る道に連れて行こうとするこれらの多くの人々は皆、何を見たのでしょうか。人が十字架と向き合うとき、人は何に目を向け、人は何を見、人は何を認識し、人は何を理解するのでしょうか。もう一度、「引き渡され、死刑を宣告され、侮辱され、鞭打たれ、唾をかけられ、殺される！」ということです。それは何を意味するのでしょうか。それは、この世の言いがたい苦しみに直面するということと何が異なるのでしょうか。十字架におけるのとは異なった仕方で、また十字架における以上に、苦しみが、またこの世の暗闇が突然姿を現した場所が天と地の間に存在するでしょうか。十字架に目を向ける人は苦難を**覗き込む**のであり、十字架に目を向ける人は、それ以外の時にはすることができず、またすべきでないことを今しているのです。すなわち、その人は苦難に向かって行くのです。もう一度言います、私たちは通常、苦難に向かって行きませんし、苦難に向かって行かない十分な理由があります。けれども、キリストは私たちを苦難の前に立たせられます。キリストはそうすることを許され、またそうすることのできるただ一人の方であり、唯一の方です。十字架に架かられたキリスト！　大人が子どもたちの手を取り、深い谷間の淵まで引いて行き、彼らにその深い谷底を覗き込ませるように、そこに私たちは手を取り合って行くのです。十字架に架かられたキリスト、そこで私たちは深い淵の底を覗き込み、この世の苦しみと苦悩を覗き込むのです。十字架に架かられたキリスト！　そこでそもそも初めて、私たちの人生がどのような深淵をはらんでいるのかが私たちに明らかになります。そして、私たちはその深淵を眺めます。普通、私たちはこのように深淵を見るのを避けます。確かにそのような深い洞察が私たちの前にも開かれます――そして、まさにわれわれ現代人はそのような深い洞察を持たなければならないと私は考えます――私は、私たちの間で起こっている戦争、危機、自殺、夫婦と家族の秩序の崩壊のことを考えています。私たちは深淵を覗き込みますが、同時にこのようなものを見るのを避けます。そして、またしても――私たちは当然のことながら、そこから逃れざるを得ないでしょう。もし私たちが精神的にも肉体的にも健康であり続けたいと願うならば、私たちは繰り返しこのような深い深淵を見ることから離れて、勇気を奮い起こして立ち上がり、命の中に足を踏み入れ、私たちがそこで見たのとは違うことを考え、それを忘れるように努めなければなりません。恐ろしい戦争の本を忘れ、もしかすると、それよりももっと恐ろしいかもしれない戦後の本を忘れ、失業の苦しみを忘れ、精神病院や病院での苦しみを忘れなければなりません。このように忘れることなしに、どうして私たちはそれを耐えることができるでしょうか！　けれども、十字架に架かられたキリスト、そこでは忘れるということはありません。そこでは私たちは深淵を覗き込むのです。

それからもう一つ、私たちが十字架のもとで人間の苦痛や人間の孤独や人間の死の深淵を覗き込むことで、また私たちが十字架においてそこを覗き込むことで、私たちの人生における深淵がどこから

ピエトロ・ロレンツェッティ「キリストの受難」

やって来るのかを理解するようになります。どこからか。十字架は明確に答えます、「人間から！」と。「引き渡され、死刑を宣告され、唾をかけられ、鞭打たれ、十字架に架けられた！」。誰がそのようなことを為し得たのでしょうか。誰が救い主を呪いの木に引き渡し、この方を拷問の苦しみの中に突き落とすのでしょうか。それは人間だったのです！ 私たちも人間です。そして、私たちがどのような人間になり得るかということを考えるならば、私たちは身ぶるいします。私たちはさらに問い続けます、どのような人間なのかと。「そして、彼らはエルサレムへ上って行った」。エルサレムがキリストを拒み、エルサレムがキリストを十字架に架けるのです。エルサレムとは、誰でしょうか。精神病を患った詩人ストリンドベリ〔1〕のある戯曲の中に――彼は確かに、健全な理性を持ち続けるには、あまりにも深く深淵を覗き込み過ぎたかもしれません――彼のある戯曲の中に次のような箇所がありますす。そこでは、ある霊が上から人間の所に降りて来て、人間の生活を観察し、その後、その霊はゴルゴタに行き着き、すっかり驚き、不思議に思い、不審を抱いて次のように尋ねます。「誰がそのようなことを為し得たのか、誰がこの方を十字架に架けたのか」と。すると、その問いに対する答えが簡潔に、はっきりと響きます。「皆、気立ての良い人々ばかりだ」と。それがエルサレムなのです。すなわち、気立てがよく、誠実な人々なのです！ なぜ私たちは、**自分たちが**これらの気立ての良い人々であり、神によって召し出された者たちであるかもしれないと思わないのでしょうか。誰がこの方を十字架に架けたのでしょうか。**私たちが**この方を十字架に架けたのです。**私が**この方を十字架に架けたのです。牧師である私がこの方を拒み、教会員であるあなたがこの方を拒むのです。あなたと私です。「私、私と海の砂粒のように多い私の罪」！ それが十字架です。「私がこの方を拒むのです、私が」というこの単純で、しかも非常に恐ろしい信仰告白へと突き進む人が初めて十字架のもとに立つのであり、初めてこの方と共にエルサレムへ上って行ったのです。そのことをイザヤは知っていたのです。そのことをパウロは知っていたのです。そのことをルターは知っていたのです。そのことをカルヴァンは知っていたのです。そのことをツヴィングリは知っていたのです。この信仰告白へと彼らは突進したのであり、それゆえに彼らは十字架のもとに立ったのです。私、私と私の罪が、他ならぬ私が、そのようなぞっとするものが流れ出る泉であり、根源なのです！

しかしながら、愛する教会員の皆さん、そこに上って行き、「私はあなたを拒んだ」というこの信仰告白に辿り着いたこれらの人々が、苦痛を与え、このような罪を暴露するこの場所から、目を輝かせ、晴れやかな顔をして帰って来るという驚くべきこと、理解しがたいことを私たちは今や見ることになるのです。「目を上げて、わたしは山々を仰ぐ。わたしの助けはどこから来るのか」〔詩編第一二一編一節〕。彼らは十字架の山から下りて来ながら、そのように語るのです。そうです、十字架のもとから来るときに、誰がそれとは違うことを語ることができると主張するでしょうか。というのは、十字架においては、本当にあなたの罪の深淵が明らかにされるだけではなく、そこでは、すべての罪を消し去った憐れみの深淵が明らかになったからです。本当に**この方は**私たちの病を担われたのです！　これこそが聖書の中心的な秘義であり、神の自由と完全な憐れみの奇跡なのです。あなたのためにキリストがそこに立っておられるということがゴルゴタなのです。あなたは異邦人であり、罪人です。しかし、二人の犯罪人の間で十字架に架けられ、その頭からは血潮がしたたり、傷だらけになったキリストがあなたの味方でいてくださるのです。それはひとえに、あなたと共にいるため、キリストを拒むあなたと共にいるため、深淵と罪の場所で「あなたの罪は赦された」と語るためなのです。そのようにして人はエルサレムに上って行き、そのようにして十字架から命へと帰って来るのです。

愛する教会員の皆さん、私たちの人生には、これらすべてのことについて何も知りたくないと思う時があることを私は知っています。それは、私たちが自分の健康や、私たちの幸せや、私たちの成功や、私たちの力を享受できると思う時です。そのような時には、二人の犯罪人の間で十字架に架けられた救い主は私たちにとって何だというのでしょうか。鞭打たれ、血を流され、茨の冠をかぶせられた救い主は私たちにとって何だというのでしょうか。そのような救い主は私たちに、人間的なこと、あまりに人間的なこと、私たちが自ら終わりにしたいと願っている暗闇や深淵をあまりにも鮮明に思い出させるのではないでしょうか。私たちが十字架を憎んでしまう時があるのです！　けれども、それとは別の時もあります。否、それはあるのではありません。あの方がその時を与えてくださる、神がその時を与えてくださるのです。このもう一つ別の時とは、私たちがもはやまったく十字架以外に目を向けることのできない時です。しかし、そのことのゆえに、私たちは私たちの幸せ、私たちの人生の喜び、私たちの生きる勇気、私たち人間の業を否定し、放棄しなければならないというのではありません。そうではありません。あなたが幸せな人生を与えられるときにも、そのただ中で、あなたの幸せのただ中で、「わたしは罪人であり、死すべき者である」ということをもあなたは知っているのです。しかるに、神はほむべきかな、神は感謝すべきかな。そこでキリストは私のために十字架に架かっていてくださるのです。そして、笑いよりも涙があなたの近くにある時、あなた自身が深い淵の底に沈む時が来るならばなおさら、なぜあなたがそのような状況に置かれているのかということが一度にあなたに明らかになります。なぜなら、あなたは罪人であり、死すべき者であるからです。しかるに、神はほむべきかな、神は感謝すべきかな。そこでは、十字架があなたと向き合って立っており、十字架から次のような約束が語られます。「神はまさに深い淵の底で、あなたの涙とあなたの罪の中で、あなたの罪にもかかわらず、あなたが死に行くときにあなたを愛してくださる。神が御子をあなたのために死の苦痛に投げ入れられるほどにあなたを愛してくださる」。愛する教会員の皆さん、私に、キリストの代理の使者として、あの見知らぬ異質な場所へ、人が恐れをもって、しかしそれにも増して喜びをもってエルサレムに上って行く道へとあなたがたを招かせてください。アーメン。

訳注

〔1〕ヨハン・アウグスト・ストリンドベリ（Johan August Strindberg, 一八四九年一月二二日―一九一二年五月一四日）。スウェーデンの劇作家、画家。

ヴァルター・アイジンガー

ヴァルター・アイジンガー（Walter Eisinger）は一九二八年に生まれ、二〇一四年に死去。ハイデルベルク大学の実践神学教授（退職名誉教授）。この説教は、一九九三年ハイデルベルクのペトロ教会で聖金曜日に語られたもの。未発表。

聖金曜日（Karfreitag）
ルカによる福音書第二三章三三―四九節

「されこうべ」と呼ばれている所に来ると、そこで人々はイエスを十字架につけた。犯罪人も、一人は右に一人は左に、十字架につけた。〔そのとき、イエスは言われた。「父よ、彼らをお赦しください。自分が何をしているのか知らないのです」。〕人々はくじを引いて、イエスの服を分け合った。民衆は立って見つめていた。議員たちも、あざ笑って言った。「他人を救ったのだ。もし神からのメシアで、選ばれた者なら、自分を救うがよい」。兵士たちもイエスに近寄り、酸いぶどう酒を突きつけながら侮辱して、言った。「お前がユダヤ人の王なら、自分を救ってみろ」。イエスの頭の上には、「これはユダヤ人の王」と書いた札も掲げてあった。

十字架にかけられていた犯罪人の一人が、イエスをののしった。「お前はメシアではないか。自分自身と我々を救ってみろ」。すると、もう一人の方がたしなめた。「お前は神をも恐れないのか、同じ刑罰を受けているのに。我々は、自分のやったことの報いを受けているのだから、当然だ。しかし、この方は何も悪いことをしていない」。そして、「イエスよ、あなたの御国においでになるときには、わたしを思い出してください」と言った。するとイエスは、「はっきり言っておくが、あなたは今日わたしと一緒に楽園にいる」と言われた。

既に昼の十二時ごろであった。全地は暗くなり、それが三時まで続いた。太陽は光を失っていた。神殿の垂れ幕が真ん中から裂けた。イエスは大声で叫ばれた。「父よ、わたしの霊を御手にゆだねます」。こう言って息を引き取られた。百人隊長はこの出来事を見て、「本当に、この人は正しい人だった」と言って、神を賛美した。見物に集まっていた群衆も皆、これらの出来事を見て、胸を打ちながら帰って行った。イエスを知っていたすべての人たちと、ガリラヤから従って来た婦人たちとは遠くに立って、これらのことを見ていた。

愛する教会員の皆さん！　ローマ・カトリックの国で休暇を終えて帰郷したある人が次のように

報告しています。「とっても素晴らしかった。でも、いたるところにたくさんの十字架がありました——ぞっとしました！」と。また、三大政党の一つに所属するある青年が二か月前に次のように言いました。「キリスト者たちのこの十字架はぞっとします——キリスト者たちがこのしるしを敬っているのを見ると、人々は依然として宗教裁判のかすかな臭いをかぎ取ります」と。私はこのような二つの声を批判しません——けれども、私たちは明確に理解するために、それとは別のことをしたいと思います。すなわち、

「**来たれ**、娘たちよ、われと共に嘆け、**見よ**、
だれを？　花嫁を、見よ、そのきみのいかにいますか？
小羊のごとくにいますを。
見よ！　なにを？　その忍耐を見よ。
見よ！　いずこを？　われらの罪咎を。
われらを**憐れみたまえ**、おおイエスよ！〔1〕」。

来たれ、見よ、祈り求めよ、そのように招くのはバッハだけではありません。ルカも私たちがそうするようにと招きます。キリストの御受難がそうするように私たちを導こうとします。「**来たれ**、**見よ**、**祈り求めよ**、キリストに罪とあらゆる咎の赦しを」——それが今日の説教者としての私の願いです。そもそも私たちには、改められるべき悪しき世についての立派な思想や、とても善良で立派ない

くつかの行為以外に、何か差し出すべきものがあるでしょうか。**キリスト**――を私たちは差し出すべきなのです。プラハの大聖堂には、祭壇の上方の壁に三位一体の神の絵画がかかっています。そこには、御父が御手を広げておられる姿が見られます――人々の手によって拷問にかけられ、たった今、十字架から引き降ろされたばかりの御子の御体を御父が受け取っておられます。**この方こそ**、私たちの差し出すべき方なのです。すなわち、御父が私たちに与えることを望まれ、殺された御子です。

私たち自身、そのことが理解できません――けれども、私たちの悪意がどんなにひどいものであるかを理解できないこと、それこそがまさに私たちの悪意の本質なのです。

それゆえに、私たちがどのような者であるかを**見てください**――そして、とりわけ**神が**どのような方であられるかを**見てください**――そして、どうしてそのような事情であるのかを見てください。私たちの感覚が鈍らないように、私たちはこれから数日間、特にそのことに習熟しなければなりません。

ルカはそれを私たちにとって難しいものにしません。悪と善、愛と憎しみについて見聞きすることは十分あります。この光景を簡潔かつ明瞭に捉えてください。すなわち、骸骨のように殺風景な山、それがこの山の名前〔されこうべ〕の由来です。「そこで人々はイエスを十字架につけた。犯罪人も、一人は右に一人は左に、十字架につけた」。それは聖像とは反対のもの、神聖でない三位一体、三人の聖なる不一致ではないでしょうか。

イエスと二人の犯罪人――単純に言えば、三人の犯罪人でしょうか。表向きは三人の犯罪人のように思われていました――しかし、ルカは明確に区別しています。いずれにしても、「**ほかにも、二人の犯罪人が**、イエス**と一緒にいた**」というのはまぎれもなく正しいことです。生においてのみならず

――死においても、イエスは他の者たちの中の一人でいてくださるのです。「我らの主なる神は、キリストを人々がいない所に捨て置かれることを望まれません。たとえ、それが絞首刑に処せられる盗人か、あるいは刑車に縛り付けられた殺人犯であったとしても。……それゆえに、これは慰めに満ちた出来事なのです。そこで初めて私たちは、キリストの仲間になる人々、またキリストが恵みを示そうと思われるすべての人々のために持っておられるものを見ます。それゆえに、人はこの出来事を一つの実例――そこにおいて、キリストが、絞首刑に処せられる殺人犯を聖なる者とされるがゆえに、キリストが苦難を受けることによって探し求め、獲得されたものを、行動で証明なさる一つの実例――と見なすべきなのです」（ルター）。初期のキリスト教徒たちは、神がどのように、風変わりなわれわれ聖徒たちと関わりを持たれるのかという問いに対する答えを見出さなければなりませんでした――私たちはさまざまな受難物語を読むときに、そのことを今なお感じ取ります。そして、私たちもその答えを見出さなければなりません。けれども、簡単にはその答えを見出すことができないことに私たちは気づきます。ただ**見ること**によってのみ、そうすることができます。それゆえに、他の二人の間にいるこの**一人の方**はまったく特別な行為者〔犯罪者〕[2]であられるということを私たちは引き続き見ます。この方の生涯の終わりに、この方は何よりもまず**執り成しの祈り**を捧げられます！――不当な苦しみを受けている他の幾人もの人々を通して、私たちが知っているように――「父よ、彼らを懲らしめてください！」と祈られるのではなく、「父よ、**彼らをお赦しください**。自分が何をしているのか知らないのです」と執り成しの祈りを捧げられるのです。それは究極的なことです。ステファノはその少し後に「主よ、この罪を彼らに負わせないでください！」〔使徒言行録第七章六〇節〕と祈ることで主に倣う者となります。ヨハン・アルブレヒト・ベンゲルは次のように言っています。「**彼らがイエスを十字架に架けたことを彼らは知っていました――けれども、彼らは誰を十字架に架けたのかを知りませんでした**」と。人々はこの方について自分勝手なイメージを作り上げ、この方を十字架に架けました――彼らはそこで誰を処刑したのでしょうか――そのことについては、彼らは明らかに何も知りませんでした――。彼らは自分たちの人生を台無しにしてしまいました！　ルターはそのことについて、さらに多くのことを知っています。「それゆえに、一人の殺人犯がこのキリストに対する信仰を告白し、この方について説教し、この方をどのように受け止め、何に人々は慰めを見出すべきかを他の人々に教えなければならない」と。私たちがこの方を十字架に架け、私たちの人生の中に、もはやこの方が働く余地を与えず、十分に語らせず、もはやこの方を信頼しないとき、自分たちが何をしているのかを**私たちは**知っているのでしょうか。

ひょっとすると、私たちは再び、ルカが「すべての民」と呼ぶあの人々の中に自分自身を見出すかもしれません。またしてもルカによれば、それは「傍観する民」であり、「見るために」、「見せもののために」集まった民です。実際そのような死刑の際には、いくらか見るべきものがあります。それはすぐに広まります。イエスの場合にも、多くの観客たちがいます――それをギリシア語で正確に理解するならば――多くの「理論家たち」です。そのような人々も「じっくり見る」必要があります。私たちもどこかで、そのような場面に居合わせるに違いありません。興味深い出来事、それ以上のものではありません――人は距離を置いてそのことについて語ります。それでもその後、死が終局を迎える頃、ある変化が生じます。すなわち、悲しみのしぐさが「民」に見られるようになります。彼らは同情し、悔い改めます——それはどのような悔い改めでしょうか。私には分かりません——十字架と十字架に架けられている方に対する非常に多くの反応があります。幾人かの人々が十字架の前に立つとき、突然、彼らが互いに区別されることに、ただただ驚かざるを得ません。

それらの人々の中には、地位の高い人々、すなわち当局の者たちもいます。ちなみに彼らは、兵士たちや、〔主イエスと〕共に十字架に架けられた一方の人と同様の反応を示します。すなわち、イエス御自身がそのようにふるまい、また他のわずかな人々によってそのように受け取られるほどに、イエスが影響力を持つ人物で**あるならば、「彼は自分自身を救うことができるはずだ」**という反応を示します。この方でさえも、もはや自分を救うことはできないほどに、神がこの方において低き所に降って来られたということ、そのようなことはこれらの男女には、まったく理解できません。**「自分を救う」、そうできればすばらしいことでしょう**——愛する若き神学徒たちよ、あなたがたは牧会する中でどれほど頻繁に「自分を救う」という言葉があなたがたに向かって大声で叫ばれるかに気づくことでしょう！　けれども、そうではありません。この方は本当にきわめて低き所におられます。ただ上辺だけ連帯しているふりをしたり、レトリックで連帯を表現するだけではありません！　そのようなことは、完全に規則を守り、すべてのことに成功する自己救済のスペシャリストたちには理解しがたいことです。まさに上役たちや兵士たち、また活動的な人々や「行為者たち」〔犯罪人たち〕には理解しがたいことです——「行為者」〔犯罪人〕という言葉には、どのような二重の意味があるかにあなたがたは気づきましたか。これらすべてのことは十字架で明らかになります！

けれども、ルカは彼の偉大な物語でさらに多くの当事者たちを私たちに示します。**行為者即犯罪者**

ではありません！　もちろん、犯罪者即犠牲者ではありません――けれども、まさに即犯罪者なのでもありません。そのことを私たちは今後、もっと厳密に区別しなければなりません――十字架は私たちにそのことをも思い起こさせます。すなわち、死に行くイエスは最後まで、はっきりと区別されたということを。「もう一人の」犯罪者は、ローマ兵によって、十字架に架けられた方の頭上に掲げられたいわゆる「札」に「ユダヤ人の王――キリスト――神に選ばれたもの」と記されたイエスの称号に訴えません。これらの称号はもはや第二の犯罪者の心には思い浮かびません。というのは、彼の隣には彼自身と同じように「ただの」人間が十字架に架けられているからであり、確かに同じ理由によるのではないけれども、同じ痛みを伴い、同じ見通しをもって十字架に架けられているからです――そうではないでしょうか。**「イエスよ、あなたの御国においでになるときには、わたしを思い出してください！」**、「共に苦しんでおられるこの方に、どのようにして私は関わりを持つことができるだろうか」、それが彼の唯一の問いです――そして、「あなたの思い出から私を消し去らないでください！あなたの記憶の中に私を留めてください！」、これが彼の願いです。兄弟姉妹たちよ、これはすばらしい祈りです。私たちはこの祈りを心に留めたいと思います。

そして「あなたは今日わたしと一緒に楽園にいる」という御言葉――ここで重要なことはこの返事の中にある**「わたしと一緒に」**という御言葉です。

そして今や死が近づきます。それは創造の光が取り去られることですが、同時に神と哀れな人の子らとの間を隔てている垂れ幕の終わりでもあります。分離の終わり、壁の終わり、境界線の終わりであり、新しい創造の始まり、すばらしい交わりと友情の始まりです。イエスが詩編の祈りを口にしてその霊を御父の御手に委ねられるので、イエスは静かに息を引き取ることがおできになります――というのは、霊は**一つ**、心は一つ、魂は一つだからです。

さらに私たちはローマの百人隊長を模範としなければなりません。彼も私たちの信仰において然るべき地位を占めています。すなわち、彼は「本当に、この人は正しい人だった」と言って神を**賛美**し、ほめたたえたのです。その土地に住む敬虔な人がそれを語るのではありません――家の外の者がそれを見抜きます。そして、私たちはこの方の仲間や女性たちと並んで立ち、「これらすべてのことを見る」のです。

そして、今日もそうしなければなりません。アーメン。

訳注

〔1〕ヨハン・セバスチャン・バッハ「マタイ受難曲」第一部、ユニバーサル・ミュージック、杉山好訳、二〇〇七年、二六―二七頁。原文の引用に合わせて一部改訳。

〔2〕ここで「行為者」と訳されているドイツ語（“Täter”）は「犯罪者」と訳すこともできる。

クラウス－ペーター・ヘルツシュ

クラウス－ペーター・ヘルツシュ（Klaus-Peter Hertzsch）は一九三〇年に生まれ、二〇一五年に死去。イェーナ大学の実践神学教授（退職名誉教授）。この説教は、一九八五年の聖金曜日に語られたもの。クラウス－ペーター・ヘルツシュ『魚についての熟考――テキストと説教』所収。Klaus-Peter Hertzsch, Nachdenken über den Fisch. Texte und Predigten. © Radius-Verlag, Stuttgart 1994.

聖金曜日（Karfreitag）

ヨハネによる福音書第一九章一―五節

そこで、ピラトはイエスを捕らえ、鞭で打たせた。兵士たちは茨で冠を編んでイエスの頭に載せ、紫の服をまとわせ、そばにやって来ては、「ユダヤ人の王、万歳」と言って、平手で打った。ピラトはまた出て来て、言った。「見よ、あの男をあなたたちのところへ引き出そう。そうすれば、わたしが彼に何の罪も見いだせないわけが分かるだろう」。イエスは茨の冠をかぶり、紫の服を着けて出て来られた。ピラトは、「見よ、この男だ」と言った。

ここでのピラトの言葉は実にさまざまな響きを持つことができます。ヨハン・セバスチャン・バッハのヨハネ受難曲で、ピラト役のバスの歌手が「見よ、何という人間だ！」と歌うとき、それは息苦しい嘆きのように聞こえます。ラテン語訳聖書では、ギリシア語の原文に非常に似ており、「エッケ・ホモ！」と言われています。厳密に訳せば、「見よ、人間だ！」となります。「見よ、これこそが人間だ！」。

ナポレオン皇帝がゲーテと出会ったとき、彼は「ヴォアラ－アン・オム（Voilà－un homme）！」〔そこに人間がいる！〕、「見よ－人間だ！」「誠に－これこそ本当に人間だ！」と叫んだと言われます。そして、ゲーテはこの威厳に満ちた言葉をいつまでも誇らしげに記憶に留めたと言われます。実際に人は、他の人に対して「彼は本当に人間だ、この名を担うにふさわしく、人間としての尊厳をもって生き、思いやりをもって考え、人間らしくふるまう」と語る言葉よりも気高く、相手をたたえる言葉を語ることはまずできないでしょう。見よ、そして驚け－これこそが人間だ！

けれども、私たちが受難物語、イエスの苦難と死の物語、聖金曜日の悲しみに包まれた物語においてこのような叫びと指摘に出会うとき、それはまったく異なる響きを持ちます。すなわち「ああ、けれども、見よ－これこそが人間だ！」という響きです。私たちが先ほど聞いたように、福音書記者ヨハネはこの場面を次のように私たちに詳しく述べています。ピラトは法廷の建物の前での興奮した審理を遮り、訴訟がさらに進む前にイエスを建物の中に入らせ、そこで鞭打たせ、血を流すまでさんざん鞭打たせます。ローマの兵士たちはこのような残虐な行為を、皮肉を込めた悪ふざけと結びつけます。すなわち、彼らは彼らの囚人に茨の冠をかぶせます。その刺は王冠のような印象を与えます。そして、深紅色の布を着せ、嘲笑される王、からかわれる王にし、殴っている間、彼らは「ユダヤ人の王、万歳！」と叫びます。彼らは荒れ狂い、今や滑稽な格好をしてこの方の前にひざまずき、その後すぐにこの方の顔を殴ります。彼らは、この方が彼らの目にどのように映っているか、すなわち見るかげもなく、無に等しい存在であることをこの方に見せつけました。それほどに辱めを受け、道化じみた格好をさせられ、すでにかなり衰弱し、血を流すほどに打ち叩かれた方は今や審理を続けるために連れ出されました。聖金曜日の朝が始まる頃、この方が公衆の面前に立つと、ピラトはこの方を指さして、「ヴォアラ・アン・オム！　エッケ・ホモ！　見よ、これこそが人間だ！」と言います。それは人類の誇るべき瞬間ではありません。けれども、それは真理の瞬間です。不幸な人類の歴史の総括、人類の咎と苦悩が収束レンズに捉えられたかのようです。というのは、無情な人々の見世物にされるこのひどく哀れな人の背後には、それと似た無数の人々の姿が私たちの心の目の前に現れるからです。すなわち、血を流すほど打ち叩かれ、衰弱させられ、辱めを受けた人々です。私たちは次のような人々の姿を知っています。すなわち、飢えのためにやせこけた顔、ダッハウやブーヘンヴァルトの囚人たちの顔、窮乏した子どもたちのこわばった顔、ドレスデンやベトナムから帰って来た戦争犠牲者たちの失明し、焼けただれた顔、格子窓の後ろにひしめき合うはげ頭――苦しみに満ちた顔、人間の顔です。そして今や彼らの上に、彼らの前に、彼らの真ん中に「血しおしたたり、傷だらけで苦しみに満ち、嘲りを浴びせられるみかしら」、「茨の冠をかぶせられ、嘲笑の的にされるみかしら」があるのです。この方について、ピラトは「見よ、これこそが人間だ！」と言います。人の子なるキリストを探し求める人はこれらの人々の中にこの方を探し求めなければなりません。これらの人々の面前で目を閉じる人はキリストの御顔を見ることもないでしょう。

それは、苦しみや死に襲われるところでしか、私たちはこの方と共に生き、ただそこでのみこの方を頼りにできるという意味ではありません。この方はかつてのカナの婚礼におけるように、喜びに包まれた祝いがなされるところでも、徹頭徹尾私たちのただ中にいることがおできになります。この方はかつてのゲネサレト湖畔での漁のときのように、日々の糧を得るため懸命に仕事がなされるところでも、徹頭徹尾私たちのただ中にいることがおできになります。この方はかつてのエルサレム神殿の前庭におけるように、思索が巡らされ、議論がなされ、真理を巡って論争が繰り広げられるところでも、徹頭徹尾私たちのただ中にいることがおできになります。この方は「見よ、わたしは世の終わりまで、いつもあなたがたと共にいる」〔マタイによる福音書第二八章二〇節〕と語られました――したがってこの方は週日にも祝日にも幸福な日々にも共にいてくださるのです。もちろん、これらの日々には他の多くの人々も私たちと共にいます。共に祝い、共に働き、共に議論を交わす人々が私たちと共にいます。生命が大いに躍動し、私たちが喜んで他の人々と共におり、互いに好意を抱き、私たちが喜んでこの世にいることが、まさにそのような日々の幸福と喜びを形づくります。

けれども、私たちは私たちの生活のもう一つの側面、すなわち影と死の側面を忘れてはなりません。それが姿を現すと、すべてのことは異なって見えてきます。今日から明日にかけて突然、あるいはゆっくりと、しかも留まることなく、暗闇は私たちの日々をも覆います。私たちが覗き込みたいと思わない苦しむ人の顔が突然、私たち自身の人生にも入り込んできます。すなわち、私たちが重病を患う家族の病床の傍らに座し、取り乱して、その衰弱する様子を見る、ごく親しい家族関係において、今や私たちはそのような顔に出会います。あるいは鏡を通して、暗く不安げな顔で私たちを見つめます。「おやまあ、これがあなたの姿なのだよ」と。不安は窮地に追い込み、苦痛は私たちを他の人々から引き離します。孤独な人は苦しみ、苦しみは人を孤独にします。不幸が私たちを襲うときにはいつでも、友人が私たちから離れていくということではありません――それどころか、友人はしばしば、私たちのことを特に気にかけてくれることさえあります。周りの人々が関わろうとしないということではありません――私たちによく話しかけてくれる人々もいます。それでも、彼らは私たちの立場に身を置いているわけではありません。体の痛みや別れの悲しみは私たちのうちに非常に深く根を張っているので、私たちは他の人々とそのことについて語ることはできますが、それを彼らと分かち合うことはできません。不安への道、ましてや死に向かう道に至ってはなおさら――私が一人ぼっちになる領域へと導きます。私は突然「私は取るに足らない人間だ」と自ら考えてしまいます――あるときには、他の人々が私に関してそのように主張するがゆえに、またあるときには、人生がそのことを私に示しているように思われるがゆえに、そして最終的には、私が死において反論の余地なく、それを経験するがゆえに、「私は取るに足らない人間だ」と自ら考えてしまうのです。

けれども、一人の方がそれらすべてのことに異議を唱えられます。一人の方がそれらのことに対峙されます。一人の方が私に味方してくださいます。キリストです。たとえこの方の御言葉がそれ自体、どれほど私たちに助けを与えるとしても――この方は、ただ御言葉によるのみならず、この方の全生涯と共に、この方のこの世でのあり方、この方の人間としてのあり方と共に、苦しむ者の味方になってくださるのです。この方がピラトの前に立たれたときの姿を思い起こしてください！　そうすれば――痛み、孤独、衰弱、憎しみ、不安、死の苦しみなど――何が私たちを襲おうとも、この方はそれらすべてのことを御自ら経験されたということが私たちには分かります。私たちの歩む道がどんなに暗い谷間へ私たちを導こうとも――この方はすでにそこにおられました。私たちがどのような苦しみの支配する領域に行き着こうとも――この方はそこを住まいとしてくださいます。幸福な日々にも――それが当たり前であったために、しばしば気づかずに――この方は私たちの味方でいてくださいました。今や私たちの周りが静まり暗くなる苦しみの日々にも、あるいは死の陰の中にあるときにも、私たちはよりはっきりとこの方の歩まれる足音を聞き、この方の御顔が私たちをますます明るく照らします。私たちが体や魂に血を流すほどの傷を負うとき――血しおしたたり、傷だらけのみかしらが兄弟のように温かく私たちを照らしてくれます。三〇年戦争の後の燃え尽きたドイツで、不幸に囲まれ、心に苦悩を抱えるパウル・ゲルハルトはこのことを悟り、それゆえに彼は次のように歌いました。


「いつの日か、私がこの世を去らなければならないとき、あなたは私から離れないでください。

私が死の苦しみを味わわなければならないとき、あなたは御姿を現してくださいます。

私の心がこの上なく不安なとき、あなたの不安と苦痛の力によって、私を不安から
引き離してください。……

そして、あなたの十字架の御苦しみの中に、あなたの御姿を私に仰がせてください〔1〕」。

彼はそのように歌いました。そして、すべてのキリスト教徒たちも彼と共にそのように歌います。というのは、ピラトも兵士たちも知らず、大勢の傍観者たちも知らなかったこと、すなわち虐待を受け、血を流すほどに打ち叩かれ嘲られたこの人は、決して彼らによってこの場所に追いやられたのではなく、この方が御自分からそこに立たれたということをキリスト教徒たちは知っているからです。この方がそこで人間の苦しみのどん底に立たれたのは、この方を襲った運命や宿命ではなく、この方の決断によることでした。苦しみがこの方を捉えたのではなく、この方が苦しみに足を踏み入れられたのであり、苦しみの中にあるすべての人々のために、すなわち苦しむ人々の近くにいるために、彼らの立場に身を置き、彼らの重荷を御自分の肩に担うために、この方は苦しみに足を踏み入れられたのです。「人生の重荷や死の重荷があなたがたを圧迫し、深い淵へと追いやるとき、くじけてはならない。私は必ずあなたがたのところに来る。私はすでにすべてのことを知っている。私はあなたがたに先立って行く。私はあなたがたと共にいる」とこの方は言われます。

「それでは、やはり王なのか」とピラトはこの方に言いました。「そうだ、わたしは王である」とこの方は言われます。「真理に属する人は皆、わたしの声を聞く」〔ヨハネによる福音書第一八章三七節〕。私たちはこの方の御姿を見、この方の御声を聞き、この無力な方は愛において強いことを知っています。すべての人々から見捨てられたこの方は、この方を必要とするすべての人々と結ばれています。この捕われた方は、実際には、苦しむ人々に味方する決断において自由な方なのです。見よ、何という人間だろうか！

私たちはもう一度、ピラトに目を向けます。というのは、これらすべてのことの後に、今や彼はもう一つ別の光の中で姿を現すからです。「見よ、これこそが人間である！　エッケ・ホモ！」という彼の叫びと指示はもう一つ別の側面と他の意味を持っていると私は考えます。ひょっとすると、ピラトがそのように語るとき、イエスについてだけ語っているのではなく、むしろ彼は自分でも気づかずに、彼自身についても語り、残虐な拷問者たちについても語り、情け容赦ない群衆についても語っているのかもしれません。というのは、これらのすべての人々がすることと、あの方が耐え忍ぶこととは確かに密接に結びついており、全体を形づくっているからです。もしこの両方のことを一緒に見るならば、もう一度、「見よ、これこそが人間である！」と言うことができます。人間はそのように人間を扱います。残虐さを一方とし、悲惨さを他方として、これら二つのことはこれほどまでひどくなり得るのです。それは当時にも当てはまることですし、今日にも当てはまります。ここ何週間か、私たちはとりわけ先の戦争の最後の月日を思い起こし、あの一九四五年の春、恐ろしい苦しみと恐ろしい悪業によって、いかなる結果が導き出されなければならなかったかを、私たちのうち多くの者たちが自分自身の体験として今なお記憶に留めています。そこには、突然消えたユダヤ人たちがおり、人々が町中で家畜のように追い立てた戦争捕虜が列をなし、誰も喜んで家の中に入れようとしないすべての難民たちや地下に潜伏している人々がいました。それどころか人々は当時、「人間はこれほどまでに落ちぶれてしまうことがあり得るのだ。人間の残虐さや人間の苦しみはこれほどまでにひどいものになり得るのだ。見よ、何という人間だろうか！」と心の中で考えました。

そして、この世のさまざまな場所で、このような恐ろしい結果にもかかわらず、近年の残虐な行為と苦難の歴史、打ち叩く者と打ち叩かれる者の歴史、迫害する者と迫害される者の歴史はあの時以来、さらに書き続けられてきました。そして「私たちはこの物語のどこに立っているのか」という問いが日々私たちに突きつけられます。一つだけ確かなことがあります。すなわち、キリストはどこに立っておられるのかということです。この方、すなわち神の御子は明確に御自分の立場を取られました。この方はピラトの血なまぐさい裁判官席に御自分の場所を持っておられるのではなく、拷問者たちの中でもなく、冷酷な傍観者たちの群れの中でもありません。そのような所にはどこにもこの方は立っておられません。そして、この方の味方になりたい人はこの方の傍らに行き、もはやここで言及されたすべての人々と行動を共にすることはできません。けれども、その人はまたある発見をし、大いなる経験をすることになります。すなわち、愛ゆえに、自らの意志で深く関わり、苦しむ人々の味方になろうと決断されたこの捕われたキリストは、実際には自由な方であられるのに対して、見たところ力があり、好き勝手に暴れ回っているように思われるこれらの人々は、実際にはまったく無力であり、捕われているということです。叫びをあげているこの群衆の中には、自分で決断できる人は一人もいません。なぜなら、彼らは自分たちが何をしているのか知らないからです。

打ち叩く人々の群れは己の抑えがたい悪意にのみ突き動かされます。そして、彼らの中の多くの者たちは後になって狼狽し、「あの時、何が私を駆り立てていたのだろうか」と問います。まして間違いと知りながら、死刑の判決を下す以外に逃げ道を見出すことができないために、「自分には責任はない」と言って手を洗ったピラトは、自らの狡猾さと不安の哀れな犠牲者です。主は次のように言われます。「あなたがたが彼らの味方になるならば、あなたがたは自分を欺くことになる。なぜなら、彼らは自分自身に縛られており、彼らは自由を自分勝手と履き違えているので、彼らは自由になれないからだ。けれども、あなたがたは自分の十字架を背負って私に従いなさい。なぜなら、私たちが共に歩もうとしている道は愛の道であり、苦しみに通じる道であり、人類の苦悩ゆえの苦しみに通じる道であり、苦しみを通って命へと至る道だからだ」。この道を行く者について、キリストは今や「エッケ・ホモ、これこそが人間である！」と語られます。というのは、ピラトがこの方について語らなければならないことは人間についての最初の言葉ではなく、また人間についての最後の言葉であってはならないからです。人間についての最初の言葉は神が語られました。それについて聖書には次のように書かれています。「神は御自分にかたどって人を創造された。神にかたどって創造された」（創世記第一章二七節）。私たちが神によって偉大な者となるように定められており、愛する力を与えられており、喜ぶために創造されたということを私たちは知っています。これこそが本来の人間であり、神の御心にかなう人間であるということを私たちは知っています。

私たちの時代にも、ピラトはなおその宮殿の前に立ち、この出来事を指し示し、次のように言うかもしれません。「見よ、何という人間だ。災難に襲われ、危険にさらされ、敵対的な人間だ！」。けれども――現状がそうであっても、このような人間の姿はすでに過去のものです。キリストは新しい人間存在のための出発点を定めてくださいました。「あなたの十字架の苦しみの中に、あなたの御姿を仰がせてください！」と私たちは歌います。私たちの前にはこの方の御姿があり、この方の模範があります。そして、突然この方の傍らにいたいという深い憧れが私たちの内に生じます。それは将来の善き人類の時代への憧れであり、次のような生――そこで人間の使命が最終的に目標に到達し、すべての人々が愛によって自由にされる生――への憧れです。十字架に架けられ、復活なされた主はこう言われます。「わたしのもとに来なさい。わたしの招きに耳を傾けなさい！　あなたがたが行こうとする所に、わたしはすでにいるからである」と。

訳注

〔1〕福音主義教会讃美歌第八五番"O Haupt voll Blut und Wunden"の第九節の歌詞。『讃美歌21』第三一〇番、三一一番。

ハンス・ヨアヒム・イーヴァント

ハンス・ヨアヒム・イーヴァント（Hans Joachim Iwand）は一八九九年に生まれ、一九六〇年に死去。ボン大学の組織神学教授。この説教は、一九五七年の聖金曜日にボン大学教会で語られたもの。『ハンス・ヨアヒム・イーヴァント遺稿集』第三巻所収。

Hans Joachim Iwand, Nachgelassene Werke Band 3, © Chr. Kaiser/Gütersloher Verlagshaus, Gütersloh.

聖金曜日（Karfreitag）

コリントの信徒への手紙二第五章一九―二一節

つまり、神はキリストによって世を御自分と和解させ、人々の罪の責任を問うことなく、和解の言葉をわたしたちにゆだねられたのです。ですから、神がわたしたちを通して勧めておられるので、わたしたちはキリストの使者の務めを果たしています。キリストに代わってお願いします。神と和解させていただきなさい。罪と何のかかわりもない方を、神はわたしたちのために罪となさいました。わたしたちはその方によって神の義を得ることができたのです。

神はこの世の中心に聖金曜日を置かれます。これは、救われた人々の救いではなく、和解させられた人々の和解でもありません。また、これまでも私たちが神の御手のうちに置かれてきたことに気づかされるということだけでもなく、むしろそれ以上のことです。すなわち、世界の転換を意味する神の御業です。まさに私たちが神への信仰を失うと思うところで、神は、この失われた、神を畏れない世の中心に、神の勝利のしるし、神の憐れみのしるし、救い、裁き給う神の卓越性のしるしを打ち立てられたということです。神の御目から見れば、私たちは皆、失われ、神に敵対し、神に反乱を起すこの世の一人に数えられます。今日この世の人々の一員として、また私たちの人生の短い、あるいは長い歩みの中で、私たちが知るに至ったこの世のすべての人々の一員として、私たちは、神とこの世の大いなる和解の日が実現したということを聞き、また信じなければなりません！　その日をありのままに認めるならば、教会の門は今日とても広く開かれるに違いなく、今この瞬間に外で起っているすべてのこと、すなわちこのような暗く恐ろしく残酷な人間と世の運命が覆いを取り去られ、私たちの目の前に明らかにならざるを得ず、そのときには、私たちはようやく過ぎ去った戦争の焼け跡に目を向けることを許され、そのときには、私たちは憎しみや煽動や宣伝活動の恐ろしい空気をこの部屋の中にまで感じるに違いありません。そのような空気の中では、古くからの災いが終わったかと思うと、すぐに新しい災いが発生します。またそのときには繰り返し、非常に多くの誘惑を私たちにもたらすすべてのことが私たちの目の前にありありと思い浮かぶに違いありません。それはすなわち、もはや深く掘り下げようとせず、自分自身に目を向けようとしない人間の、憐れみに満ちた浅薄さであり、仕事や享楽、あるいは最近再び流行り出した金の子牛の周りでの踊りに費やす、瞬く間に過ぎ行く時間の中で、過去や将来のことを考えず、良い暮らしを送り、あるいは悪い暮らしを送る人間の、憐れみに満ちた浅薄さです。それでも、私たちはこの瞬間に、それらすべてのことが廃棄されているということ、それらすべてのことは神の御前では通用しないということ、そして、キリストの中におられる神に逆らおうとするこの世の最後の試みが成功したということが真実ではないのと同じように、それらすべてのことは真実でないことを知るに至るでしょう。とても広くて大きな、失われたこの世は、十字架に架けられた主の御姿に刻み込まれました。この方においてこの世は廃棄されました。世が神から離れようと試みている間に、神は今や決定的に勝利者として世の真ん中に進み出られたのです。

私たちに与えられたテキストの冒頭には、特に際立って、はっきりと「神はキリストの中におられた」こと、すなわちこの苦しみを受け、死に行く人間イエスの中におられたことを強調する四つの御言葉があります——御業をなされる神、私たちすべての者たちの近くにおられる神がこの人間イエスの中におられるのです。したがって神は全体の背後に隠れているような方ではありません。聖金曜日の物語は、地上の舞台で私たちの目の前で演じられ、その背後に神が監督として立っておられるドラマではありませんし、あるいは私たちがそのように想定し得るドラマでもありません。神とこの十字架に架けられた主との間には、いかなる垂れ幕もかかっていません。垂れ幕は引き裂かれました。神は、永遠に到達できないほどに隠れた所、深い所におられましたが、そこから御姿を現され、私たちすべての者たちが生きているこの世の中心で、神のためのいかなる場所も持たないこの世に対して、キリストにおいて一度限り御自分の究極的な御言葉を語られました。神は御自分に至る門を再び開いてくださり、大いなる和解の日の開始を告げられました。私たちがそれを知っていようといまいと、私たちは皆、強い憧れを持ってこの大いなる和解の日を待ち望みます。もしも私たちが、罪と咎と過ちが何を意味するのかに気づかされていたならば、私たちは皆、この日を待ち望むし、そうするに違いありません。神こそが私たちのただ中に足を踏み入れられなければならないのであって、それ以外のいかなるものも私たちを助けることはできません。神は、罪と咎と過ちを変えることのできるただ一人のお方です。しかし、それはまさにキリストの中におられる神です。この両者、御父と御子、天の父と地上におられるこの人は一つであり、死と生、勝利と破滅においてこのお二人がなされる働きと御業は一つです。あたかもキリストにおいて、この方の死において、人間存在の特別な深みが啓示されたかのように、またあたかもここではただ、私たちの世と私たちの可能性に由来するもの、また私たちがそのように理解できるものを見せてもらい、聞かせてもらうというようなことではありません。そうではなく、ここではあなたたちの可能性ではなく、神の可能性が目の前にあるのだと使徒は考えています。このイエス・キリストにおいて神御自身が介入なさるのです。そうなさることで神は、義と平和は神のもとにあることを世に証明しようとなさるのです。たとえ世がとっくの昔に神を忘れたとしても、神は世を探し求められるということ、たとえ世がはるか遠くに離れ、まったく神を畏れなくなったと世が思っても、神は世を放されないことを神は世に証明しようとなさるのです。そして、それと同じことが他の側面にも当てはまります。確かにキリストにおけるこの神の御業は敬虔な者、すなわちかろうじて神を記憶にとどめてきた人々にのみ向けられていると人々は考えるかもしれません。そして、それは「宗教的な素質を持った人々」と呼ばれる人々のことです。けれども、もし今問題にしているテキストが語ることを私たちが聞き、理解したいと望むならば、私たちはこのような考え方をも遠くに捨て去らなければなりません。というのは、この大いなる和解の日には、イエス・キリストがそのたとえにおいて、いつも暗示するだけに留められたことが本当に起こるからです。すなわち、王の広間の扉は大きく開かれ、善人も悪人も、口の利けない者も体の不自由な者も、追放された者も疎外された者も、理想主義者のみならず唯物論者も、家に留まる忠実な者だけでなく、むしろ自分たちの財産を使い果たし、人生を台無しにしてしまった放蕩息子たちも、すべての者たちを連れ戻すために遣いが送られます――今日、すべての人々が何らの差別もなしに招かれているのです！

それは次のことを意味します。すなわち、神はキリストの中におられ、世を御自分と和解させられた結果、世はこの開かれた扉を手に入れ、神がこの扉を通って、あちら側からこちら側に来られた後、すべての人々がこの扉を通ってこちら側からあちら側に自由に行き来できるということです。その他の場合には、互いに歩み寄ることのできない神と世がここで出会い、世は神と和解させられるために互いに出会うのです。これこそが大いなることであり、これこそが聖金曜日の証することなのです！そして、私たちすべての者たちは繰り返し新たに、そのことをも本当に信じているかと問われます。なぜなら、そのことを信じるとき、初めて私たちはキリスト者となるからです！　もし人が目を閉じ、この世を見ないのであれば、すなわち私たちを取り巻く世と私たちのうちにある世を見ないのであれば、神を信じることはいとも簡単です。そして、それゆえに私たちが目を開き、世とは何であり、何を意味するかを見るや否や、私たちは、このような試練を経験したことのない思い込みの信仰を失うということが繰り返し起こります。けれども、世の現実とかけ離れたこのような信仰は、キリストの中におられる神に対する生きた信仰ではありません。それは想像や空想の中で自分勝手に造り上げられた人間の神への信仰に過ぎません。それは善人や正しい人々や敬虔な人々の神への信仰ですが、聖金曜日の信仰ではありません。そして、もう一人別の神が私たちのうちに生まれなければならないならば、人はもう一方の神を取り除かなければなりません。というのは、聖金曜日の信仰は、確かにこの世のありのままの姿を直視しますが、そこで見るものを信じるのではなく、キリストにおいて神がなされたことだけを信じる信仰からです。

というのは——そして、これこそが神によるこの和解の御業に関する第二の驚くべきことなのですが——私たちは、キリストにおける神とこの世の関係に関して肯定的なことを何一つ認めることができないからです。私たちが理解できるようになる神の唯一の成果、ここでも、またいたるところで、聖書全巻を通して宣べ伝えられている唯一のことは、キリストの十字架が話題になるときには、否定的なことのように思われます。すなわち、神は彼らの罪を勘定に入れないということです。それ以上のことではありません。私たちすべての者たちが繰り返し、神が何を私たちに与えてくださるのかを知ることばかりに気を取られているために、また私たちがいつでも、与えてくださる神としてしか神を思い描かないために、私たちは、罪をお赦しになる神を理解することができないのです。それゆえに、見たところ否定的に思われることが、私たちの人生においては最も肯定的なことであるということ、それは、私たちが信じ、愛し、希望を抱くことを通して知っている他の一切のことを支える土台であるということも私たちは理解できないのです！　私たちが、神の和解の御業に直面して、過ちとは何を意味するのかを理解するようになるや否や事情は変わります。「過去は永遠に静止している」[1]と詩人は言っています。そして、私たちが聖金曜日の使信を度外視する限り、彼が言っていることはおそらく正しいでしょう。そのような場合には事実、過ぎ去ったことは、私たちが転がして動かすことのできない岩のようなものです。というのは、私たちが「過去」と呼ぶものにおいては事実、私たち自身の行為は、私たちから離れてその道を進み、影響を及ぼす出来事となったからです。それらは、私たちが前方に向かう途上で、将来に通じる私たちの道を妨げる大きな障害です。それゆえに、世界史全体は繰り返し、前方への道を切り開こうとする絶望的な試みであり、古い咎と古い罪への恐ろしい逆戻りとなります。それは私たちすべての者たちを深淵に引きずり込み、生きる勇気、喜び、確信は一切消え去り、私たちは振り返らざるにはいられず、私たち自身が塩の柱になるまで、滅亡したソドムとゴモラに目を向けるという非常に深刻な結果が生じます！　そのときには、私たちが生き残り、命からがらそこから逃れたとしても、それはまったく何の役にも立ちません。というのは、「なぜ、なぜ」という大いなる問いによって私たちを放さず、私たちを憔悴《しょうすい》させ、ぼろぼろにする恐ろしい過去に私たちは縛られているからです。私たちは深い淵の底から恐ろしい告発が沸き起こるのを聞きます。私たちにつきまとう重荷がどれほど重く、私たちが自分で引き起こす変更不可能な結果がどれほど深刻であるかを感じます。というのは、この側面から人生を見るとき、またそのような重荷のもとに置かれた人々が投げやりになり、喜びも希望もなく足を引きずりながら歩んでいることを知るとき、初めて次のことを理解できるようになるからです。すなわち、神が来られて裁きを下され、「神は人々の罪の責任を問われない！」と聖書に書かれている点に結論と結果があるならば、それはなんと大いなることかということを。まさに人間同士の間では、どれほど厳密に勘定されることか、人間同士の間では、個人も民族も階級も党派も、誰もが他の人々から、その負債を取り立てていることに目を向けるとき、そしてこの残酷な遊戯を把握し、また人が自分と同じような人を裁き、勘定できることは片っ端から勘定するのを見るときにはじめて、私たちがここでもう一つ別の世界、すなわちその表玄関に次のように刻み込まれている世界に足を踏み入れるということを見極められるのです。すなわち、十字架に架けられた主の御顔には「神は人々の罪の責任を問われない！」と刻み込まれているのです。

それは私たちには理解しがたいことです。それゆえに、私たちは繰り返し、背後にあるもの、すなわち人間のやり方で数え、罪を糾弾し、負債の勘定をする神をでっちあげるのです。今日という日が私たちにとっても聖金曜日となるべきならば、このような幻想は今日、決定的に打ち砕かれなければならないでしょう。神はイエスにおいて私たちの近くにおられるということ、またここでは、その背後には何も存在しないということを私たちは今日理解しなければならないでしょう。このキリストの中におられる神の存在こそ私たちの存在であるということ、それは私たちの人生の中で最も身近で、最も信頼の置ける存在であり、現存するすべてのものや来るべきすべてのものよりも近く、あらゆる〔人生の〕浮き沈みよりも近く、悪霊たちよりも近く、より詳しく言えば、善人や悪人よりも近く、その結果、いかなるものも、キリストの中におられる神の存在から私たちを引き離すことはできないのです。そして、私たちはこの神の御言葉、すなわち「神は人々の罪の責任を問われない！」という神の御言葉以外のものは何一つ、見ることも聞くこともできないのです。すなわち、私たちの舟を縛り付けて深淵に引きずり込もうとする過去の重荷に結ばれたあらゆるロープは断ち切られるということ、私たちが新たに始めることができるようにあたかも私たちの人生そのものがこの神の日と共に、そもそも最初から始まるかのように、それほどに新たに始めることができるようにあらゆる過ちが精算されるということです。けれども、それだけではまだ、必然的に新しさを伴う豊かさを理解するには、あまりにもごくわずかのことしか語られていません。というのは、おそらく私たちはすぐに自らの古い過ちを繰り返すからです――そして、それはまったく同じ過ちではなく、異なった過ちであったとしても、同じように重大な過ちです。したがって破滅への不安や、人間が生まれ持っているどうしようもない弱さに関する知識は残ることでしょう。けれども、このような誤解は、私たちがまたもや何か肯定的なことを手中に収めようとしていること、私たちが神の恵み、すなわち「神は人々の罪の責任を問われない」という唯一つのことに満足しないということから説明がつくのではないでしょうか。この場合には、あらゆる肯定的なことはこの否定的なことに劣り、存在することはすべて、存在しないことに劣り、所有することはすべて、所有しないことに劣ります。そして、聖金曜日が事実、もはや私たちにそれ以上のことを語らないがゆえに、聖金曜日は他のすべての日よりも多くのことを語り、聖金曜日は本当に私たちの人生における神の日なのです！　聖金曜日はただ一つのことだけを語ります。すなわち、神がキリストの中におられ、人々の罪の責任を問われなかったということです。そして、この場所に彼ら、すなわちこの世のすべての人が来ることを許されるのであり、彼らが望むものを、それが何であろうと、たとえ山積みにされた罪の負債であろうと、試みの深淵であろうと、不信感によって悩まされている人々が経験し、耐え忍ぶすべてのことであろうと、彼らが心に抱いたあらゆる冒瀆の言葉であろうと、彼らが教えた神のあらゆる否定であろうと、すべての人々の心に重くのしかかっていることを差し出すことが許されます。子どもたちや女性たちが被害に遭うことで実際に起こってしまったこの世の不義、戦争の残虐さや資産家の冷酷さ、これらすべてのことは勘定に入れられないというのです。もし私たち人間がそのようなことをするならば、私たちは一体どうなるのでしょうか。どこに法と社会は存続するでしょうか。どこに国家と警察は存続するでしょうか。ときおり私たちは確かにそうしたくなりますし、ときおり私たちは自らそれを試し、それを始めようとしますが、私たちは失敗します。私たちすべての者たちが生きるために必要な秩序を掘り崩すことになるということを私たちは認識しなければなりません。というのは、請求書の支払いがなされることで世の人々が生かされていることは動かしがたい事実だからです。けれども、ここでは神の自由な、赦しを与える無条件の恵み以外のものは通用しないがゆえに神は神であり、人間ではないのです。そして、それゆえに天は地ではなく、それゆえに聖金曜日は他のすべての日と同じ日ではないのです。聖金曜日の秘義はそれほどに深く、それは神の秘義そのものなのです！　そして、もしこの日が存在しなかったならば、私たちのうち誰一人として、神がどのような状況に置かれ、私たちが神に対してどのような関係にあるのかを知ることはできなかったでしょう。そして、私たちの目が十字架を見るとしても、また私たちの耳が十字架の物語を聞くとしても、それが神の秘義であり、依然として神の秘義であり続けるがゆえに、神はある特別な務めを必要とされます。すなわち、当時もそうであったように、今日もそのことがこの世の人々からどれほど理解されないとしても、この新しい路線、この世と時間のただ中で、この天の、神の、恵みに満ちた路線を進み、動揺することなく歩み抜く務めです。

そこから私たちのテキストが語る第三のことが明らかになります。すなわち、神は単に罪の責任を問われないだけではないということ、神は大いなる和解の日のこの場所から使者の務めを打ち立てられるということです。この使者の務めは世界中に出て行き、いたるところに喜びの知らせをもたらします。神学者たちの中の、ある老練な大家がこの出来事を表す印象深い比喩を作りました。彼は神を王にたとえ、世の人々をこの王に対して反乱を起こした民にたとえています。この暴動によってこの民に属するすべての者たちが罪を負うことになったと彼は言います。というのは、彼らは自分たちの先祖伝来の主人に反抗したからです。けれども王はその宮殿で裁きの日を制定し、ある証書に署名します。その証書によって、すべての者たちに重荷を負わせる民の罪は赦されます。けれどもそれと同時に、この王国の誰もが、自分がこれから先、赦しのもとで生きることになることを知るようになるために、王はこの国の最も遠い隅々や果てに至るまで使者を遣わします。その使者はすべての人に「王はすべての者たちのために大いなる和解の日を定められた」という知らせをもたらさなければなりません。そして、もし私たちが最初のキリスト者たちを見、ここで私たちに語りかけている使徒パウロのように、そもそものような使徒がどのような存在であるかということを知ろうと思うならば、この使徒は自分がそのような使者以外の何者でもないと感じており、また最初のキリスト者たちも、自分たちがこの知らせを受けた人間以外の何者でもないと感じていることに私たちは気づくことでしょう。この使徒は「キリストの代理の使者」と見なされることを願っており、神について人々に語るすべての者たちもそのように見なされなければならないでしょう。というのは、神についての他のいかなる話も無益であり、空虚だからです。私たちは最後の小屋や村に至るまで、大きくて広い神の王国の最も遠い隅々に至るまで、そして恐れや不安を抱くすべての人々、王の名前が語られると震え上がってしまうすべての人々に、この神の知らせをもたらさなければなりません。私たちがこの使徒を正しく理解するならば、本来、聖金曜日はこの世の大いなる喜びの日となるに違いありません。私たちは閉ざされた扉の後ろに集まることはまったく許されず、むしろ自ら出て行き、すべての人々を連れて来なければならないでしょう。今日、平和が訪れたのであり、広大な神の王国に平和が訪れ、全地に平和が訪れたのだということを彼らも聞き、知るようになるためです！　まさにこの唯一の人、そこで十字架に架かっておられる人間イエス・キリストのしるしとその御顔において平和が訪れたのです。それ以外のいかなる場所においても死は恐ろしいものであり、命が死と遭遇するところではどこでも命は逃げて行きます。というのは、命は自らが脅かされていることに気づくからです。死の臭いが漂い、滅びと最後の時の臭いが漂います。けれども、ナザレのイエスの死は命の香りを放ち、それはまったく反感を起こさせるものではなく、まったく恐ろしいものでもありません。というのは、自分の目をそこに上げ、この知らせを受け取る人は誰でも、私たちが生きなければならないということをここで聞くからです。イスラエルの民が荒野で青銅の蛇を打ち立てた当時のように、死は神の御手の中で私たちすべての者たちに喜びと確信を与えるための道具となりました！　目を上げてそれを見た人は誰でも救われました。蛇の毒はその人に害を及ぼすことなく、死はもはやその人に何の害も及ぼすことはできませんでした。

けれども、人はもちろんこの事柄において一つのことに注目しなければならず、そのことをこの使徒は最も重要視しています。すなわち、これらの使者たちは、彼らが神の使者であるがゆえに命令することを許されるのではなく、あたかも犠牲にされた王子であるイエス・キリスト御自身が祈り願うかのように、彼らはただ祈り願うことしか許されていないのです。さもなければ、彼らは恵みの国の使者ではなく、人々を信仰へと呼び出すことはできず、人々は霊の力によって恵みの知らせを選び取る決断を下すことはできないでしょう。

ここでさらに、特別なことを語らせてください。それは先の戦争が終わった直後のことでした。私たち、すなわち告白教会の多くの友たちや兄弟たちは、中部ドイツの破壊されたある町に初めて集まりました。彼らの中の多くの者たちは、いつかまた再会することになるとは思ってもいませんでした。そこには、非常に長い間私たちと離れて強制収容所の中で過ごしていたマルティン・ニーメラーがいました。そこには、ベルリンの牢獄で死ぬ寸前でありながら、そこから出て来た兄弟たちがいました。また私たちの中には、ドイツが封鎖されたことによって長い間私たちと離れていた男もいました。カール・バルトです。彼の言葉は、決断を迫られたここ数年間、私たちにとって非常に重要でした。そして、私たちがその後、聖餐の食卓に赴いたとき、すなわち別離と恐ろしい出来事が続いたすべての年月が過ぎ去った後、初めての聖餐の食卓に赴いたとき、私たちはこのコリントの信徒への手紙二の御言葉に覆われ、賛美しました。私たちの務めは今から後、「ですから、キリストに代わってお願いします。神と和解させていただきなさい！」と願うこと以外であってはなりません。というのは、もし教会がそれ以上のものであろうとし、人々に信仰を強要することができると信じ、さまざまな制度や法律によって人を助け、究極的なものや最高のものを得させることができると考えるならば、それはとんでもないことだからです。自分たちに従い、自分たちを支持する人々をつなぎとめるために国家や、場合によっては社会や政党さえも利用するそのような方法によって、人は肉体を手に入れることはできても、心を手に入れることは決してできません。そもそも、私たちは決して心を手に入れることはありません。心を手に入れるのはキリスト御自身だけです。私たちは小さくなり、キリストが大きくならなければなりません！　この方、私たちのために犠牲として捧げられた神の御子は、この日に起こらなければならず、起こり得ることがこの方を通して起こるほどに、私たちの祈りの中で大きくならなければなりません。さもなければ、まさにこの神の和解の日は、あらゆる日の中の唯一の日でなくなるでしょうし、この日は大いなる自由の日ではなくなるでしょうし、人々は再びただ人間だけを当てにすることでしょう。祈り願うということは、まさに私たちが祈りを捧げる方が、私たちの祈り願うことを聞いてくださることに頼らざるを得ないということです。私たちの教会の栄光や精神の栄光が一切崩れ去った時代に、キリスト者と自称する多くの人々がまさにキリストに属していなかったということ、また彼らはこれまで一度として自発的に、これまで一度も自分の自由な意志で、完全に自分を神に委ねたことはなかったということを私たちは経験したのではなかったでしょうか。人がこの境界線を固守するならば、信仰、すなわち神を信じる信仰と、神の霊が私たちに対して為し得る信仰の奇跡を信じる信仰が必要です。信仰というのは、たとえば、ただ私たちが人間のうちにある善きものを信じなければならないということよりも多くのことを要求します。否、キリストの中におられる神が人間に対して、内面的な自由によって和解を受け取るように願っておられるので、人間は和解を受け取るのだということを私たちは信じることができますし、信じることを許されますし、信じなければなりません。それは単純に次の理由によります。すなわち、敵対関係は終わり、それゆえに私たちのもとでも、それは終わらなければならないということが神によって人間に明らかにされるからです。

実際私たちは今やもう一方の陣営に属しています。この方に、この唯一なるイエス・キリストにすべての暗闇が重くのしかかっています――そして、私たち、すなわちイエス・キリストではない私たちすべての者たちには、「彼の受けた傷によって、わたしたちはいやされた」〔イザヤ書第五三章五節〕という御言葉が語られます。私たちは神の義です――あるいは、私たちは少なくとも神の義であることができるでしょう！　つまり、それはまさに、私たちがこれまで決してなれなかったものです。というのは、私たちはこれまでまさに、私たち自身のやっかいな、反感を起こさせる、偽善者やファリサイ派を生み出す義でしかあり得なかったからです。これまでは私たちが正しいと言っても、せいぜいのところ私たちすべての者たちを深い相互不信で満たす、あの境界線と溝を生み出す不快な臭気が繰り返しこの義から生じる程度でした。神の義は、このような私たちの罪を数えない義であり、それは神の至高の御業です――この御業を通して、最もひどい惨めさが最も大いなる喜びに変わり、変えることのできないものが新しい命の生成となるのです！　私たちのテキストを締め括る文章が言おうとしているのはこのことなのです。すなわち、「罪と何のかかわりもない方を、神はわたしたちのために罪となさいました。それによって、わたしたちが神の御前で認められる義となるためです」〔原文のルター訳聖書に合わせ、一部改訳〕ということなのです。私たちがイエス・キリストにおいて裁かれているがゆえに、私たち自身の疑わしい義によっては持ちこたえることができないということを私たちが一度認識したならば、大いなる和解の日に、全世界の人々の前で神によって宣告された新しい義を私たちが恥じることはもはやなくなるでしょう。今日に至るまで、説教の職務はこの義に仕えるように召されているのです。

訳注

〔1〕フリードリッヒ・フォン・シラー『孔子の言葉』の中の一節。梶山健編著『世界名言大辞典』明治書院、一九九七年、一九八頁。

トラウゴット・コッホ

トラウゴット・コッホ（Traugott Koch）は一九三七年に生まれ、二〇一五年に死去。ハンブルク大学の組織神学と社会倫理学の教授（退職名誉教授）。この説教は、一九九三年の聖金曜日にハンブルク－ニエンドルフの約束教会で語られたもの。未発表。

聖金曜日（Karfreitag）

コリントの信徒への手紙二第五章一九―二一節

つまり、神はキリストによって世を御自分と和解させ、人々の罪の責任を問うことなく、和解の言葉をわたしたちにゆだねられたのです。ですから、神がわたしたちを通して勧めておられるので、わたしたちはキリストの使者の務めを果たしています。キリストに代わってお願いします。神と和解させていただきなさい。罪と何のかかわりもない方を、神はわたしたちのために罪となさいました。わたしたちはその方によって神の義を得ることができたのです。

「神」、私たちはつい先ほど使徒パウロを通してこの御言葉を聞きました。「神はキリストの中におられ、世を御自分と和解させられた」〔ルター訳聖書〕。そのようなことがイエス・キリストにおいて起こったということは、私たちにとってどのような意味を持つのかということを、私たちはこの説教で考えたいと思います。私たちが語り、また聞くことができるために、神が御霊によって正しい考えを与えてくださるように。アーメン。

愛する教会員の皆さん！　かつて聖金曜日は福音主義教会の信徒たちの主要な祭りでした。ひょっとすると、私たちの中には、そのことを今でも思い起こす人々がいるかもしれません。南ドイツのある村で――そこは完全に福音主義の村で、とりわけ信仰深いことで知られた村でした――私の幼少期には、聖金曜日に教会に来ない人はほとんどいませんでした。二階の聖歌隊席には、皆、黒いスーツを着た男たちがひしめき合って座っており、一階には、同じように黒い服を着た婦人たちがすべての座席を埋め尽くしていました。祭壇と講壇の上には、黒い織物が広げられていました。まだ信仰告白式を終えていないわれわれ子どもたちだけが黒いスーツを着ていませんでした。

では、今日はどうでしょうか。以前に存在していたものはとっくになくなってしまいました。にもかかわらず、聖金曜日に思い起こされるべきことは、キリスト教信仰の最も本質的な核心です。それはなくなることはありません。「神はキリストの中におられ、世を御自分と和解させられた」。私たちはこのことを理解するように努めたいと思います。

世が神と和解させられる——どのようにしてそのようなことが起こり得るのでしょうか。古くから知られた世は、人々が他の人々に加える不正や暴力行為、損傷や破壊で満ちています。戦争、荒廃、流血は、嘆きの声が響き渡るこの谷間でやむことはありません。——けれども、私たちがそのことを確認するだけで事が済むわけではありません。それはまだ運命全体ではありません。

イエスの場合はどうだったのでしょうか。イエスは、すべての人間が再び息を吹き返し、あらゆる断絶と境界線を越えて再び新たに集まるためにその生涯を捧げられました。放蕩息子のたとえの中でイエスはそのことを示されました。すなわち、放蕩息子が再び帰り、その祝いがなされ、兄もそれまで抱いていた考えや隔たりを克服し、共に祝うように招き寄せられるということを。イエスによれば、神の国はそのようにして始まるのです。そして、それゆえにイエスはあらゆる隔たりや除外を取り去り、まさに排除された者たちと向き合われ、特にひどい不快感を呼び起こす重い皮膚病を患う者たちと向き合われました。イエスは彼らと向き合われ、彼らを、彼らが生きることを、彼らが息を吹き返すことを求められました。「あなたがたの敵を敬い、愛しなさい」「あなたがたの天の父の子となるためである」「父は悪人にも善人にも太陽を昇らせ、正しい者にも正しくない者にも雨を降らせてくださる」（マタイによる福音書第五章四四節以下）。この方、イエスは、すべての人々が完全に一つに結び合わされるという経験をするために、恐れることなくすべての人々と向き合うことがおできになった**ただ一人の人間**です。すなわち、この方、イエスは彼らが生きることを望まれると同時に、他の人々が生きることも望まれる愛であられました。それゆえに、イエスは病人たちを癒されました。イエスは人々の苦しみを取り除かれただけではありません。イエスの御業において、神の善き、命を呼び覚ます命が、命を破壊するすべてのものに抵抗し――打ち勝つのです。

　イエスはそのために生涯を捧げられました――その結果、イエスは何に到達されたのでしょうか。この方の死刑、ゴルゴタでのこの方の死刑、この方の聖金曜日です。それは恐ろしいこと、ただただ恐ろしいことです。すなわち、すべての人々のための神の尊い命、すべての人々のことを考え、誰一人排除しない限りない愛、この愛は拒絶と除外と殺害願望に遭遇します。**それ**、すなわちこのような寛大な慈しみは、耐えがたいもののように思われるのです。善人と悪人との区別に固執する人々の自信、聖書の神がどのような方であるかということ、またこの方が人間的なものと一緒にされてはならないということをよく知っている人々の自信、身の処し方を心得ており、秩序とは何であるかということ、また秩序がなければならないということをよく知っている人々の自信、**このような**自信は、イエスがすべての人々のもとに向かわれることによって揺り動かされます。それは、憎しみ、軽蔑、邪魔者を取り除こうとする執拗な欲求を呼び起こします。

　では、今日、それとは事情が異なるのでしょうか。イエスが生きられた純粋な善を目の前にして、悪が噴出します。愛を目の前にして、私たちの愛することのもろさが明らかになります。ほとんど抑えきれずに善に対して心を閉ざし、いつでも悪にのみ、私たちに為された不正な行為にのみ目を向けさせる何かが私たちのうちにはあります。純粋な善によって、また愛によって、それとは正反対のものも明らかになりました。すなわち、底知れぬ悪、他の人々との関係を断ちたいという陰鬱な願望です。ある人が次のように言いました。「ゴルゴタは、そこで各々が自ら共に苦しみを担い、共に行動する現実の歴史の極めて厳しい状況なのです」と。

イエスは殺され、片付けられます。イエスは人類の歴史の害悪のせいで命を失われます。もしそれがすべてであり、それで終わりならば、途方もなく恐ろしいことでしょう。けれども、そうではありません。イエスは単に人類の歴史の害悪のせいで**死なれる**のではありません。むしろ――そして、このことが決定的に重要なことなのです――この方は同時に人類の歴史の害悪を**打ち破られる**のです。この方はただ一度、御自分の十字架において私たちの害悪を打ち破られます。それが私たちすべての者たちの身に起こるために。私たちがこの方の霊によって燃え立たせられ、悪、すなわち私たちの内にひそむ、滅ぼすことを望む欲求に**打ち勝つ**ものが何であるかを理解し、それを**生きる**ためです。

この方は私たちの害悪を打ち破られます。けれども、**どのようにして**そうなさるのでしょうか。イエスにも敵がいました。けれども、この方は、愛だけがそうすることができる**やり方で**私たちの害悪を打ち破られ、死を引き起こしかねない敵意を打ち破られます。愛だけがそうすることができます。**まさに**神である愛だけが、人間に対する真実の完全な慈しみだけがそうすることができるのです。

愛する教会員の皆さん、このことをよく考えてみましょう！　つまり、まず第一に、神である完全な愛だけがそうすることができるということを。けれども、神である愛――その愛において神は御自分を私たちに与えられます――は**暴力を用いず**、権力から自由です。愛は強制しません。愛がまさにそうであるように。愛は確かに、自らの命と共に、自由に他の人々の命になることだけを望みます。それは飛び越え、自由に他の人たちにとって本質的に重要な事柄、すなわち他の人たちの命になることだけを望みます。イエスが生きられ、そのようにして私たちに明らかにされる愛、人間に対する慈しみは敵を滅ぼしません。したがって愛は拒絶に身をさらします。にもかかわらず、愛はそこでも、愛、すなわち人間を追い求める、人間に対する慈しみであり続けます。愛はそういうものでもあり続けますし、まさに愛は人々からの拒絶が最終的にもたらす結果、すなわち人々による死刑をさえも覚悟し、万が一の時には、それを引き受けることによって、愛はそういうものであり続けます。ゴルゴタでの死刑を避けないということは、この方、イエスの愛の帰結に含まれているのです。イエスを殺害する人々の憎しみに対して、この方は最後まで耐え忍び、その憎しみさえも耐え抜く愛によって応えられます。それゆえにこの方は逃げませんし、この方が自分自身を与えずにおくことはこの方にとっては考えられないことなのです。それゆえに、この方は御自分を本当に危険にさらされるのです。

ただ愛だけが害悪の連鎖を打ち破ることができます。愛がまさに悪をもって悪に報いず、善をもって打ち勝とうとするがゆえです（ローマの信徒への手紙第一二章一七節、二一節）。――にもかかわらず、そのことについて、さらにそれ以上のことが語られなければなりません。すなわち、まさに愛だけがそうすることができるということを。なぜなら、愛は害悪に身をさらすからであり、私たちが自己防衛策や防衛機制という手段を用いてすることとは異なり、愛は自分の身を守らず、私たちに悪いことをたくらむ**人**であっても、愛は拒絶しないからです。愛はそれ自体、**非暴力**です。そして、それゆえに愛は甚だしく傷つきやすいのです。すべての人々が一つとなり、和解するために人々に示されるイエスの愛、イエスの慈しみは完全に非暴力です。イエスは御自分が置かれている状況を改善し、御自分の敵を打ち負かし、あるいは彼らの頑なさを打ち砕くような奇跡は**何一つ**なさいませんでした。イエスの物語を読むとき、最終的にそのようなことが起こることをまさに期待することがあります。にもかかわらず、外部からの奇跡によって、石からパンを、命のパンを作るのは悪魔の誘惑です（マタイによる福音書第四章三節）。そして、キリストが死に行くときにも聞かなければならない嘲りも同様です（マタイによる福音書第二七章四〇―四二節）。究極的なことに至るまで、すなわちこの方の死刑に至るまでの愛の道において、イエスは他の人々に対して御自分を守ることをせず、他者の自由を打ち砕くことをせず、むしろただ御自分を人々に委ねられます――そして、愛はいつまでも存続するのです。

神である愛のみが害悪の連鎖を断ち切ることができます。なぜなら、愛は暴力を用いず、愛は自分のことを気にかけず、非暴力であるからです。にもかかわらず、愛が受ける拒絶と共に、害悪の連鎖が続くことは苦痛を与えます。すなわち、愛に**苦痛を与えます**。愛はそのことで苦しみます。まさにそれが愛であるがゆえに。愛は打たれるままでいます。傷つけられるままでいます。愛は苦しみを背負い込みます。にもかかわらず、愛であり続けます。ただ偽りのない真実の愛、神の愛のみがそうすることができます。賛美歌集の作詞家であるゲルハルト・テルステーゲン[1]はそのことを次のように語りました。イエス・キリストの十字架において「苦しみと愛は一つとなった」と。

この愛について、さらに語るべきことがあります。すなわち、まさに愛は非暴力なのですが、それは別の意味で、まったく無力ではないということです。愛は奥深く穏やかな力を持っており、その力はひとえに動じることのない粘り強さにあります。

この力は、石のように固い心さえも柔らかくできるほどに強いものです。**この**愛は全能であり、それゆえに神の愛なのです。それは傷つけられても愛することをやめません。この神の愛は惑わされることはありません。神の愛は敵をも愛します、自分を傷つける者をも愛します。神の愛は自分になされる破壊行為をも耐え忍びます。そして、愛はいつまでも存続します。愛は悪を**最後まで**耐え**抜き**、そのようにして、まさに**自らが耐え抜く**ことで悪に耐えます。**そのようにして**、愛は悪に打ち勝つのです。そして、そのようにして、愛は**和解をもたらします**。それゆえに、それは神の愛なのです。この愛は自らその死を最後まで耐え抜きます――そして、そのようにして、この愛がどのようなものであり、愛それ自体に何ができるかを証明します。神の愛が実際にそうであるように、ひるむことなく、惑わされることもなく、それ自身、真実である**この**愛は死をさえも耐え抜きます。この愛を破壊することはできません。というのは、それは破壊によっても、死によっても自分自身を放棄しないからです。

イエスが生涯貫かれた愛は、滅びを引き起こす悪の力に関わりを持ち、本当に引き込まれ、破壊的な力や死をもたらす力に巻き込まれ、死そのものにさえ巻き込まれることによって――イエスが生涯貫かれた愛は全面的に死の攻撃を受け、情け容赦ない憎しみと、排除された者の死を耐え忍ぶことで、この愛の前では悪は無力であり、根本的に克服可能なものであることを**この愛は**証明します。

イエスは御自分を悪にさらされるにもかかわらず、愛を貫かれます。そのようにして、イエスは途絶えることのない愛によって、悪を内部から克服されました。イエスが憎しみや殺害を避けず、むしろ十字架の死においてそれらを受け入れ、自ら耐え忍び、にもかかわらず、愛することをやめないことで――「父よ、彼らをお赦しください。自分が何をしているのか知らないのです」〔ルカによる福音書第二三章三四節〕――またイエスが愛を携えて死刑を受け、十字架の死を遂げられることで、**御自分に**害悪をもたらすすべてのものを克服されました。同時にイエスは、**私たちに**、害悪をもたらすすべてのものは克服することができるものであることをも証明されました。今やすべての人にとって、それは明らかとなりました。

それは愛だけに可能なこと、すなわち破壊的な力、死をもたらす力をも引き受けられるにもかかわらず、それによって破壊されないのです。「愛よりしてわが救い主は死にたまわんとす[2]」。これは単にヨハン・セバスチャン・バッハのマタイ受難曲の中心部分であるだけではありません。それは聖金曜日の最も奥深い中心であり、すべてのことを決定する中心なのです。そのようにして、イエスが死に至るまで、破壊をもたらす悪を耐え忍び、耐え抜かれたことで、神は世を御自分と和解させられたのです。というのは、神から引き離すものは、もはや最終的に何一つなくなったからです。「愛よりしてわが救い主は死にたまわんとす」。それは、愛が——神の愛がどの程度のものなのか、どの程度のものであり得るのかを明らかにするためです。つまり「愛の力」が私たちに明らかになるのです。愛の力の巨大な全体像が示され、それが破壊され得ず、汲み尽くされ得ないことが示されたのです。

そして、すべてのことを耐え忍び、すべてのことに打ち勝つこの神の愛は**私たちの**愛となることを望みます。この愛は私たちを神と和解させることを望みます。そして、私たちがこの愛によって満たされることを受け入れるならば、それは私たちによって生きられる愛となります。この愛**そのもの**が私たちの心を揺り動かします。この愛が私たちの内に入ることを私たちが許しさえすれば、この愛は私たちを自分自身の内に受け入れます。神の愛が私たちの内で私たちの愛となるならば、悪が私たちに打ち勝つことはありません。そのときには、私たちは自分たちの愛のなさに驚くことでしょう。けれども、そのときには、憎しみ、すなわち他の人の人生をうらやみ、私たちの人生を堕落させるすべてのものは取るに足りないものとして私たちから消え去ることでしょう。そのときには、私たちは為す術もなく感情に流されることはなく、むしろ人間の命が傷つけられ、破壊され、殺されるところではどこでも、痛みを覚えて共に苦しみ、共感することでしょう。そして、私たちは自分自身や私たちの失望の中から外に歩み出し、他の人に思いやりを持って向き合うことをやめないでしょう――そうしようとするのをやめないでしょう。イエスの死において神の愛は明らかになりました。イエスの死において愛そのものが目に見えるようになりました。私はイエスの死を見ることができます――だからこそ、もはや私の限界、私の無能力だけに目を向けてはならないのです。私はイエスの死を仰ぐことができます――だからこそ、愛とは何であるかを再び知り、愛は私のことも考え、私にも向けられていることを再び知るようになるのです。

愛する教会員の皆さん！　それはごく単純なことでしょう。ナウムブルク・アン・デア・ザーレには大聖堂があります。二階の聖歌隊席に行こうとするときには一本の通路、すなわち教会の内陣格子を通り抜けなければなりません。その上部の扉の枠はイエスの十字架の梁です。つまり、人は十字架において伸ばされたイエスの腕の下を通らなければならないのです。ある知人が私に次のような会話を聞かせてくれました。彼はその会話を偶然、この教会の中で聞いたのです。一〇歳から一二歳くらいの一人の少年が前方の十字架の扉を指さし、彼の父に「あそこにいるのは誰?」と尋ねます。答えはありません。しばらくすると少年は再び尋ねます。「あの前方の扉の人だよ」。すると父は「誰か分からない」と答えます。またしばらくすると、少年は今度は独り言を言います。「この人は『わたしの腕の中に来なさい』と招いているんだよ」。

コリントの信徒への手紙二第５章19―21節

愛だけがそうすることができます――和解をもたらし、すべてのことを耐え忍び、すべてのことに打ち勝つ神の愛だけがそうすることができるのです。この神の愛は私たちを追い求めることをやめません。この方は聖金曜日に「わたしの腕の中に来なさい」と招かれます。来なさい、わたしの愛があなたの愛となり、あなたの命となるために。アーメン。

訳注

〔1〕ドイツ人の信徒伝道者また作家（一六九七年一一月二五日―一七六九年四月三日）。
〔2〕ヨハン・セバスチャン・バッハ「マタイ受難曲」第二部、杉山好訳、ユニバーサル・ミュージック、五三頁。

ゲオルク・アイヒホルツ

ゲオルク・アイヒホルツ（Georg Eichholz）は、一九〇九年に生まれ、一九七三年に死去。ヴッパータール教会立神学大学の新約学の教授であった。この説教は、ヴッパータール神学大学での礼拝の際に語られたものである。ゲオルク・アイヒホルツの説教集『聞くことと驚くこと』所収。Georg Eichholz, Vernehmen und Staunen, Neukirchener Verlag, Neukirchen-Vluyn 1973.

コロサイの信徒への手紙第三章一―四節

さて、あなたがたは、キリストと共に復活させられたのですから、上にあるものを求めなさい。そこでは、キリストが神の右の座に着いておられます。上にあるものに心を留め、地上のものに心を引かれないようにしなさい。あなたがたは死んだのであって、あなたがたの命は、キリストと共に神の内に隠されているのです。あなたがたの命であるキリストが現れるとき、あなたがたも、キリストと共に栄光に包まれて現れるでしょう。

このテキストの驚くべき点は、ここではキリスト者がキリスト者〔キリストのもの〕として定義されていることです。このような定義は、キリスト者の過去に目を向けることによっても、あるいはキリスト者の将来に目を向けることによっても生まれてくるものではありません。またキリスト者に生まれつき与えられている、その人自身の能力も何の役割も果たしませんし、歴史の中でのキリスト者の存在に目を向けるだけでは、明らかに十分ではありません。キリスト者は徹頭徹尾、断固としてキリストに基づいて理解されるのであり、イエス・キリストの歴史に基づいて見られます。そして、そこでは、とりわけキリストの復活が決定的に重要であるということを人はすぐに付け加えなければなりません。キリストの復活は、今取り上げている非常に根本的な章句においてコロサイの信徒への手紙の著者（私はその人をパウロの弟子と見なしています）が語っているすべてのことの文字通りの出発点です。なぜ根本的かというと、これらの章句は私たちが取り上げている手紙の大きな区切りを示しており、今やそれに続くこの手紙の勧告の文脈に移行するからです。これらの章句はその路線を敷きます。

私たちは次のように言うこともできます。すなわち、私たちはこれらの章句において、キリストの復活についての見解を求められており、キリストの復活に基づいて、私たちの人生全体が包括的に定義されているのです……私たちが私たち人間の可能性に基づいて復活を考えることができないにもかかわらず。なぜなら、私たちはそのような試みにおいては、まったく間にお手上げになるからです。したがって私たちは、私たち人間の思考の範囲内では受け入れることのできない結果を背負っているのです。ですから、私たちも復活の出来事を私たちの前提で見込み違いをしてはなりません。復活は事実、新約聖書全体によれば、ただ神の圧倒的な御業の、予期せぬ、理解できない出来事でしかあり得ません。それはあらゆる通常の軌道から外れます。同時に私たちが復活というキーワードでこの出来事を書き換えるということに関しては、いかなる疑いの余地もありません。この出来事は新約聖書全体を満たし、新約聖書の宣教は全面的にこの出来事によって担われています。

もっとも私たちには繰り返し、あたかもキリストの復活と私たちの復活の間には、私たちが橋渡しをしなければならない広い隔たりが存在するように思われます。私たちはこの橋渡しを次のように考えてしまいます。すなわち、「私たちは、キリストの復活に含まれる呼びかけを私たちの人生の中で受け入れ、実現しなければならず、その結果、キリスト者の新しい命がほとんど文字通り復活の現実である」というように考えてしまいます。それらすべてのことは、真実と偽りの間の境界線上を動いているでしょう。それがどんなに分かりやすいとしても、それは逃げ口上に過ぎないでしょう。

けれども、私たちのテキストはそれとは別の言葉を語っており、私たちはそれに注意を払わなければなりません。「さて、あなたがたは、キリストと共に復活させられたのですから、上にあるものを求めなさい。そこでは、キリストが神の右の座に着いておられます」（カール・バルトはこれを「天の権威ある定義」と呼びました！）。「上にあるものに心を留め、地上のものに心を引かれないようにしなさい。あなたがたは死んだのであって、あなたがたの命は、キリストと共に神の内に隠されているのです。あなたがたの命であるキリストが現れるとき、あなたがたも、キリストと共に栄光に包まれて現れるでしょう」。

ここではほんのいくつかのことだけを強調するようにしましょう。コロサイの信徒への手紙は、イエス・キリストの歴史について、この歴史が私たちの歴史となったというふうに語っています。それはイエス・キリストの歴史は私たちに与えられるためのものであり、私たちのために起こりました。それは神によって私たちのために起こった歴史として私たちを要求し、私たちを受け入れ、初めから私たちのためにキリストの復活を生じさせたのです。イエス・キリストの歴史のこのような大きな広がりは、私たちがそれぞれの人生の中で、それに即して生きなければならない決定的な現実です。その際、福音それ自体が拘束力のある命令であり、私たちの人生は、私たちのために起こったイエス・キリストの歴史の帰結としてのみ理解することができます。

もちろん、そのことは誰の目にも明らかなのではありません。言い換えれば、私たちの人生がこのしるしにおいて始める活動の中心は、キリストと共に神の内に隠されており、私たちと世の人々の前に明らかになるのを待ち受けています。パウロは私たちの存在のこのような秘義を、それとは違う言葉で表現しました。パウロにとって復活はそれ自体、将来に初めて起こることでした。あらゆる現在形の表現は彼にとって考慮を要するものでした。復活は彼にとって先取りのように思われました。けれども、キリスト者がなお、その隠された将来が明らかになることを待ち望まなければならないこと、そのことをコロサイの信徒への手紙も自分の言葉で語っています。その限りこの手紙も、パウロがいつも強調したことを保持しています。

カール・バルト〔1〕

カール・バルト（Karl Barth）は一八八六年に生まれ、一九六八年に死去。ゲッティンゲン、ミュンスター、ボン、バーゼル大学の教義学の教授。この説教は、一九六一年バーゼル刑務所の復活祭主日に語られたもの。『カール・バルト全集第一巻（一九五四年から一九六七年までの説教）』所収。
Karl Barth, Predigten 1954-1967 (GA I), 2. Aufl. 1981 (abgedruckt ohne Fußnoten). © Theologischer Verlag Zürich.

復活祭主日（Ostersonntag）
イザヤ書第五四章七―八節

わずかの間、わたしはあなたを捨てたが
深い憐れみをもってわたしはあなたを引き寄せる。
ひととき、激しく怒って顔をあなたから隠したが
とこしえの慈しみをもってあなたを憐れむと

あなたを贖う主は言われる。

主なる神、我らの父よ！　あなたは、その中にいかなる暗闇も存在しない光でいまし給います――そして、今やあなたは私たちにも光を灯してくださいました。この光はもはや消えることはあり得ず、最終的に一切の暗闇を追い払うことでしょう。あなたは愛でいまし、冷淡なところがありません――そして、今やあなたは私たちをも愛してくださいました。そして、あなたを愛し、また私たちが互いに愛し合うために私たちを自由にしてくださいました。あなたは死を嘲る命でいまし給います――そして、そのような永遠の命への入口をあなたは私たちにも開いてくださいました。あなたの御子にして、我らの兄弟でいまし給うイエス・キリストにおいて、あなたはこれらすべてのことを成し遂げられました。

私たちのうち誰一人として、このあなたの賜物と啓示に対して鈍感で、無関心なままであり続けることがないようにしてください！　このイースターの朝、あなたの慈しみの豊かさを少なくともいくらかでも感じさせ、［いくらかでも］私たちの心と良心に染み渡らせ、私たちを照らし、まっすぐに立たせ、慰めを与え、戒めてください！

私たちは皆、偉大なキリスト者ではなく、まったく小さなキリスト者に過ぎません。けれども、あなたの恵みは私たちに十分です。ですから、どうか、私たちでも持ちうる小さな喜びと感謝に目覚めさせてください――私たちでも奮い起こすことのできる臆病な信仰に目覚めさせてください――私たちがあなたに対して拒むことのできない不完全な服従に目覚めさせてください――それと共に、我らの主イエス・キリストの死において、あなたが私たちすべての者たちのために用意し、死人の中からの復活において約束なされた、偉大で、完全で、欠けのないものへの希望に目覚めさせてください。この時間がそのために用いられますように、私たちはあなたに祈り願います。「天にましますわれらの父よ……」！　アーメン。

わずかの間、わたしはあなたを捨てたが
深い憐れみをもってわたしはあなたを引き寄せる。
ひととき、激しく怒って顔をあなたから隠したが
とこしえの慈しみをもってあなたを憐れむと
あなたを贖う主は言われる。

〔イザヤ書第五四章七―八節〕

私の愛する兄弟姉妹！　**「深い憐れみをもってわたしはあなたを引き寄せる」**――憐れな散らされた民であるあなた、憐れな散らされた人間であるあなた、そのあなたが本来いるべき所にあなたを引き寄せ、召集する！　これがイースターの使信であり、その約束であり、誓いです。そして**「とこしえの慈しみをもってあなたを憐れむ」**。これがイースターの日に起こったことであり、出来事です。決して一時的な気分や巡り合わせによることではなく、永遠の恵みにおいて、変わることのない慈しみにおいて、イースターの日、神は、私たちすべての人間を支配している死、私たちすべてのものを待ち構えている墓から御子を救い出し、そのようにして誤解の余地なく、この方がすべての人間の救い主であると宣言なさることによって、神は愛する御子を憐れまれ、栄光に至らせ、御子に味方し、この方が御自分の御子であり、我らの主でいまし給うことを明らかにされたのです。

神は御子を憐れまれました――そして、御子の身において、不忠実で、反抗的で、不幸なイスラエルの民を憐れまれました――そして、同様に御子の身において、御子、我らの主イエス・キリストの身において、道に迷い、混乱した全人類を憐れまれました――そして、同様に御子の身において、あなたをも憐れみ、私をも憐れまれました。それぞれに固有な倒錯と破滅の中にある私たち一人一人を憐れまれました。神がイエス・キリストにおいて私たちを憐れまれた、これこそが、神がイースターの日に**成し遂げられた**ことなのです。そして、神が私たちを引き寄せ、イエス・キリストに示された恵みの中へと私たちを招き入れることを望み、また招き入れてくださる、これこそが、神がイースターの日に私たちに**語られた**こと――私たちが今聞くことを許されるイースターの御言葉なのです。

けれども、もし私たちが今、あのイースターの日に先立つ聖金曜日を想起しようとしないならば、私たちはイースターの日の栄光と喜びと希望を理解しないでしょう。イースターの日に起こったことは、それに先立つ聖金曜日に起こったことの秘義の解明、その啓示でした。「聖金曜日」(Karfreitag)とは、「嘆き悲しみの日」という意味です。イースターの日の明るい光の輝きは、聖金曜日に起こったことの解明であり、啓示であるがゆえに、「嘆き悲しみの日」という名前自体、おそらくこの日を表すのにふさわしくないでしょう。いずれにしても、神がイエス・キリストを死人の中から甦らせたことによって御子を憐れまれたこの永遠の恵みは、事実この方、すなわちゴルゴタで十字架に架けられ、十字架で憐れな最後を遂げられた人の子に向けられたのです――御子の身において、いと高き所から最も深い淵の底に落ちたイスラエルの民に向けられたのです――さらに御子の身において、初めから今日に至るまで、非常に多くの血と涙によって書き記された歴史でしたし、今でもそのような歴史である人類に向けられたのであり、向けられているのです。したがって、賢さや善良さや巧みさを兼ね備えた私たち一人一人にではなく、むしろその人生の日々をも嘆き悲しみの日にしてしまうような、存在の究極的な、最も深い絶望と無意味さの中にある私たち一人一人にも、神の永遠の恵みは向けられたのであり、向けられているのです。実際にイースターの日がなければ、聖金曜日は嘆き悲しみの日でしかないように、イースターの日は聖金曜日がなければ、やはり虚しいお祭りの日でしかなかったことでしょう。実際に、イースターの日は残念ながら非常に多くの人々にとって、そのような日となっています。私たちはイースターの日を正しく祝うことを望むゆえに、この日に死者の中から復活なされた方の死を思い起こします。

それでは、聖金曜日とは、どのような日だったのでしょうか。預言者の言葉によれば、神が、わずかの、この上もなく恐ろしい瞬間、けれども神の永遠の恵みによって追い越され、克服されたがゆえに、すぐに過ぎ去る瞬間と呼んでおられるあの瞬間は、どのような瞬間だったのでしょうか。福音書記者は受難物語における決定的に重要な箇所で、この瞬間を次のように述べています。「さて、昼の十二時に、全地は暗くなり、それが三時まで続いた。三時ごろ、イエスは大声で『わが神、わが神、なぜわたしをお見捨てになったのですか』と叫ばれた」〔マタイによる福音書第二七章四五節以下による〕。そしてさらに「イエスは再び大声で叫び、息を引き取られた」〔マタイによる福音書第二七章五〇節〕。イエスが「わたしの願いではなく、御心のままに行ってください！」〔ルカによる福音書第二二章四二節〕と祈られ、覚悟を決められ、そこへと至る道を歩まれた後、イエスが死に際に、まさにそのように、まさにこの言葉、すなわち「わが神、わが神、なぜわたしをお見捨てになったのですか」と叫ばれ、そのように問われたことについて、人はしばしば不思議に思い、この言葉につまずきました。けれども、この事実は変更できません。他ならぬこの事実に私たちは固執しなければなりません。他ならぬこの事実を心の底から真剣に受け取らなければなりません。すなわち、その通りに、まさにこの言葉をイエスはそこで実際に叫ばれ、問われたということを。「神である私が汝イエスをわずかの間、見捨てた。この怒りの瞬間に、神である私は、私の愛する子である汝に私の顔を隠した」という御声をイエスは聞かされなければならず、聞かなければならなかったということが文字通り、そこでイエスの身に起こったのです。神がそこでなされたこと、すなわちこの怒りの瞬間に、このように御子を見捨てられたこと、誰かある犯罪人に対してではなく、真に純粋で、聖なる、忠実な人間に対して――すなわち御自分の愛する御子に対して、このように御顔を隠されたのは恐ろしいことでした。それはたとえば、イエスが神を見捨てたことに対する神の側からの答えであったということではあり得ず、また実際にそうではありませんでした。むしろ、イエスが神を見捨てず、まさにイエスが神にひたすら従順であり続けられたことによって、イエスはただ神の御心だけが行われることを望まれたのであり、御自分をまさにそこへ、まさに厳しい結末へと導かなければならず、事実、厳しい結末へと導いた道を歩み出し、歩まれたのですが、その結末において、神はイエスを見捨てなければならず、見捨てることを望み、実際に見捨てられたのです。それが「わずかの間」のことであり、聖金曜日に起こったことだったのです。

イエスをそこに、すなわちこの「わずかな間」の恐ろしい出来事に導いた道はどのような道だったのでしょうか。私の兄弟姉妹たち、それは**私たち**へと向かうイエスの道であり、**私たち**へと向かう神の道だったのです。すなわち、イスラエルの民の大いなる邪悪な背きゆえに、この民に定められた暗い場所へと至るイエスの道であり、神の道だったのです――創造主にして主であられる方に対する、全人類の絶えざる無関心と反逆ゆえに、全人類が陥った暗い場所――私たちが神を見捨て、繰り返し見捨てるがゆえに、またそうすることで、私たちすべての者に定められた暗い場所へと至るイエスの道であり、神の道だったのです。イエスは御父より遣わされ、私たちの所に、したがって神がお怒りになり、神が御姿を隠されたこの場所に赴き、また来てくださったのです。そして、まさにイエスがこの道を進まれ、それゆえに神から見捨てられた私たちの状態に足を踏み入れられるということによって、御父の御心がなされたのです。それはいったい何のためでしょうか。それは単純明快です。すなわち、御自分の民イスラエルのために、全人類のために、私たちすべての者の代わりに神の怒りを身に受け、神に見捨てられた者となるためです――そうすることで、御自分以外には、誰もそのような者にならないで済むためです！　イエスは、本来ならば当然私たちに帰されるべき神に見捨てられた状態に足を踏み入れられました。それは、そのような状態を御自分の身に引き受け、担い、御自分に与えられた神の御力によって、そのような状態を取り去るためであり、そのような状態がもはや私たちの事柄である必要がなくなり、そうなることを許さず、そうなることができなくするためでした。「わが神、わが神、なぜわたしをお見捨てになったのですか」とイエスは叫ばれ、問われました。そうすることで、私たちがもはやそのように問わなくても済むためであり、イエスがそこで叫ばれ問うたように、誰かある人間が叫び問うことが当然であり、避けることができず、そうせざるを得ないということがないようにするためです。なぜ、私たちすべての者たちにとって、それは余計なことであり、禁じられているのでしょうか。それは、イエスが私たちに代わって最後決定的にそうされたからです！　そこで今やイエスは私たちの代わりとなってくださるということがすでに起こったのです。イエスがそこでなされたように、そこでイエスは今や私たちの暗い場所に立たれ、イエスは今やそこでそのように、またそのようなことを叫び、問わなければならなかったのです。それがすなわち聖金曜日でした。それはわずかな、けれども恐ろしい瞬間でした――けれども、それは大いなる瞬間、永遠の瞬間、世と私たちすべての者たちに、永遠に救いをもたらす瞬間であると言った方がはるかに適切でしょう。それがすでに聖金曜日の光でした。その光はやがてイースターの日に覆いを取り去られて目に見えるようになり、啓示されました。それは、神がイエスの死者の中からの復活において、イエスに対し、イエスの従順に対し、イエスの信実に対して語られ――同時にイエスの身において、イスラエルの民に対し、すべての人間に対して語られ、そのようにして私たち一人一人に対しても語られた――あの「わずかの間」に語られた然りでした。実に聖金曜日に、すでにあの「わずかの間」に、神はすでに然りを語られたのです！　それとも、神がこの唯一の人、愛する御子に対して、私たちの代わりにこの暗い道を行くように命じられたことで語られたのは、全世界に対する神の然りであり、同様に私たちに対する神の然りではなかったのでしょうか。そして、神はすでにそうなさることで、まさにこの道の最も暗い終着点において、神に見捨てられた私たちの状態に対して否を語られたのではなかったでしょうか。イースターの日に起こったことは、何ら新しいことではなく、単純に、まさにあの暗闇の中で灯り始め、あの暗闇の中で、ひと時は覆われていた光が輝き出たということだったのです。すなわち、それは、神がそこで私たちに向かって語られ、事実となり、出来事となった大いなる然りを口に出して語り、また神に見捨てられた私たちの状態に対して、神がそこで語られ、事実となり、出来事となった大いなる否を口に出して語ることだったのです。

今や私たちはイースターを祝うことが許されているのです。イースターを祝うとは、何を意味するのでしょうか。それは、この聖金曜日の光を見るということです。この光はそこに存在し、輝き、見つめる私たちの目をひたすらに待ち望んでいます。私たちはその光を見るために、私たちの目を開くことを許されますし、そうすべきですし、そうすることを望みます。イースターを祝うとは、神が聖金曜日になされたことの中で神が語られた然りと否とを聞き取ることです。すなわち、私たちすべての者に対する然りと、私たちが神から離れた状態——それが私たちの惨めさです——に対する否とを聞き取ることです。

神に見捨てられるという大きな陰がこのイスラエルの民を覆っていたことは、確かにイスラエルの全歴史において事実でした。そして、私たちは、人間存在がはなはだしく神に見捨てられているということを思い起こすことなくして、今日に至るまでのこの世の歴史を心に留めることはできず、新聞を読み、ラジオを聞くこともできないということも確かにその通りです。そして、いかなる人生においても、私たちの中のたった一人の人生においても、たびたび神を見捨て、繰り返し新たに神を見捨てる私たちは神に見捨てられているだろうと感じ、そういう思いを抑えることができないように思われる瞬間が必ずあります。それどころか、そのような時間が、日が、週が、おそらく何年かが必ずあ

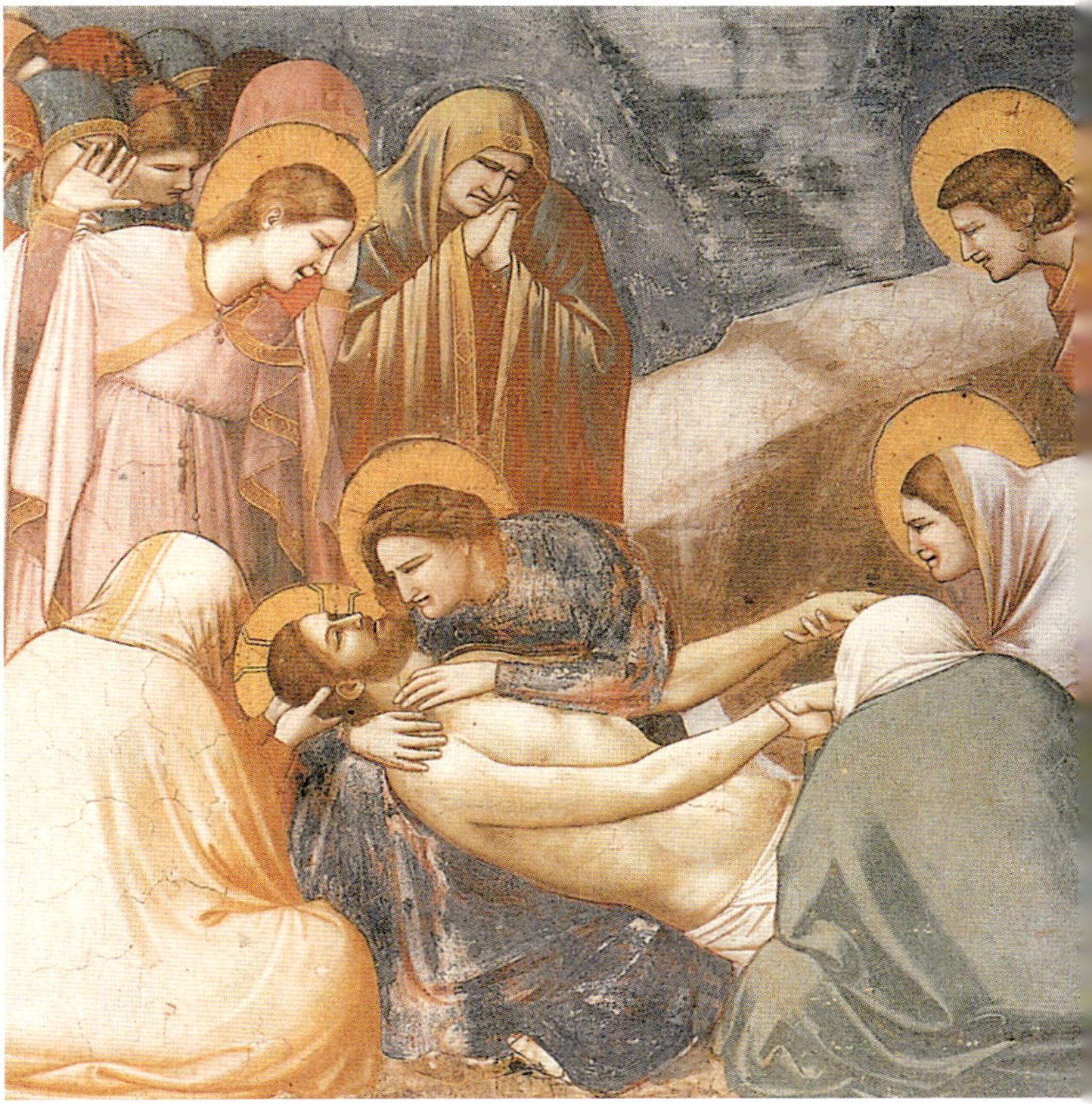

ジョット「死せるキリストへの哀悼」

ります。あなたがたはまさにこの点で私を正しく理解してたいのですが、私がそのように語るとき、私は自分自身を除外せず、むしろ私自身もその中に含めています。私はこれまでの人生の中で一二年間牧師であったし、神学教授となって間もなく四〇年になります。けれども、私は、自分が神に見捨てられていると感じ、「私はあなたを見捨てた。私はあなたの前に、私の顔をあなたから隠した――あなたが私を見捨てたことに対する私の怒りのゆえに」と神が私に語られる御声を聞くように思う時を、日々を、幾週間を繰り返し過ごしました。そして、今なおそのような時を過ごしています。それゆえに、愛する友よ、この事柄に関しては、私たちは一つなのです。そして、あなたがたのうち誰一人として、この点で私と違う状況に置かれていると考えてはなりません。けれども、私たちがその際、どれほどひどく深刻な気分にならざるを得ないとしても、もし私たちがそのように感じ、そのように考えるならば、私たちは一人残らず思い違いをしているのです。イースターの出来事とイースターの使信によれば、また聖金曜日の光の中では、神に見捨てられた状態は影にすぎず、嫌な思い出にすぎず、悪い夢にすぎません。神が私たちを見捨てられたということはあなたにとっても私にとっても、私たちの中の誰にとっても、真実であり得ることではありますが、しかし真実ではありません。真実は――私たちの不安な心と私たちの苦悩する良心の真実ではなく、聖金曜日の真実としてのイースターの日の真実は――神が私たちの味方でいてくださるという真実です。私たちが誰であろうと、私たちがどのような状態であろうと、私たちが何を感じ、何を考えていようと、私たちがまたしても神を見捨てたがゆえに、また繰り返し神を見捨てるがゆえに、神を見捨てることによって、今日も明日も私たちがどんなに重苦しい気持ちでいようと、神が私たちの味方でいてくださるという真実です。たとえ、私たちが見捨てられていると思わざるを得ないとしても、神はそこにおられ、私たちをお見捨てになりません。そして、たとえ私たちが、何かあるもっともな理由から、神の御顔が遠く離れて見えないと思っても、神の御顔は私たちを照らしています。真実は、神が完全に私たちの味方でいてくださり、私たちが完全に神のものであることを許されるということです。これがイースターの使信です。そして、私たちがこのイースターの真実を受け入れるということが、イースターを祝うということなのです。

誰がそのように語るでしょうか。誰が大胆にもそのように語ることが許されるのでしょうか。自由かつ率直に告白するならば、私は自分自身からはそのようなことを敢えて語りませんし、あなたがたや私自身に対してそのように敢えて語ることなど私は思いつきもしません。けれども、神御自身が、あの「わずかの間」の秘義の啓示において、そのように大胆に、全世界に対して語りかけ、同じように私たちにも語りかけてくださったのです。主であり、あなたの救い主であられる方はそのように語りかけておられるのです。アーメン。

イザヤ書第54章7—8節

あなたは一つなる神、あなたは私たちの唯一なる神、その慈しみにおいて強く、あなたのあらゆる御業において聖であり、栄光に満ち満ちておられます！ 私たちが、あなたの大いなる、自由な憐れみによって生きたいという信仰の告白以外には何も差し出すものを持っていない者として、私たちはもう一度あなたのもとに参ります。あなたが私たちをも、あなたにすべてを委ねるように招き、励ましてくださることをあなたに感謝いたします。あなたは私たちをお忘れになりません——どうか、私たちもあなたを忘れることがないようにしてください！　あなたが疲れることはありません――どうか、私たちが眠くならないようにしてください！　あなたは、私たち一人一人にとって正しく、救いをもたらすものを選び、望まれます――どうか、私たちが自分勝手に望み、選ぶことのないようにしてください！

けれども、私たちはここで、他の多くの人々の願いや問いや苦しみをも、あなたの御前に祈りつつ申し述べたいのです。この建物の中で、あるいはどこか他の場所で捕われているすべての人々を思い起こしてください！　近くにまた遠くにいる私たちの家族をも思い起こしてください！　肉体や精神の病を患っているすべての人々、困窮の中にあるすべての人々、とりわけ友人も助け手もいない人々を慰め、力づけてください！　全世界の難民たち、追放された人々、不正に苦しんでいるすべての人々を助けてください！　教えなければならない人々に教え、また支配する務めを与えられ、そのために召されている人々を支配してください！　あなたの福音を喜んで勇気をもって証する人々をすべての教会の中に造り出してください！　カトリック教会の中にも、自由教会の中にも造り出してください！　宣教師たちや彼らが仕えることを望んでいる若い教会を導き、照らしてください！　あなたに望みを置いているすべての人々を、彼らにとってまだ日があるうちに働かせてください。そして、あなたを知らず、まだあなたを知らず、あるいは正しくあなたを知らないすべての人々の真剣な努力が良い実を結ぶようにしてください！　あなたは、誠実な心を持つ人々の祈りを聞き届けてください！　あなたが私たちの祈りをも聞き届けてくださるために、私たちをも誠実な者にしてください！

あなたは永遠の昔から神でいまし、今も、そしてこれからも神でいまし給います。私たちがあなたに寄り頼み、あなたを信頼することが許されていることを私たちは喜びます。アーメン。

訳注

〔1〕この説教はすでに邦訳がある。『カール・バルト説教選集12』井上良雄訳、日本基督教団出版局、一九九五年、七一―八一頁。本書では、井上訳を参照しつつ、新たに訳出した。

ゲルハルト・ザウター

ゲルハルト・ザウター（Gerhard Sauter）は一九三五年に生まれた。ボン大学の組織神学、並びにエキュメニカル神学の教授。この説教は、一九八五年の復活祭の日にボンの城教会で語られたもの。未発表。

復活祭主日（Ostersonntag）
マルコによる福音書第一六章一―八節

安息日が終わると、マグダラのマリア、ヤコブの母マリア、サロメは、イエスに油を塗りに行くために香料を買った。そして、週の初めの日の朝ごく早く、日が出るとすぐ墓に行った。彼女たちは、「だれが墓の入り口からあの石を転がしてくれるでしょうか」と話し合っていた。ところが、目を上げて見ると、石は既にわきへ転がしてあった。石は非常に大きかったのである。墓の中に入ると、白い長い衣を着た若者が右手に座っているのが見えたので、婦人たちはひどく驚いた。若者は言った。「驚くことはない。あなたがたは十字架につけられたナザレのイエスを捜しているが、あの方は復活なさって、ここにはおられない。御覧なさい。お納めした場所である。さあ、行って、弟子たちとペトロに告げなさい。『あの方は、あなたがたより先にガリラヤへ行かれる。かねて言われたとおり、そこでお目にかかれる』と」。婦人たちは墓を出て逃げ去った。震え上がり、正気を失っていた。そして、だれにも何も言わなかった。恐ろしかったからである。

復活祭の雰囲気に包まれて、私たちはこうして新学期を迎えました。復活祭においては、何が私たちの目に焼きつき、何が私たちの耳に響いたのでしょうか。もしかすると、ヘルンフートやバード・ボルやどこか他の所で、ヘルンフート兄弟団のイースターの祝いを共に体験した人がいるかもしれません。この兄弟団はイースターの早朝、墓に行き、亡き人々の墓に向かってイースターの歌を歌い始めます。そこで鳴り響くトロンボーンの音は死者を甦らせることはできませんが、生きている者たちと死んだ者たちとを結び合わせる勝利の確信を伴わせることができます。

私は、ある亡くなった女性の新しい墓から帰って来ました。彼女は一週間前には、そのような歌を一緒に歌い、その二日後には、〔かつて〕彼女〔自身〕が復活なされたキリストの到来に委ねた人々の後を追うことになりました。今や彼女の棺の傍らでも「キリストはあらゆるひどい責め苦から解放され、復活なされた。私たちは皆、この方を**喜ば**なければならない……」と歌うことはとても辛いことでした。そして、心の思いは繰り返し思い出に滑り落ちるようにして戻って行き、それらの思い出は本来であれば慰めを与えるはずが、突然、悲しい気持ちにさせるのです。イースターの朝の日の出――キリスト者たちは極めて早い時期から、毎日曜日を彼らの主の復活の祝いとして、また新しい創造の祭りとして祝って来たのではないでしょうか。――この新しい始まりは暗闇や重苦しい絶望的な沈黙を貫きます。そして、光が明るくなればなるほど、またしても、ますますはっきりと死者たちの影が私たちの行く手に立ちはだかります。まさに私たちが新しい道を歩み始めたいと思うとき、あたかも彼らが私たちの歩みに先立って行くかのように、あたかも彼らがとっくの昔に私たちを追い越したかのように思われることがしばしばあります。

今週、戦後四〇年の復活祭の時、払いのけることのできない犠牲者たちの無数の影、もうとっくの昔に建て直されたか、取り除かれたにもかかわらず、訴え、注意を喚起しつつ、私たちに語りかける廃墟の影が存在します。巨大な影の魔法使いとそのやかましい同伴者の時代です。来る日も来る日も延々と続く記念日、そして、ほとんどいつでも同時に、私たちがそれに立ち帰り、いつもそれを心に留めるように強いる警告の記念碑――できれば、その道がよりよい将来へと実際に進んで行けばよいのですが。そこでは、さまざまな名前が口にされます。アウシュヴィッツ、ちょうど昨日はブーヘンヴァルト、何週間か前にはドレスデン、間もなく広島となります。それらは、言及されなければならない非常に多くの名前のほんの一部に過ぎず、そのたびに新しい墓地が私たちの前に現れます。そこで私たちはごく単純に次のように歌うことができるでしょうか。「この復活祭の時、私たちは皆、喜びたいのです。神が私たちの救いを備えてくださったのですから」と。

私たちは――復活祭の後の一週間もさまざまな新しい出来事の中にあり、同時に新たに始まる学期の、これまでとまったく変わらない日々の中にあって――まったく新しい出発の気分ではありませんでした。すなわち、イエス・キリストの勝利によって飲み尽くされた死についてのイースターの使信が墓に向かって大声で叫ばれたとしても、私たちの背後には墓があるのです。この巡礼の旅の後には、本当に再出発することができ、少しでも前進できるという漠然とした希望を抱きつつも、私たちはずっと前から、墓へと**戻る**道――多くの曲がりくねった個人的な道や共通の道――を歩んでいるのではないでしょうか。

そのような道の物語について聞き、この道を共に行くことは復活祭の後の週でも、まだ遅くはありません。

安息日の次の日の朝早く、三人の婦人たちがイエスに最後の愛の奉仕をするためにエルサレムを出発します。エル・グレコ〔1〕の友人であり、彼と同時代の人であるミヒャエル・ダマスキノスはイースターの聖像画に朝の薄明を描きました。その聖像画は今日、クレタ島のイラクリオンに保存されています。その絵の枠の左上には、ごくかすかな光に照らされたゴルゴタの丘の上に立つ三本の十字架が見られます。それのみならず、人々が十字架に架けられた者を取り下ろす際に使ったはしごも見られます――まだ何もまったく変わっていませんでした。人々は、安息日が始まる前にイエスの遺体を慌てて埋葬しただけで、それ以外のものは何も片付けることができなかったのです。右側には真っ赤な太陽が昇るのが見えますが、ほとんど光を放っていません。その太陽はまもなく沈むのではないか、しかも、もしかすると永遠に沈むのではないかと人は考えるかもしれません。

これらの婦人たちは後になって、葬りの儀式の埋め合わせをしようとします。彼女たちはその友に対して、最後の愛の奉仕の責任を果たさなければならないと考えます。油注ぎは聖別の行為ですが、それは保存の試みでもあります。婦人たちは――いわばぎりぎりになって、というのは、本来オリエントの気候では、それを行うには、すでにあまりにも遅すぎるからです――遺体をできるだけ長く腐敗から守りたいのではないでしょうか。彼女たちはこのようなやり方で、これからも遺体を自分たちのもとに留めておきたいのではないでしょうか。遺体は自然に朽ちるままにすべきではありません。悲しみの中にある人々は、今日俗に言われるように、ある期間喪に服する務めを果たします。すなわち、死によって突然引き裂かれた不自然な傷を真ん中で縫い合わせ、死者に対する関係を整理するために、彼女たちは死者に向き合います。彼女たちは、その人が死んだことは取り消せないということを悟るために、その死者に対してそのようにふるまおうとします。同時に、その人が死んだことがはっきりと意識的に受け入れられます。そうすることで違和感が少しずつなくなっていきます。死者に関して残るものは、再び生の中に取り入れられなければなりません。遺体を再び地の土に帰すためにウジ虫が遺体にすることを、生きている者たちは彼らなりのやり方でなそうと努めているのです。すなわち、生きるために――彼らが生きるために！――役に立つものを彼らが放さないことによって、そうしようと努めているのです。そのように喪に服する務めは、自分のものにするための一つの形式でもあるのです。この婦人たちはイエスをそう簡単に死に引き渡そうとはしません。彼女たちがこの方と正式に別れを告げることで、彼女たちが思い起こすこの方を、彼女たちなりのやり方で自分たちのもとに引きとめるのです。

このような願いは極めてよく理解できますが、そのために彼女たちがほとんど自分を見失ったかのように私たちには思われますし、少なくとも軽率なように思われます。彼女たちはおそらく保存する方法を考えたのでしょう。けれども、彼女たちの力ではどうすることもできない障害物があることに、彼女たちは道の途中でようやく気づきます。それは墓の前に置かれた大きな石、すなわち溝にはめられた石うすのような蓋のことです。その石が動かされるためには、助けが必要です――人間の助けです。それは分かり切ったことです。

墓の前の石、それは単なるつまずきの石であるのみならず、いわば境界石のようなものです。それは生きている者と死んだ者との間のかんぬきであり、両者を互いから守るための柵です。死者を敬うための短い中断の時を過ごした後も、この世の生はこの石のこちら側で続いていかなければならず、この石の脇を通り過ぎざるを得ません。

ところが、なんと驚くべきことに、この石がどかされていたのです！　そこに残っているのは暗い穴だけです――そしてその中には、光に包まれた人の姿があります。その言葉は理解できなくはないとしても、はっきりとは理解し得ないことをその人は語ります。確かにイエス御自身がそのことを語っておられました。けれども、イエスがもはやそこにおられなければ、それらの言葉に何の意味があるのでしょうか。イエスはおられなくなってしまい、生きている者や悲しむ者たちから決定的に奪い去られました。石がどかされていただけではなく――イエス御自身もそこにおられなくなってしまったのです！　それが空の墓の「意味」です。ここには、婦人たちにはもう何も残されていません。ここには、これ以上探し求めるべきものは何もありません。

婦人たちは「だれが墓の入り口からあの石を転がしてくれるでしょうか」と互いに尋ね合いました。

石が転がしてあったのですから、彼女たちは今や安心してよいのではないでしょうか。いいえ、逆に今や死ぬほどの驚きが彼女たちを襲うのです。そして、その理由が「だれがあの石を転がしてくれるでしょうか」という問いによって明らかになります。この石はイエスを閉じ込めておくはずだったのです。それと同時にイエスを保存し、イエスの友たちのため、彼女たちが喪に服して、思い出を語るために閉じ込めておき、敵対する世から守るはずだったのです。イエスが油を注がれ、死者として葬るための処置がなされたならば、石は再び死者の見張りのように、墓の前に置かれなければなりません。けれども、忠実な友たちはこの石によって、同時に**イエスに対しても心を閉ざしていた**のです。この石は、イエスが**死なれ**、取り去られたことは、**彼らにとって覆すことができない事実であると**いうことを示すはずでした。死者に対する深い思いやりの気持ちから、彼女たちは知り合ったこの方を自分たちのために保存しておきたいと思いました。彼女たちに馴染みのある姿で、いかなる変化の痕跡もなく、彼女たちに馴染みのある姿のままであり続けるべきだったのです。すなわち、ミイラのように。マルティン・ルターはそれについて「この石は不信仰のしるしである」と言っています。確かにイエスは御自分に属する者たちのために死なれました――けれども、この方は**彼らのために生きるために**、**彼らのために**死なれたのです。彼女たちはそのことをまだ知らず、信じてもいません。とても献身的に尽くし、誠実で、忠実な婦人たちが、彼女たちには動かすことのできない石を目の前にして、自らの心を閉ざしていることが明らかになるのです。

　イエスが決定的に彼女たちから奪い去られたために！――今や突然悼むべき人を失った喪に服する人々――彼女たちは自分たちに語りかけられる言葉に、そもそも注意深く耳を傾けているでしょうか。

「あなたがたは十字架につけられたナザレのイエスを捜しているが、あの方は復活なさって、ここにはおられない。……さあ、行って、弟子たちとペトロに告げなさい。『あの方は、あなたがたより先にガリラヤへ行かれる。かねて言われたとおり、そこでお目にかかれる』と」。婦人たちは驚いて取り乱し、走り去ります。決して喜びの使者としてではありません！　彼女たちの喪に服する務めは空の墓によって飲み込まれてしまいました。私たち人間が依然として保とうとするつながりは引き裂かれました。すなわち、十字架に架けられたナザレのイエスの思い出、また私たちの記憶の中で、この方の生と死に結びつくすべての思い出は引き裂かれました。この石は愛する者への道を遮断したように思われました。今やこの障害が取り除かれただけではありませんでした。死者を拘留する牢獄が開かれたのです。イエス・キリストが命へと至る道を阻むすべてのものは打ち破られました——私たちの善意からなされるイエスとの関わり、それどころか愛に満ちたイエスとの関わりでさえも、常に新しい封鎖を造り出してしまうのです。

婦人たちはすっかり当惑していました——そして、彼女たちはそのようにして、自分たちが人間であること、彼女たちの身に起こることを受け入れることのできない人間に他ならないことを露呈します。クリスマスの知らせを前にして恐れを抱く羊飼いたちに、天使が「恐れるな！」と叫ばなければならず、そうしてまず初めに立ち直らせるのです。ここでの羊飼いたちのように、彼女たちは恐れを抱くのです。イエスの変貌を目の前にして、どうしてもそれにふさわしい言葉が見つからず、反対に完全に的外れな言葉を語るペトロのように、彼女たちは逸脱してしまいます。

けれども、墓のそばにいる婦人たちは決して何かを語るわけではありません。**彼女たちは何も語ら**

ず、そのような仕方で彼女たちが語ることのできることを語るのです。彼女たちは自分たちには理解できないこと、把握できないことから逃れるのです。けれども、彼女たちが気づくことなしに、彼女たちの逃亡は前に向かう逃亡となり、復活なされたキリストの御腕の中への逃亡となるのです。

もっとも、私たちはそのことについて、これ以上何も聞きません。この物語は中断します。それでも、これはイースターの物語なのでしょうか。確かに私たちがイースターの物語に期待するあらゆることが欠けています。すなわち、救いをもたらす御言葉、復活なされた主のふるまい、伝染的に広がる喜び、新しい生に対する歓喜、それどころか信仰告白のほんの小さな痕跡さえも見当たりません！聞き取り、見ることができるようになったのは唯一つ、約束の御言葉だけです。この約束の御言葉は人々をイエス・キリストの御前に連れて行き、この物語が福音書において語られた通りに、この方の物語の中に人々を立たせます。したがってこの物語は輪に似ており、開かれた輪に似ています。すなわち、キリストの福音の宣教は新たに始まり、人々を繰り返しその中に招き入れるのです。

フリードリッヒ・ニーチェは彼にとっての新しい宗教の預言者であるツァラトゥストラに、「キリスト者たちには、イースターの喜びが感じられない」と非難の言葉を語らせています。「かれらがもっと良い歌を歌ってくれなければ、わたしはかれらの救済者《すくいぬし》を信じる気にはなれない。それに救済者《すくいぬし》の弟子であるならば、もっと救済されたようなおもむきが見えなければなるまい！[2]」。この言葉は、今日のキリスト者たちに欠けているものを示すために繰り返し好んで引用されます。今日のキリスト者たちに欠けているものとは、心をかき立てるような感動、困窮に打ち勝ち、多くの小さな、けれども非常に妨げとなる逆境にももはやまったく動揺することのない確信に満ちた態度、また他の人々が見て喜び、場合によっては勇気を奮い起こすことのできる光輝く顔です。けれども、ニーチェのツァラトゥストラが「救い」という言葉で実際に考えていたことは次のことです。すなわち、棺を覆う布を取り去り、自分自身や世と折り合いをつけ、とりわけ私たちに異議を唱え、私たちを痛い目に遭わせるものを、もはや「神」と呼ばないということです。——それは本当に救いでしょうか。少なくとも、あのイースターの朝、ゴルゴタの丘のすぐ近くで現れた救いではありません。

それゆえに、心の底から動揺させられ、イエスの圧倒的な命について何一つ語る術を知らず——にもかかわらず、おそらくまさに決定的なことを伝えている人々の足取りに、私たちは注意を払いましょう！　彼女たちは——私たちの講義室や実験室においても——私たちに次のことをはっきりと悟らせることができます。すなわち、私たちが高く積み上げようと努力している私たちの認識という建築石が、私たちを命から引き離す墓石となることもあり得るということです。より詳しく言えば、命——実地に応用された理論であるのみならず、これまでのすべての知識を打ち砕く命——から私たちを切り離す墓石となることもあり得るということです——確かに、単に軽率であるというわけでもありませんが、イエスの御言葉をまったく思い起こすこともなく墓へと走った婦人たちの知識のように。彼女たちが経験したような動揺には、新しい驚くべき認識が伴うことがあり得るのです。

私的にも公的にも、とりわけ私たちが喪に服する務めを果たすところでは、そのような認識を私たちは必要とします。喪に服する務めはどんなに人生に役立つとしても、私たちを救うことはありません。イースターの使信は私たちに慰めを与えます。けれども、イースターの使信が私たちの心を開かせるときにのみ、それは私たちに慰めを与えます。イースターの使信は私たちに喜びをもたらします。

予期せぬ喜び、私たちが自分自身について語ることのできることを越えた喜びです。私たちの物語の最後には、神への畏れについて記されています。他の人々にとっても、私たち自身にとっても、この終わりは新しい始まりなのです——それはただ神の御手の中に置かれています。アーメン。

訳注

〔1〕現在のギリシア領クレタ島、イラクリオン出身の画家。本名はドメニコス・テオトコプーロス（一五四一年—一六一四年四月七日）。

〔2〕フリードリヒ・ヴィルヘルム・ニーチェ『ツァラトゥストラはこう言った』上巻、水上英廣訳、岩波文庫、二〇〇〇年（第五六刷）、一五三頁以下。

ルードルフ・ランダウ

ルードルフ・ランダウ（Rudolf Landau）は一九四六年に生まれた。アーホルン・シリングシュタット、及びボックスベルク・シュヴァープハウゼンのバーデン福音主義州教会牧師。この説教は、一九八九年の復活祭の日に、ノインキルヒェン・アム・ブラントの福音主義ルター派教会で語られたもの。『神学論文集21』一九九〇年所収。
Theologische Beiträge 21, 1990.

復活祭主日（Ostersonntag）
ヨハネによる福音書第二〇章一一―一八節

マリアは墓の外に立って泣いていた。泣きながら身をかがめて墓の中を見ると、イエスの遺体の置いてあった所に、白い衣を着た二人の天使が見えた。一人は頭の方に、もう一人は足の方に座っていた。天使たちが、「婦人よ、なぜ泣いているのか」と言うと、マリアは言った。「わたしの主が取り去られました。どこに置かれているのか、わたしには分かりません」。こう言いながら後ろを振り向くと、イエスの立っておられるのが見えた。しかし、それがイエスだとは分からなかった。イエスは言われた。「婦人よ、なぜ泣いているのか。だれを捜しているのか」。マリアは、園丁だと思って言った。「あなたがあの方を運び去ったのでしたら、どこに置いたのか教えてください。わたしが、あの方を引き取ります」。イエスが、「マリア」と言われると、彼女は振り向いて、ヘブライ語で、「ラボニ」と言った。「先生」という意味である。イエスは言われた。「わたしにすがりつくのはよしなさい。まだ父のもとへ上っていないのだから。わたしの兄弟たちのところへ行って、こう言いなさい。『わたしの父であり、あなたがたの父である方、また、わたしの神であり、あなたがたの神である方のところへわたしは上る』と」。マグダラのマリアは弟子たちのところへ行って、「わたしは主を見ました」と告げ、また、主から言われたことを伝えた。

ああ、このような涙を流すとは、愛する教会員の皆さん、このような愛の涙を流すとは。イースターの朝に、失われたもののために流されるこのような涙、それが終わったところ、いつでもそれがこの世で終わるところで、それは始まります。すなわち、墓が開かれているときにも、また墓が閉じられているときにも、失われたもののために涙が流されるのです。

涙を流しているマグダラのマリアに転機が訪れること、何も失われてはおらず、いかなる涙も溜息も苦悩も無意味なものにならないことを、彼女はどのようにして知ることができるのでしょうか。

主がシオンの捕われ人を連れ帰られると聞いて
わたしたちは夢を見ている人のようになった。
そのときには、わたしたちの口に笑いが
満ちるであろう！

〔詩編第一二六編一―二節による〕

すでにあの朝、エルサレムの城壁の前の墓庭にしるしがあります。すなわち、**一つの**空の墓です。けれども、死がこれほど徹底的な勝利を収めたのであれば、誰が復活に思いを巡らせるでしょうか。十字架に架けられ、殺されたこの方のように、死がこれほどに明白であるならば、誰が命に思いを巡らせるでしょうか。しかも、人々はこの方を十字架から降ろしたのであり、命はもはやこの方の内で尽き果て、愛が死んだことは明らかでした！

ああ、愛する教会員の皆さん、いったい誰が墓のそばで、しかもその墓が空であるときに復活に思いを巡らせるでしょうか。ところが、今や**まさにこの墓**で死の網を取り除き、一掃し始めることが、神の、**神の！**　御心に適ったのです！

そのとき、マグダラのマリアはそこで自分の愛する人が葬られるのを見、おそらく一緒に手伝ったことでしょう――すなわち、少なくともマティアス・グリューネヴァルト[1]がイーゼンハイムの祭壇画に描いているように、マグダラのマリアはそこで手をよじり、涙を流し、愛するイエスの遺体を棺掛けで包み、墓穴に寝かせる手伝いをしました。彼女は少し前にこの方に油を注ぎました。かの地ベタニアで、メシアに、王である主に油を注ぎました――（そして、こう語ります。「自分の愛する人が最高のもの、最善のもの、最も偉大なものになり、この地上で勝利することを望まない人がいるだろうか」と）――マグダラのマリアは一緒に協力して、この方を墓の中に寝かせたのです。ところが朝、彼女が来てみると、墓は空だったのです！　彼女の慰めようもない魂のように空だったのです。イースターの信仰を持った聖金曜日の人間であるエアランゲンの神学者エドゥアルト・シュタインヴァント〔一八九〇―一九六〇年〕はあるとき、そのような人間のことを次のように言いました。「いかなる人間にも、その人のうちで、人知れず涙を流している部分がどこかにあるものです。私たちは、その人の内面に隠された人生の悲劇を知るとき、初めて本当の意味でその人を知るようになります」。

私たちはこの女性をどれほど深く知っているでしょうか。彼女は彼女にとっての聖金曜日、すなわち彼女の人生の悲劇から抜け出ていないように見えます。私たちは、復活を知らないこの空虚な人間をどれほど深く知り、また彼女が涙を流している部分をどれほど知っているでしょうか……。そして、そこでは空の墓は何の助けにもならず、人生を虚しく感じている人々をただ余計に虚しくさせるだけです。愛する皆さん、それどころか、イースターの空の墓によっては、まったく何一つ成し遂げられず、悲劇は取り去られませんでした。何も証明されず、そこでは、世は世のまま、死は死のまま、墓は墓のままです。

全面的、かつ完全な方向転換が起こらなければならず、涙でかすんだ目は澄んだ目にならなければならず、目は言葉によって開かれなければなりません。さもなければ、すべてのことは今まで通り変わることはありません。この地上の歴史やさまざまな出来事は直線的です。一直線であり、最終的には、早晩涙が流され、悲劇はその結末を迎え、さまざまな夢が見られ、さまざまな期待が抱かれること、誰がそれを理解しないでしょうか、誰がそれを学ばないでしょうか。誰がそれを知らず、それを知らなかったでしょうか。そのとき、誰が復活に思いを巡らせるでしょうか。転換中の転換に思いを巡らせるでしょうか。誰が墓の中の天使に思いを巡らせるでしょうか。そのとき誰が――神に思いを巡らせるでしょうか。ただ一人、転換をもたらすことがおできになる方のことに思いを巡らせるでしょうか。

I

けれども、慰めがなくなることはありません。少なくとも、一人の方が彼女を心にかけてくださいます。彼女のことを気に留め、助けを与えようとし、場合によっては、共にいて魂に配慮してくださり、問いかけてくださいます……。

愛する教会員の皆さん、あなたがたはここで次のことも正確に見てとらなければならないでしょう。すなわち、天と地、命と死の世界を互いに結び合わせているこれらの二人の天使たちもそこに座っていること――そこに、すなわち「この方が置かれていた」この場所に、私たちのために、すでに明るいサインが光輝いていることを。「**……いた!**」。それなのに、彼女、マリアはまだそのことを知りません――天使たちでさえも、その問いによって彼女を助けることができません。あなたが目に涙を浮かべているならば、あなた自身、天使をきちんと見てはいません。あなたが心の中に不幸を抱えているならば、あなたには天使が語る言葉は聞こえず、天使たちの返事も心に届きません。

けれども、愛するキリスト者よ、あなたは「そこには誰もいない」と考えてはなりません。天使がおり、答えがあります。イースターの日に、初めからあなたの目を見えなくしているのは、ひょっとするとあなたの涙であり、あなたの憂鬱な気持ちであり、あなたが聡明だと思い込んでいる頭脳であり、ひょっとするとあなたの非常に明晰な理性や常識という「ものもらい」ではないでしょうか。――もしそうならば、愛するキリスト者よ、あなたは気の毒です。けれども、私たちはこの復活祭の日の朝、私たち自身のことで時間を取りません。ここには、今や**私たちにとって**見るべき、また聞くべき、本当に重大なことがあります。

そして、実際にそれを聞いた人々がいるのです。そこでは、あの子どもに起こったようなことが私たちにも起こるのではないでしょうか。その子は真剣に、ある小さな劇場での作品を観て、魂を揺り動かされました。舞台の上では、もう一人別の子どもが彼の父を必死に探していました――それを観ていた子どもは、父が走り去り――消えたところを確かに見ていたのです。そして、緊張が最高潮に達したとき、それを観て知っていた〔観客の〕子どもは、もはやそれに耐えることができず、急いで他の人に助けを求めに行き、助けを呼び求め、一階正面席から舞台に向かってこう叫んだのです。「そこだよ、ほら、彼は扉の後ろにいるよ！」と。

そうです、キリスト者たちはこのようなことをするのです。疲れ、夢を見、虚しい思いで悲劇を演じている人類に向かって「こっちだよ、**イエス**はそこにおられるよ！」と呼びかけるのです。

愛する教会員の皆さん、イースターの朝、誰がマグダラのマリアを助けたいと思わないでしょうか。誰が助けてもらいたいと思わないでしょうか。

そして、ここでは、まったく小さなことが起こりますが、全世界がこの朝、この墓地での物語の中に含まれていることをあなたがたは見なければなりません。あたかも、そこで二人、ないし四人の間で演じられることが、唯一の復活なされた主と主に属する人々との間でも、いつの日か演じられることになるかのように。主イエスと、憧れを抱き、溜息をつき、満たされない虚しさの周りを堂々巡りしながら生き、漂い、死んで行くすべての被造物との間でも、いつの日か演じられるかのように……。

ああ、またしても、ああ！　探し求めるマリアのこの絶望、**「わたしの主が取り去られました。どこに置かれているのか、わたしには分かりません！」**。そうです、彼らは主をいったいどこに置いたのでしょうか。愛する教会員の皆さん、墓の領域に放置されている問いがあります。私は次のように言いたいほどです。私たちが「哲学者」と呼ぶのを常とする、問答を愛する人々の、最も崇高な問いと最も深遠な答えでさえも、また彼らが驚嘆に値するような深遠な思慮深さをもって尋ねる問いでさえも、墓の暗闇で覆われたままであり、死や痛みや苦悩に対する聖金曜日の問いであり、聖金曜日の答えなのです。彼らは墓と墓の間を行ったり来たりして、今や本当に「形而上学」(Meta-Physik)〔2〕、すなわち、「自然の生き物の背後にあるもの」、「自然の後に来るもの」、「世界がそれに従って動いている法則の背後にあるもの」、墓と死の法則の後に来るもの、私たちの人生と世界の成り行きを規定している世界の同化の法則や相互作用の法則の背後にあるもの、別のものが待ちかまえており、今や本当に「世の背後にあるもの」が当時、この小さな、人目に隠れた、注目されない小さな墓地に突然姿を現し、入り込んできたということを理解しませんでした。そこには、何百万という墓の中で**一つの墓だけ**があり、その人生の愛する人のために泣いた何百万という婦人たちの中の**一人の婦人だけ**がおり、最後の希望を埋葬した何千万という石の中の**一つの石だけ**がありました。――神はそこで、自然を超えた所で、この世の背後で、この世を変革する御業を始められたのです！　そして、それはいつでも現れ、今や繰り返し現れます、すなわち命です！　なんと異なった新しい世界でしょうか！　もし、私たちがそれを正しく考えるならば、私たちキリスト者は喜んで、この世の背後にある者でありたいと思いますし、そのように呼ばれたいと思うのではないでしょうか！　その背後にあるもの、その後に来るものはなんと驚くべき存在でしょうか！　愛する教会員の皆さん、それゆえに神がその後に来られるかどうか――そして、神と共に命がやって来るかどうかということがイースターにおいては問題なのです。あるいは、もしその後に何も来ないのであれば――その場合には、いつの日か氷のように冷たく静かになり、恐ろしいほど空しく孤独になることでしょう。

ここではこの朝、決定的に重要なことが起こっているということ、私たちの世界で、天と地を造られた全能の創造主にとっては本来あまりに小さく、あまりに取るに足りない地上の時間と空間の領域で、決定的に重大なことが起こっているということを私たちはそれとなく感じます。ここでは墓穴よりも大きくはない世が葬り去られるということ、ここでは悲しみの涙よりも広くはない人間の涙の海が静められるということ、地の深い底のわずかな空間に天が侵入して来るということ、今やマグダラのマリアがどうすることもできず、憐れな涙を流している中にも、私たちが彼女の悲劇が根本的に変えられ、喜びと命が彼女の心にもたらされる場所が見出されることを、私たちはそれとなく感じます。

II

私は、とても美しく、感動的で、うっとりさせ、深く考え込ませる写真を掲載したある写真集の中で、この地球の周りを回り、月に行ったさまざまな国の宇宙飛行士たちが宇宙の高みから撮った写真を見ました。その中で私は次のような写真も見ました。その写真には、地中海の東の領域が写されていました。エジプトの一部、シナイ半島、海、イスラエル、そして端の方にアラビア半島がぼやけて写っていました。すべてのものが空高くから撮影されています。細い縞線、その地域の輪郭だけしか見て取れません。そして、そこで私は説教の準備に当たり、この墓を頭の中で思い描き、この庭を想像して、次のように考えるのです。すなわち、神はこれらすべてのものを見ておられ、これらすべてのものを知っておられ、これらすべてのものを数えておられ、これらすべてのものを変え、新しく造り変えられるということ、また神がそこで救い、約束し、導き、指導し、助けを与え、癒されることを、どのようにして人は信じることができるようになるのだろうかと。〔神は〕すべての男を、すべての女を見ておられるのでしょうか。諸国民の共同墓穴や涙の戦場や墓地や血の海でさえも、人は決して上空から見ることはありません！　それでも、神は、人間の心の中にあるあらゆる空虚な場所、すなわちあらゆる人間生活の内側にある悲劇を知っておられるというのでしょうか――。

愛する教会員の皆さん、私はここでイースターや神を考慮に入れずに考えています。さまざまな不義ゆえのあらゆる溜息と共に、また人間の搾取や隷属化ゆえの私の怒り、戦争や殺人や拷問に関して、心と頭の中にあるどうしようもない私の思い、私の愛する人々や最愛の人々に関する心配をも考慮に入れて考えています。すなわち、私はまさに――マグダラのマリアのように考え、感じています！　墓から墓に向かって。

けれども、ここで私たちは聞きます。私たちは**聞くのです**。神はこの日まさにこの墓を突然開かれるということを！　神は、私たちが見聞し、経験する法則を打ち破られます。それらは、私たちが万物やその中にある私たちの命を説明するために見出し、考え出した法則です。農夫が耕地を掘り起こすように、神はその法則を打ち破られます。そして、命――否、ただ一人の、唯一の、愛する御子が出て来られるのです。天は引き裂かれ、地はひび割れ、救い主が出て来られるのです！　生きよ。新しいものが生じた。主、従順な方、忍耐深い方、ゲツセマネの園で叫ばれ、涙を流された方、この婦人が今涙を流し、尋ねているこの方、この方が引き出されるのです！　神の言葉は形而上学よりも影響力があり、神の約束は形而上学よりも不変です。神の福音は人類の悲劇的な歴史よりも真実であり、この世のあらゆる法則や、涙を流すあらゆる目や、憧れを抱く心よりも明るく輝き、澄んでいます。神の言葉は希望を抱き、待ち望むだけで終わりません。神の言葉は憧れを抱き、望みを抱くだけで終わりません――もしそれだけで終わるならば、すべてのことは無駄になるでしょう。そして、まだ何かを信じ、良い結末を期待しているすべての人々は遅くとも自分自身の墓の中で、彼らが愚か者であることが証明されることになるでしょう。否、私たちからは良い結末は生まれません。私たちの力やどんなに強い意志によっても、明らかに良い結末は生まれません。ここでは今や決定的に、疑いの余地なく、次のことが証明されます。すなわち「**私たちの力では何もなされませんでした。私たちは瞬く間に失われてしまいました**」[3]ということです。そして、ここで、イエスの墓でそのことが証明されるのです――だからこそ、マグダラのマリアは泣いているのです――これを最後として。もし、イエスが墓の中に留まられるならば、世は悪魔で満ち、私たちを飲み込むことでしょう。愛する教会員の皆さん、もし、もしもイースターの朝、この転換、この幸福な方向転換が起こらなかったならば、いったいどうなっていたことだろうかと私たちがひどく不安な気持ちになるのは当然のことでしょう。**「こう言いながら後ろを振り向くと、イエスの立っておられるのが見えた。しかし、それがイエスだとは分からなかった。……マリアは、園丁だと思って言った。『あなたがあの方を運び去ったのでしたら、どこに置いたのか教えてください。わたしが、あの方を引き取ります！』」**。

なんと美しいことでしょうか、食い下がり、苦労してでも最愛の人を運びたいと願うこの愛は、なんと美しいことでしょうか！　彼女はイエスの遺体に最後の務め、すなわち油を注ぐ務めを果たしたいだけなのです。それ以上のことは望みません。この方を甦らせることなど考えていません。どうしてそのようなことが考えられるでしょうか。彼女がここでしているように、人が香油と薬草を持って、もしくは私たちがするように、花輪や花を持って墓に行くとき、誰がそこですでに神に思いを巡らせるでしょうか。誰がそこですでに神に思いを巡らせるでしょうか。

そこで私たちは彼女に呼びかけたいのです。私たちはそれをよく知っているのです。この物語をよく知っているのです。それは私たちには非常によく知られているのです。私たちは見入っている観客なのです。私たちはもうこれ以上泣かせるドラマ、涙を誘うドラマを一緒に見続けることはできません。私たちは感傷的になり、イースター気分に浸りながら、助けてあげたいと思い、彼女にこう叫ぶことでしょう。「あなたには、それが見えないのですか。あなたの目は開いていないのですか。どうして人はそれほどに目が見えなくなるのでしょうか。そこに、あなたの目の前に、**主が**立っておられるではありませんか！」。

けれども、彼女には、この方が見えません。この方を見ていながら――見えないのです！　復活を見ることができないというのは、そういうことなのです。私たちが神を見ることができないこともそれと関係があります。私たちがこうあってほしいとの思いで、自分で作り出した期待像もそれと関係があります。あくまで善意に基づいていますが、この世的な私たちの理想と期待もそれと関係があります。もしすべてのことが順調に進んでいるように思われ、私たちが想像し、あらかじめ想定した通りに万事が進展するならば、それはどのような結果に終わらなければならないことでしょうか。否、あなたがた愛する人々よ、そこでは傍観者の叫びは何の助けにもなりません。私たちはただ傍観しているだけであり、依然としてあまりにも墓に縛られています。今、イースターのこの時、ここではただこの方の御言葉だけが救いを与えるのです。

イースターの日、私たちはイエスの御言葉を聞きます。そして、イースターの日に語られるイエスの御言葉、イエスの最初の御言葉は私たちの名前なのです。愛する者の名前です。私たちの名前が今やイエスの口を通して語られるのです。

すでに一度イエスは十字架で、私たちの悲劇がそこでイエスの身に起こったとき、その打ち叩かれた口から、私たちのあらゆる困窮と私たちのあらゆる虚しさを外に向かって叫ばれました。そして、ぼんやりとした希望や尊大な自信、飢える子どもたちのために母親がむせび泣く声、そして私たちが気づいていながら捨て去ることのできない私たちの罪など、イエスはあらゆることを外に向かって叫ばれました。そこでこの方は私たちのために、私たちのすべての苦悩を負われて、神の御顔に向かい、「わが神よ！」と叫ばれたのです。

そこには、それ、すなわち私たちの名前も含まれていました。そして、この方は私たちの名前と共に、また私たちの名前を形づくっているすべてのもの、すなわちまさに私たち、いわゆる「ありのままの私たち」を負われてこの園の墓の中に入られたのです。けれども「ありのままの私たち」では神の御前に決して十分ではなく、ただ墓に入るのが精一杯です。私たちの名前もろとも墓石の背後に葬られました。

あなたがた愛する人々よ、もしこの方が今や背後に留まったままであったならば、どうなるのでしょうか。もしこの方が私たちの名前を携えて、忘却と沈黙の中に、また神や命から永遠に引き離された状態に入って行かれたならば、どうなるのでしょうか。そのときには、私たちはまさに神も持たず、名前も持たず、惨めな状態に置かれるでしょうし、神は私たちの名前を知らず、神と私たちの名前との間の距離は、宇宙空間からの写真が示し得る、人間と宇宙との間の距離よりも何百万倍も大きいことでしょう。もしそうであったならば、神は、最後に十字架で有罪の判決を下され、断罪され、呪われた方の口から私たちの名前を聞かれたことでしょう。そして、律法がそれを望み、命じている通りに、この方と共に、私たちの名前は有罪の判決を下され、断罪され、呪われていたことでしょう。そして、そのときには、静けさ、沈黙がいわば形而上学のように、あらゆるところに広がることでしょう。それはなんと恐ろしいことでしょうか――私たちは洗礼の際に最も美しい名前を選び、子どもにつけることでしょう。けれども、そのときにはすでに、あるバロックの詩の中で**「私たちは強い風によって煙のごとくに消え去る」**[4]と言われているように、それは虚しいものとなることでしょう。

神は感謝すべきかな！　それとは異なったことが起こりました。今やイエスは生きておられます。今や私たちは救い出されました。そして、私たちを神から引き離すすべてのもの、私たちの名前を辱めるすべてのものはすでに、苦しみや死や咎や罪もなく、痛みや病気もない新しい創造であられる方の口の中に留まったのです。今や私たちは新しくなり、救い出されているのです。この方と共に。この方において。この方を通して。ただこの方と共に。ただこの方においてのみ。ただこの方を通して。さもなければ、他の誰によっても、他の何ものによっても、他の誰を通しても、他の何ものを通しても、他の誰においても、他の何ものにおいても〔私たちは新しくなり、救い出されることはありません〕。すなわち、この方によって、この方と共に、この方を通してそれは始まったのであり、私たちはこの方の御言葉にのみ依り頼みます。「**イエスは彼女に『マリア』と言った**」！

愛する兄弟姉妹の皆さん、この御言葉が彼女の耳にどのように響いたのかを人は具体的に思い描くことはできません！　この御言葉が彼女の心にどのように届いたのか、またこの御言葉が、最も空虚な悲しみも含めて、すべてのものをどのように満たし、貫いたのかを人は想像することはできません――そして、もはや〔人の運命を左右する〕星は重要ではなくなり、遺体を包む布や死者のための塗り薬は忘れられ、墓はもはや必要なくなり、氷のように冷たい沈黙ももはやなくなり、この御言葉を通して、この御言葉において、このただ一つの御言葉、すなわち彼女の名前、この方の口から発せられる「マリア！」という彼女の名前が語られることで、それらのものは消え去りました。

おお、神よ、そこで、すなわちこの片隅の、人里離れた小さな墓地で、「マリア！」と呼びかける間の、この短く過ぎ去り、すでに聞こえなくなった三音節分の〔言葉が語られる〕ほんのわずかな瞬間に、このことが実現されるのです。

そこでこのことが起こりました、そこでこのことは始まります、そこで園丁の喜びの行動が本当に

始まります。すなわち、

涙と共に種を蒔く人は
喜びの歌と共に刈り入れる！
種の袋を背負い、泣きながら出て行った人は
束ねた穂を背負い
喜びの歌をうたいながら帰ってくる！

〔詩編第一二六編五―六節〕

そこでこのことは起こりました。そこですべてのものが突き破られました。そこで神はもう一度、今や決定的に、一度限り、今や勝利を確信して、空虚な心と慰めようもないこの世の人々に向かって語りかけられました。そして当時、まず初めに羊飼いたちがベツレヘムでその神の語りかけを聞き、それから田舎の物静かな人々、心の貧しい人々、財布の中味の貧しい人々が神の語りかけを聞いたように、また重い皮膚病を患った人たちが神の語りかけを聞かされ、あの目の見えないバルティマイやこの中風の女性が、あのナインの涙を流す母やこのヤイロの両親が神の語りかけを聞かされたように、マグダラのマリアは最初の者として、決定的に、今や新たに神の語りかけを聞くのです。彼女はその価値を認められます。功績や威厳のゆえではありません――ここでも総督の輝きやヘロデの華やかさではなく、むしろ片隅に追いやられた人々、弟子たち、この方に属する人々――そして今や彼女がそれを聞きます。そして今日、あなたがそれを聞きます。そして、それを覆すことはできません。マリア！　それはあなたの名前なのです。

III

そこでは今や、その庭に関して何が重要であるのか、その園丁や園の庭に関して何が重要であるのかが明らかになります。そこでは今や次のことが明らかになります。すなわち、復活のイースターの日光の中でこの世の変色し、変化し、私たちの名前が新しい、過ぎ去ることのない響きを獲得し、そこではパラダイスが再び開かれ、エデンの園はミニチュアの形でそこに現れ、要するに分かりやすく言えば、愛する教会員の皆さん、すべてのことは新しくなったのです！　そして、すべてのもの、すべてのものは良いものとなったのです！

そして、今やあなたが自分の名前をもそこで聞くことが重要なのです。あなたは「この作品はただ舞台の上で演じられ、マグダラのマリアを扱っている」と考える傍観者であり続けないことが重要なのです。おお、そうではありません、傍観者であり続けることはまったくイースターにふさわしい態度ではなく、兎のように愚かで、復活祭の飾り卵の染料のようになってしまいます。いいえ、兄弟姉妹たち、私はあなたがたにこのこと、すなわちすべてのことは変化したということを語ります。あらゆる洗礼において、そのことが完全に、はっきりと示されます。人間の子どもの名前が、人の子イエス・キリストの名前と分かち難く結び合わされるということがあらゆる洗礼において完全に、はっきりと示されます。そこで**主**は洗礼の約束を語られ、イースターの洗礼の御言葉を語られます。そして、この洗礼の御言葉はそのまましっかりと記憶に留めておくべきであり、この御言葉と共に、人はこの世の虚しさや悲劇や墓の中に入って行くことができるのです。なぜなら、この御言葉は死の試練を通り抜け、人生全体に及ぶからです。

恐れるな、
わたしはあなたを贖う。
あなたはわたしのもの。
わたしはあなたの名を呼ぶ！

（イザヤ書第四三章一節）

あなたは命へと向かう方向に進んでいます。あなたは、開かれた天、すぐ近くにある天に向かって生きているのです！　すべてのものがそれぞれの輝きを放っており、人は消え去る霧を見ることができます。けれども、愛するキリスト者よ、あなたは目を開き、耳も開き、耳を傾けなければなりません。そうです、あなたの名前がもうとっくの昔に呼ばれ、復活の主の口を通して語られたのであれば、あなたはこの方に依り頼むことを許されており、あなたの立派で、影響力を有する、すばらしい名前、あるいはあなたの小さく、抑圧され、心配事を背負い込み、不安に苛まれている名前のことで大騒ぎする必要はもう二度となくなります。あなたがこの方に依り頼むならば、この方は**あなたの主**となってくださいます！　もはやその他の者は誰一人として、この世の多くの偉大な魔術師や小さな魔術師も、もはやあなたを虜にし、魔法にかけ、鎖で縛ることはできません。彼らはことごとく、ただのみすぼらしい魔法使いの弟子であって、墓石を粉砕する救いの御言葉を知りません——そのことが重要であり、そのことに基づいて、真実の、喜びの主が私たちの人生に入って来られ、喜びの御言葉と新しい「法則」、すなわち**「わたしが生きているので、あなたがたも生きることになる！」**〔ヨハネによる福音書第一四章一九節〕という新しい「法則」と共に私たちの中に来られたかどうかが重要であり、人はそのことを見分けます。

今やこの新しい法則は、私たちに決定的な役割を果たしていたもう一つ別の法則の掟に取って代わりました。それは主の名と共に今や私たちの人生全体にとって決定的な役割を果たし、私たちの心に書き記されています。それとは反対の言葉が今なおすべての人々とすべてのことにとって決定的な役割を果たしているように思われますが、あなたがたは恐れてはなりません！　私は新しい法則とは反対の法則を、イギリス人ウィスタン・ヒュー・オーデン[5]のある詩の中で読みました。それは次のような単純な内容です。

「ぼくも公衆も知っている、
それは小学生ならだれでも習い覚えることだ、
悪をなされるものは
悪をもって報いるということだ[6]」。

これはイースターと対立する詩です。死の世界の詩です。そして、この詩を引用した人は次のように考えました。「いかなる国家の政府も、すべての乳児の胸にこの一節を入れ墨で彫らせることに私は賛成します」と。この言葉によって、すべての人間がどのような法則のもとに、この世に生まれて来るのかということ、そして——この法則によって、この法則に基づいて死に——この世を去って行くのかということが分かります。

いいえ、兄弟姉妹たち、そうではありません。イースターのゆえに、そうではないのです！　私たちがそのような入れ墨を彫ることをやめ、私たちが、相互作用を及ぼすこのような死の法則を打ち破り、私たちが、涙を流しながら語られる言葉や悲劇の言葉を遮り、もう一つ別の名前が私たちの名前と分かちがたく刻み込まれていることを信じるところで、私たちのキリスト者としての生活は始まるのです。私たちの名前はこのもう一つ別の名前と共に命の書に記されているのです。それはイエスという名です。すなわち、私の名前は復活なされた方の口にあり、この方、すなわち復活なされた主の名は、主の教会の口と心と意識と行為と生活の中にあります。この世の舞台に向かって——そして、この地上の墓に向かって叫ばれた喜びの知らせ、すなわち「天と地はこの方において新しくなった」という喜びの知らせとして、復活なされた主は来てくださったのです。**「わたしの兄弟たちのところへ行って、こう言いなさい。『わたしの父であり、あなたがたの父である方、また、わたしの神であり、あなたがたの神である方のところへわたしは上る』」**。アーメン。

訳注

〔1〕一六世紀に活動したドイツの画家（一四七〇／一四七五頃—一五二八年八月三一日）。

〔2〕元来「自然科学の後におかれた書」の意。現象を超越し、その背後に在るものの真の本質、存在の根本原理、

存在そのものを純粋思惟によりあるいは直感によって探求しようとする学問。神・世界・霊魂などがその主要問題。

〔3〕福音主義教会讃美歌第三六二番“Ein' feste Burg ist unser Gott”の第三節の歌詞。『讃美歌21』第三七七番、マルティン・ルター作詞作曲「神はわが砦」。

〔4〕アンドレーアス・グリューフィウス（Andreas Gryphius, 一六一六年一〇月二日—一六六四年七月一六日）の詩「人間の悲惨」（“Menschliches Elende”）の中の一節。バロック期を代表するドイツの詩人・劇作家。三〇年戦争を背景としてこの世への絶望や無常観をモチーフとした作品を残した。

〔5〕イギリス出身でアメリカ合衆国に移住した詩人（一九〇七年二月二一日—一九七三年九月二九日）。二〇世紀を代表する詩人。

〔6〕ウィスタン・ヒュー・オーデン『オーデン詩集』双書・二〇世紀の詩人7、中桐雅夫訳・福間健二編、小沢書店、一九九三年、七五頁。

マンフレート・ヨズッティス

マンフレート・ヨズッティス（Manfred Josuttis）は一九三六年生まれ。ゲッティンゲン大学の実践神学教授。この説教は、一九九二年の復活祭の日にゲッティンゲンで語られたもの。未発表。

復活祭主日（Ostersonntag）
ローマの信徒への手紙第四章一七節

「わたしはあなたを多くの民の父と定めた」と書いてあるとおりです。死者に命を与え、存在していないものを呼び出して存在させる神を、アブラハムは信じ、その御前でわたしたちの父となったのです。

I

イエス・キリストは甦られた。このことが真実であるならば、これは世界史上最も重要な文章であり、同時に最も難解な文章でもあります。それは、最初にそれを聞いた人々に不安と驚きを引き起こした知らせです。それは、人々がその信憑性と事実内容をすぐに疑った情報です。「イエス・キリストの弟子たちがその遺体を盗んだ！」と。けれども、それは、もはや、いかなる否認もいかなる否定も取り除くことのできない噂でもあります。

イエス・キリストは生きておられます。死は打ち破られました。神の全能が啓示されました。果てしない瞬間、すなわち三日三晩、神の力は本当に危険にさらされました。この方、御子は残酷なやり方で殺されました。三日三晩、世界史が震えました。今やすべての命が死とその貪欲の犠牲となるのでしょうか。長く続く三日間、長く続く三晩の間ずっと、本当に暗闇に包まれました。地は揺れ動きました。神殿は破壊されました。神御自身が無力になられたのです。

その後、「イエス・キリストは死者の中から復活なされた」というこの文章が遂に実現し、決定的になりました。イエス・キリストは天と地を支配しておられます。この方の霊によって、この方は御自分の御言葉と共におられます。私たちの真ん中に。この瞬間に。死んだ方、復活なされた方は耳を傾けるに値する方です。命は続きます。

それゆえに、人々はイースターに歌うのです。それゆえに、被造物は喜びの声をあげるのです。それゆえに、命は信じられないほど美しいのです。

Ⅱ

イースターは神の全能を祝う日です。**「死者に命を与え、存在していないものを呼び出して存在させる神を、アブラハムは信じた」**。創造と共に始まったことがイエス・キリストの復活において繰り返されます。神は神の独自なやり方で御業をなされます。神がどのような方であり、神が何をなさるのかということは、普通の自然の営みや歴史の流れの中では、通常隠されています。神はそこでは、多くのさまざまな原因を持つ生物学的、物理学的法則や構造や対立の枠の中で働かれます。信仰告白が神を定義しているように、父にして、全能の、天地の造り主なる神であられ、神はいたるところで働いておられ、決して一義的に理解できません。

神がどのような方であり、この方を神として際立たせているものが何であるのかということは、パウロにとって、命の極限において明らかになります。神は「死者に命を与え、存在していないものを呼び出して存在させる」力です。経済や政治、学問や芸術における人間の力はいつでも既存のものと関わります。既存のものが研究され、整理され、新たに形成されます。それに対して、神の全能は無に対して働きます。神は無から命へと呼び出されます。神は命を無きものとすることから救い出されます。これらの両方の限界点の間に存在するすべてのものは理解することができ、自由に形成することができます。神がどのような方であり、神は何がおできになるのか、この方、すなわち創造主をすべての被造物から区別するものは何であるのかということは、明らかに想像も及ばない限界にぶつかって把握できないものとなります。神の全能は、測り知ることのできない生命の根源なのです。

Ⅲ

イースターは全能を祝う日です。神は「死者に命を与え、存在していないものを呼び出して存在させる」力です。生の歴史の極限的な二つの出来事〔誕生と死〕において、神の全能は、神にのみ固有な力を示すだけではありません。神の全能はそこで、いつでもある方向に向かって働きます。神の全能はある傾向を持っています。

自然における力、歴史における力——それは大抵の場合、極めて両義的な性質を持った現象です。生存競争も生命の発展の歴史の一部を成しています。進化は淘汰《とうた》によっても生じます。生命の維持は生命の破壊なしにはあり得ません。経済や政治における力は当然のことながら自己の利益に仕え、他人の利益に反します。自然や歴史における力はいかなる犠牲を払ってでも生命を維持し、それゆえにまた繰り返し生命を制限し、危険にさらし、破壊します。一年前の湾岸戦争で列強が軍事手段の投入によってのみ、自分たちの生活上の利益を確保できると考えたとき、無力な人々にとっては神の全能に訴える以外に道は残されていませんでした。

事実そうなのです。神の力は、それが歴史の極限的な出来事において明らかになるように、死から、無から命へと呼び出します。被造物には、不可解なことに、もう一つ別の傾向があります。すなわち、死刑の宣告を下されているということです。そうです、今日、二〇〇〇年前のように、神の御子が殺されることはありませんが、神の被造物が危機にさらされるということがまさに私たちの現代の救済史的特質です。人々の中には、このような恐ろしく、危険で、死をもたらす力が存在します。にもかかわらず、イースターの日に明らかになったように、全能はあらゆる破壊の傾向を強めるものではなく、むしろそれを力強く克服し、救いをもたらします。神の全能は、死をもたらすすべてのものを圧倒する力です。それは明白です。覆すことはできません。いかなる大惨事によっても取り除くことはできません。

Ⅳ

イースターは全能を祝う日です。生ける神、憐れみ深い父、御言葉に力のある天と地の創造主は、進化や淘汰を貫き、偶然や必然を貫き、大災害や戦争を貫いて命を守られます。

すべてのものをあらゆる方向から囲み、すべてのものをすべての部分において満たしておられる方、この方は一人一人の日常生活にも踏み入り、彼らを信仰に目覚めさせられます。私たちの文化圏においては、イエス・キリストが死者の中から甦られたということを多くの人々が聞かされています。ほとんどの人は、彼ら自身が死から命へと呼び出され、神の永遠の光に囲まれるときに、初めてそれを理解するようになります。けれども、使徒パウロのように、幾人かの人々はすでにこの地上で、彼らが抵抗できないほどに復活の力によって捕らえられる経験をします。この驚くべき極限的な経験は、当初はパウロから感覚を奪い去り、数日間、彼の目を見えなくし、口を利けなくさせました。しかし同時に、その経験はその後いかなる苦しみや死の脅威によっても、もはや揺るがされることのない力で彼を満たしました。パウロは神の全能に捕らえられ、病気や争い、人々からの攻撃、国家の法廷による迫害や拷問を耐え抜きました。神の全能は無力な人々を強くするのです。

死人は立ち上がります。悪人は悔い改めます。神を畏れない人々は永遠の御名をほめたたえます。

イースターはこの世を造り変えます。復活の噂を阻止することはできません。復活の信仰を教会の領域にだけ制限することもできません。すでにアブラハムが信じたとパウロは主張します。そして、死者を生かし、存在していないものを存在させるこの神をそれとなく感じさせるものは世界史のあちこちに見られます。アメリカ・インディアンのシャーマン、アジアのヒンズー教の導師、アテネの哲学者、近代の自然科学者たちは神の足跡に遭遇しました〔1〕。そして、人生の決定的な瞬間には、無意味なものは存在せず、私たちの希望は永遠なるものにまで到達するという奇跡によって私たちも捕らえられるのです。

V

私は全能の神を信じます。神は存在するすべてのものを無から存在へと呼び出されました。神はイエス・キリストを死から永遠の命に甦らせられました。神はこれまで、いかなる人生の浮き沈みの中にあるときにも、私たちの命をも恵み深く守ってくださいました。もしイースターの歓声が消えてしまうならば、どのようにして私たちはこの力について、それにふさわしく語ることができるでしょうか。

私たちが神の全能を真実に敬うならば、私たちがそれを神学的な教理体系に閉じ込めることができないことは明らかです。神はその全能において、私たちが神の御名によって行い、考えることのできるすべてのものを凌駕しておられます。けれども、その場合には、神の全能は男性的なイメージや家父長的なモデルにも束縛されません。神の全能、それは崇高な霊でありながら、深淵でもあり、支配者の姿をしながら、無限の豊かさでもあり、明確な言葉でありながら、見渡すことのできない天空でもあり、はっきりとした出会いでありながら、溶けて浸透することでもあります。神は全能です。神は全能であり、根源的な力であり、究極の力です。

復活の主イエス・キリストは私たちよりも長く生きておられます。この方は全能を身に帯びて支配し、命を守られます。

主よ、永遠にいまし給う全能なる神よ。
私たちはあなたに感謝します
あなたがあなたの秘義の中に、あなたの御力の中に
あなたの永遠の中に生きておられることを。
私たちはあなたに感謝します
私たちがあなたの恵みによって生きることを許されていることを。
すべてのものをあなたは無から創造なさいました。
すべてのものをあなたは死から救い出してくださいます。
あなたに属するすべてのものを
あなたはあなたの御国に連れ戻してくださいます。
生けるものすべては
あなたの永遠の御名をほめたたえます。
あなたが生ける、力ある神であられるからこそ
命を脅かされているすべての被造物のために、

私たちはあなたに祈り願います。
病人や死に瀕している人のために
年老いた人々、孤独な人々、絶望している人々のために
失業した人々、貧しい人々のために
飢えている人々や迫害されている人々のために
戦争や大惨事に苦しんでいるすべての人々のために
危機に瀕している諸国民のために、絶滅危惧種のために
破壊され、汚染されている地球全体のために。
あなたの被造物をお守りください
あなたがお造りになったものをお救いください
死の諸力に対して、あなたの全能をお示しください。

あなたが生ける、力ある神であられるからこそ
命を守り、救わなければならないすべての人々のために、
私たちはあなたに祈り願います。
経済や政治、学問や行政において責任ある立場にいる人々のために
医師や看護師のために
裁判官や弁護士のために

ローマの信徒への手紙第４章17節

警察や兵士のために
職場や家庭で仕事に携わっているすべての女性や男性のために。
彼らが命に仕えるように導いてください、
公共の福祉を促進するための力をお与えください
平和と権利が守られるようにご配慮ください。
悪の諸力に対してあなたの全能をお示しください。

あなたが生ける、力ある神であられるからこそ、
命の福音を人々に伝える責任を負っているすべての人々のために、
私たちはあなたに祈り願います。
全世界のあなたの教会のために
あなたを探し求め、あなたの足跡を見出すすべての人々のために
迫害を受けている教会のために、道を見失っている良心のために
試みを受けている心のために
信仰を告白する勇気をお与えください
愛の業を行う力をお与えください
希望に基づく忍耐と堅固さをお与えください。

主よ、あなたの全能は
私たちの人生の土台です。
主よ、あなたの全能は
私たちが苦しみを受けるときの慰めです。
主よ、あなたの全能は
私たちの道の目標です。

恵みによって私たちを受け入れてください。
私たちを救い、お守りください。
ほまれと栄光と賛美は
今も、後も、とこしえに、
父と子と聖霊なるあなたにのみふさわしいからです。
アーメン。

訳注

〔1〕自らをトランス状態（忘我・恍惚）に導き、神・精霊・死者の霊などと直接に交渉し、その力を借りて託宣・予言・治病などを行う宗教的職能者。

クリストフ・ブルームハルト

クリストフ・ブルームハルト（Christoph Blumhardt）は一八四二年に生まれ、一九一九年に死去。バート・ボルの牧師。この説教は、一八九九年の復活祭の日にバート・ボルで語られたもの。クリストフ・ブルームハルト『あなたがた人間は神のものである！――一八九六―一九〇〇年の説教と黙想』所収。

Christoph Blumhardt, Ihr Menschen seid Gottes! Predigten und Andachten aus den Jahren 1896-1900, Zürich und Leipzig 1928, S. 263-272.

復活祭主日（Ostersonntag）
コロサイの信徒への手紙第一章一二―二〇節

光の中にある聖なる者たちの相続分に、あなたがたがあずかれるようにしてくださった御父に感謝するように。御父は、わたしたちを闇の力から救い出して、その愛する御子の支配下に移してくださいました。わたしたちは、この御子によって、贖い、すなわち罪の赦しを得ているのです。御子は、見えない神の姿であり、すべてのものが造られる前に生まれた方です。天にあるものも地にあるものも、見えるものも見えないものも、王座も主権も、支配も権威も、万物は御子において造られたからです。つまり、万物は御子によって、御子のために造られました。御子はすべてのものよりも先におられ、すべてのものは御子によって支えられています。また、御子はその体である教会の頭です。御子は初めの者、死者の中から最初に生まれた方です。こうして、すべてのことにおいて第一の者となられたのです。神は、御心のままに、満ちあふれるものを余すところなく御子の内に宿らせ、その十字架の血によって平和を打ち立て、地にあるものであれ、天にあるものであれ、万物をただ御子によって、御自分と和解させられました。

イエスとはこのような方なのです！　この方は天と地の人であり、とりわけ人間らしい人だと私たちは言うことができます。というのは、王がその民の間で生きるように、この方は人々の間で生きるべき方だからです。起こるべきすべての大いなることが人々の間で始まり、継続し、最終的に私たちが人間の側から、その完成をも見ることが許されるためです。どのようにして、私たちがそのように天と地の中心となるに至ったのかは分かりませんが、次のことは事実です。すなわち人間がどんなに堕落し、どれほど暗闇に陥り、その結果、暗闇の支配のもとに置かれるとしても、それでも人間は、そこから神が被造物を新たに光の中に置くことを望まれる命の小さな基点だということです！　そこには、偉大なる「人々の間におられるイエス」がすでに多少なりとも存在しておられます。この方は万物に先立って存在し、この方を通して万物は造られたとこの方について語られています。このイエス、この主、この人間、この目に見えない神の似姿において、神は天と地をご覧になります。それゆえに、それはこのイエスのようでなければならないのです！　天における命はこのイエスのようでなければならず、地上における命はこのイエスのようでなければならず、死者たちの間の命さえもこのイエスのようでなければならないのです！

このことを考えるとき、それは非常に衝撃的なことであるので、それを信じる人々が多くないのは何ら不思議なことではありません。それだけに幾人かの人々が次のように言い得ることは一層高く評価されるべきことです。すなわち「神は、わたしたちが光の中にある聖なる者たちの相続分にあずかれるようにしてくださいました。御父は、わたしたちを闇の力から救い出し、その愛する御子の支配下に移してくださいました」と。イエスがどのような方であり、イエスを通して、地とあらゆる天を貫いて、いかなることが起こるのかを考えるならば、人は感謝してしかるべきです！　この方のもとに私たちは来たのであり、神は私たちをこの方のもとに移してくださり、その結果、私たちはイエスの民となり、神の御名において、この方と共にいわば地と天に目を向け、次のように言うことが許されます。「これらすべてのものは神のものであり、これらすべてのものは神のものとならなければならず、私たちのイエスのようにならなければならない。イエスは今いまし、かつておられ、すべての命は私たちの主の命のようでなければならない！」と。そのときには、口からも感謝と賛美とほめたたえる言葉が溢れ出るほどに人の心は満たされることができます。というのは、神が愛する御子の支配下に私たちを移してくださることは大いなることであるに違いないからです。私たちが生まれた場所である暗闇は強大です。私たちはある人々のもとで暗闇の強大さを知ります。それらの人々に対し

フラ・アンジェリコ「我に触れるな」

て、先ほど語ったようなことを語ることはまったく不可能です。私は昨日、中国人について書かれたある書物を読みました。それは孔子の宗教〔儒教〕について書かれた書物であり、その中で宣教師たちが当地の諸宗教との関連の中でキリスト教を説明するために、どれほど骨を折ったかということについて書かれた書物です。そこで私はまさに涙を流さずにはいられませんでした。というのは、まったく考えられないようなことが書かれていたからです。けれども、同時に感謝のあまり、私は涙を流さずにはいられません。というのは、何百万という人々がキリスト教をまったく理解できないにもかかわらず、彼らは私たちとまったく同じであり、私たちは次のように言うことが許されるからです。「神は私たちを愛する御子の支配下に移してくださいました。とても明るい光が私たちの前に昇りました。救い主がどのような方であり、天がどのようなものであり、地がどのようなものであるかを私たちは知っています。私たちには孔子もブッダも必要ありません。私たちは天と地がどのようなものであるかを知っています。私たち自身がまさにその中にいるからです。私たちには教師は必要ありません。私たちはまさに天と地の主と共に生きているからです」と。そうであるならば、人は感謝して「神は私たちになんということをしてくださったことか！」と語らずにはおられず、神が私たちにしてくださったことがこの世の人々にも届けられるために、私たちはどれほど忠実でなければならないことでしょうか。私たちのもとで起こったように、神が私たちにしてくださったことがこの世の人々にも届けられなければなりません。

もちろん、すべての民が一足飛びに、イエスがどのような方であるかということを認識するわけではありません。私たちキリスト者の場合と同じように備えが必要です。今日、可能なことに私たちが到達するだけでも、どれほど多くの備えが必要だったことでしょうか！　そうであるならば、イエスがどのような方であるかを認識するためには、ある特別な御業が必要です。というのは、それは大体において、キリスト者にも完全に覆い隠されているからです。人が非常に多くの努力をし、そのために非常に多くのことを為しても、またそのために神が非常に多くのことを為されても、何百万という人々にとって、そのことは覆い隠されたままであり続けます。彼らは皆、備えができているにもかかわらず、それを理解しません。人が暗闇の支配から明るい光の中に移されるということは、神の特別な御業の一つに数えられます。暗闇の支配とは死のことです。ゲーテに死が近づいたとき、彼が「光を！　光を！」と大声で叫んだように、死が近づくときには、死は見た目にも人間を精神錯乱に陥れます。人がもはや何も見ないところで、彼は夜の暗闇が来るのを感じました。人はすでに死ぬ前でさえもそのような者なのです。人々は、何百万という人々は、地も天も見ません。彼らはこの世の動物のように生き、人間の本来あるべき姿を知りません。彼らは存在しているものに対する関係の中に自分の身を置く術を知りません――それは彼らには謎であり続けます。人が今日それを知ることができるように、人が学問によって啓蒙され、あらゆる可能性を知るとしても、それは変わることなく、謎であり続けます。彼らはそれを研究して、いつまでもぐるぐるとその周りを回っています。すなわち「世とはいったい何であるのか」、「この世の生命とは何であるのか」、「人間とは何であるのか」、「私たちはどこに由来するのか」、「結局、私たちは猿に由来するものなのか、それとも何かある虫に由来するものなのか――それとも神に由来するものなのか」、「そもそも、それはいったい何なのか」。そのように彼らは問います。けれども、人が愛する御子の支配下に移され、光の中にある聖なる者たち、選び分かたれた者たち、すなわち神が「あなたがたは私のものだ！」と語りかけられた人々と共に相続を受け取るまでは、それは永遠に謎であり続けます。そのことが起こらないところでは、すべてのことは暗闇に包まれたままであり続けます。というのは、人間とは何であるのかを人々が知らないということ、また存在しているもの、すなわち天と地、また私たちが見、私たちが聞き、私たちが内面においても感じていることとどう向き合うべきかを人々が知らないということ、それこそが暗闇に他ならないからです。今やあなたがたは、この世の暗闇がどれほど大きいかをすでに知っています！

ありがたいことに、神様は人間にパンをお与えになりませんでした。人間はパンを得るために働かなければなりません。動物のようにその日暮らしでは、人は絶望することでしょう。なぜなら、人間がそのように働かなければならないことは、依然として人間に益をもたらすからです。私はかねてより多くの人々に次のように言ってきました。「働きなさい。何かを始めなさい。仕事をしなさい！」と。すると彼らはすっかり元気を取り戻し、人間らしく生き生きとしました。もちろん、まだ救い主と共に復活したわけではありません。働かなければならない必要性は、世の人々に少なくとも当座の生活を与え、そこで発明が生まれ、生きる喜びが生まれます。人に変化が与えられます。すなわち、苦労と仕事、けれども最終的には、それが続く限り、喜びと生活という変化も与えられます。次元の低い事柄にも、人間の精神は何らかの糧を得ます。それゆえに、仕事もせずに何でも手に入る人は誰でも身を持ち崩すのです。けれども、当然のことながら、人間が無我夢中で働くあまり、自分自身を見失っては何の意味もありませんし、そうすることによっては、最高のものにまで到達しませんでした。人間が送り出すことのできるものによって、私たちが恐らく高みに到達したまさに今この時にこそ、私たちは次のように言わなければなりません。「神様、中断してください、もうこれ以上、私たちに何も語らないでください。もし彼らがなおも邪悪な発明をするならば、度を越してしまいます！」と――今日、人々は大抵の場合、次のように感じます。「それは、私たちが最終的にその中に移されなければならない光ではありません。それは、私たちが必要とし、人間を本当に幸せにする啓蒙へと私たちを導きません」。そのように私たちが持っているすべてのものは今日、何の役に立つでしょうか。今世紀が私たちにもたらしたものは、人生の外見上の利益としては実に多くのものです――〔けれども〕それは今日何の役に立つでしょうか。世界中の人々が不平を言い、彼らは満ち足りることはありません。彼らは心の中では、そのような状況に身を置くことができず、あるいはこの世との関係の中に身を置くことができません。彼らは憂鬱な人々です。それゆえに彼らは自由に使うことのできるあらゆる富やあらゆる享楽を手にしながらも疲れ、重荷を負い、何か他のものを探し求めているのです。私たちは発明することができますが、私たちはいつまでもそれにしがみつきません――私たちは電線や鉄道にしがみつきません。私たちはそうするにはあまりにも偉大なのです！

それが今やイエス・キリストの復活に由来することとして、私たちがすでに心の内に感じていることです。すなわち、私たちは満足できないということです。人々は他のものを望みます。彼らはそれが何であるかを知りません。けれども、彼らは満足できません。彼らは本当に、彼らの主と同じ状態に、イエスと同じ状態に、創造主と同じ状態に入るときにのみ、すなわちこの命の光の中に入るときにのみ満足することができます。その命の光の中で、彼らは天の父の子らとして、自分たちが中心に置かれており、また生きとし生けるものと一つに結び合わされていることに気づきます。それが私たちの幸いとなることでしょう。私たちが離れているということ、天から引き離され、地から引き離され、地球に存在するものから引き離され、この世における神の命から引き離されていることを知り、そのことに気づいている限り、また私たちがこのことを意識している限り、私たちは不幸になります。なぜなら、私たちは、天におり、地上におり、地の下にいるべき者として造られたからであり、私たちはどこにでも呼び出される者であり、どこにでも天の父を持ち運ぶべきだからです。それゆえに、満足していないのはそもそも良いことなのです。ただ、人生の真の根拠と、不平を口にする本来の理由がどこにあるのかということを、大体において人間に教えることができないということはとても悲しむべきことです。人はしばしば自分にはお金がないと思います――けれども、そのことが本来の理由ではありません。また人は、自分には名誉がないと思います――けれども、そのことも本来の理由ではありません。人はそれらすべてのことを無視することができます。それらは些細なことです！死者の中から復活なされた主イエスこそ、その人に欠けているのだということを人に教えることは非常に難しいことです。彼らはそれを信じませんし、それゆえに彼らは憂鬱な気持ちのままで、自分たちの運命の支配者となることはなく、むしろ運命が彼らの支配者となるのです。彼らは日々起こる人生の出来事に支配されています。彼らが自分たちの主の中に、イエスの中に、彼らを取り巻く事柄に対する支配を持つのではなく、むしろそれらの事柄が彼らを支配しています。そして、そこにはいかなる幸福も、いかなる平和もありません。

私たちは事実、支配者なのであり、私たちはキリストにおいて神に仕えるように召されています。それが私たちの第一の召命です。天においても、地上においても、地の下においても、私たちは神のために存在しているのです。それゆえに、私たちは生きなければならず、死からさえも救い出されて生きなければならないのです。私たちはいかなる罪にも甘んじることは許されません。それは私たちの地位をおとしめます。私たちはそうするにはあまりにも偉大なのです。私たちは、私たちを引き下ろすいかなる死にも甘んじません――私たちはそうするにはあまりにも偉大なのです！　いかなる罪も死も私たちには何の用もありません。私たちは完全に自由な人間でなければなりません。さもなければ、私たちは永遠に不幸になることでしょう。私たちはトルコ人の運命論によって幸福になることはできませんし、あるいは古代ローマ人のストア哲学によって幸福になることもできません。私たちは、苦しみを喜びとするこのような考え方を自分のものにすることもできませんし、ブッダという人の、このような永遠の苦しみという考えを自分のものにすることもできません――もちろん、地上の悲しみは、このような苦しみの哲学に没頭する何百という人々を獲得することができます。けれども、そのようなことには終わりが来ます――私たちは苦しむために造られたのではありません。私たちは喜ぶために造られたのです。私たちは決して苦難に慣れることもありません。私たちは苦難が終わることを知っているからこそ、それに耐えることができるのです！　さらに、私たちには、大きな目標のために、辛い苦しみをさえも引き受けるに足る強さがあるからこそ、私たちはすべてのことに耐えることができるのです。勝利が輝くところでは、多くの戦いや試練も私たちには苦にならず、戦いの中での楽しみに過ぎません。それは人間にとって容易なことです――けれども、苦しみの哲学が説くことはまったく徒労に終わります。それはうまくゆきません。人が誰かにそれを無理強いするならば、その人は落胆してしまいます。

そのことは、私たちが神によって生まれたことを示す証拠なのです。というのは、人は、神にも、あらゆることを引き受けるように要求することは許されないからです。天の父に「何もかも放っておいてください——罪人は罪人のままです！——不幸な者は不幸であり続けます。現状のままであるべきです！」——と要求することはできず、人がそのようなことを天の父に関係づけることができないのであれば、なおさら個々の人間に次のように言うことはできません。「ああ、それは仕方のないことです。忍耐しなさい。私たちはそれを受け入れざるを得ないのです。それは永遠に変わることはありません！」と——人々はそのことに絶望します。むしろ、次のように考えなさい。「それは変わります。だからこそ、私は死と陰府とを引き受けるのです。すべてのものは完全に変わります」。イエスが肉となって来られ、私たちのもとにおられたとき、イエスはそのように言われました。「それは変わる。見よ、わたしは万物を新しくする！」〔ヨハネの黙示録第二一章五節による〕という叫びをあげることによる以外に、イエスはどのように持ちこたえることができたでしょうか。このイエスの叫びによって、人は持ちこたえることができるのです。もっと些細な事柄においてさえも、人々は「それは再び変わる」と語ることで自分を慰めます。一人の人が死ぬと、彼らは「私は必ず彼と再会する」と言い、ときには家族の全員が死ぬのを楽しみにすることすらあります。そうすれば、彼らは亡くなった人に再び会えるからです。いいでしょう。彼らはそういう考えを持ち続ければよいですが、私たちはもっと大きな慰めを得ることを望みます。すなわち、私たちは天と地が新しくなることを望みます。全地が私たちの救い主、私たちの主の光の中に移されることを望みます——そのことを私たちは望みます。私たちは今やまったく自分自身のことを心配しません。なぜなら、私たちにとってこの大いなる慰めこそ、死者の中から復活なされ、同時に死者の中から最初に生まれた方であるイエス・キリストにおける最も重要なものだからです。この方は死者たちのもとでも、天におられる神と和解させる出来事を手中に収めておられます。この方はすべての者たちの導き手であり、天にある者、地にある者、地の下にある者たちの光です。これこそが私たちの慰めです。そして、この慰めの中に私たちは入りたいのです。私たちは最初の者として、私たちの主、私たちの師の光の中に立ちたいのです。私たちはそれ以外のことを何一つ知りません。そのことのために私たちは造られたのであり、そのことのために私たちは戦うのであり、そのことのために私たちは復活なされた主イエスを必要とするのです。

もちろん、すべての人がそれを理解できるわけではありませんが、その必要もまったくありません。全世界の人々が悔い改めていなければならないと考える人々と私は同じ意見ではありません。何しろ最終的には、何百万という人々がとにかく私たちの神の支配、イエス・キリストの命の支配の中に入らなければならず、その中に移されなければならないからです。彼らが悲鳴を上げるとしても、彼らは入ら**なければなりません**。最初に彼らは皆、叫び声をあげます。けれども、それは何の役にも立ちません。**彼らは**入ら**なければなりません**。なぜでしょうか。神はその愛する御子の御国に私たちを移されたからです。私が意味もなくその中にいることを望むとあなたがたは思うのですか。私は息を引き取るまで抵抗します。最後の血の一滴を注ぎ尽くすまで私は抵抗します、天全体、地全体、死者の世界全体がわがイエスの御手に治められるまでは。誰もそのように語らないならば、私がそのように語ります。なぜなら、私はどのような方を信じているのかを知っているからです。それが私にとっての復活なのです！　私が一人の人間のため、私がある領地のため、あるいはある土地のために、希望を放棄しなければならないのであれば、イエスは私にとって復活しなかったことになります！　その場合には、死の重荷、悲しみの重荷、夜と暗闇の重荷は存在し続け、まさにイエスは世の光ではなくなります！　私は大胆にも、神やすべての天使たちやイエス御自身の御前でこう語ります。「私がどこかある場所で希望を放棄しなければならないのであれば、あなたは世の光ではありません！」と。なぜなら、その場合には、再びそれは人間的なものになり、その場合には、私たちは私たちの苦難を担うことができず、私も私の苦難を担うことができなくなるからです。そんなことはあり得ません。というのは、私はすでにしばしば次のように感じたからです。すなわち、私は全世界のごとくであり、あなたも全世界のごとくであると――人は私たちのことを「小宇宙」、大きな世界の中の小さな世界と呼ぶではないですか。暗闇が私に迫って来るや否や、私はすぐにそれを感じます。すなわち、この世のこの領域、あの領域にとって、光がないような状態、希望のないような状態が私に迫って来るや否や、そのために私の人生の一部が奪い去られるように感じます。私は異なる意見を持ったキリスト者たちを理解しません。私は、どこかある世界で希望を放棄するや否や、すぐに陰鬱な気持ちと戦わなければならなくなります。その希望とは、私にとってはイエス・キリストの復活なのです。そして、私がこの復活なされた主に依り頼むならば、そこでその代償として、当然のことながら戦いが要求されます。この救いの光に依り頼むための凄まじい戦いです。なぜなら、その場合には、私は自分自身を通して、全世界をこの救いの中に運び込まなければならないからです。というのは、私自身、全世界に関係を持っており、あなたもそうだからです。私たち人間は孤立して存在しているのではありません。誰も「私は自分一人で存在している！」と語ることはできません。そうではありません！――だからこそ、人はしばしば苦しむのですが、それがどこから来るのかを知らないのです。また人はしばしば楽しみますが、それもどこから来るのかを知りません。私たちは全世界に対して内的、霊的、精神的、肉体的な関係を持っています。人が復活の光の中を歩むならば、人はすべてのことをそのように見、すべてのことをそのように感じるのです。そして、そこで人は痛みを覚えます。

当然のことながら、**地獄のような苦しみ**は嫌になるほど存在します。私はそれを知っています。私自身かつてその中にいました。**けれども、それは終わります！**　死は嫌になるほど存在します。**けれども、それも終わります！**　罪は嫌になるほど存在します。**けれども、それも終わります！**　そうであるならば、私はそれを担うことができますし、私は次のことを知っています。すなわち、報いと罰があることは義にふさわしいということ、恵みと裁きがあることは義にふさわしいということ、闇と光が存在することは義にふさわしいということを。善と悪が互いに入り乱れて働く限り、これらのものが存在するのは、義にふさわしいことです。けれども――**それは終わります！**　それらは終わるために存在するのです！　このことが〔神によって〕私に明らかにされて以来――というのは、私には、人がそれを見出すことができるとは思えないからです。まさに世界中の人々が「そんなのは嘘だ、そんなことはあり得ない」と言うからです――私に**そのことが**明らかにされて以来、私は**あらゆる**暗闇に打ち勝つことができるようになりました。「光の中にある聖なる者たちの相続分にあずかれるように移してくださいました」ということが何を意味するのかを私が知ったとき以来、そうなりました。私は今までに憂鬱な気分で私の所に来た多くの人々にこう言いました。「イエスは万物を新たにされるということをあなたが信じるまでは、あなたは憂鬱な気分から抜け出せません！」と。「私たちは永遠に失われている」と思っている何千もの人々がいることは周知の事実です。それはほとんど敬虔な人々ばかりです。それは何に由来しているのでしょうか。そのようなことはいつの日か終わるに違いないということ、すなわち陰府と死と罪はいつの日か終わるに違いないということをあなたがたが信じないかぎり、また**すべての人間は神のもの**であるということをあなたがたが信じないかぎり、また、私たちがイエス・キリストを信じるならば、**すべての**人々のために戦わなければならないということをあなたがたが信じないかぎり――私たちが神の愛を天に携えて行き、地の下に携えて行き、すべての人間の中に携えて行かないかぎり、また私たちが永遠の命において**偉大な**人間でないかぎり、私たち信仰者は憂鬱な気分と戦わなければなりません。憂鬱な気分は他ならぬ**私たち**の上にのしかかり、私たちはこの世での悲しみの実例とならなければなりません。というのは、もし私たちが自分たちの信仰を喜んでいないならば、どうして私たちは、人々が私たちと同じ信仰に至るように努力し、彼らも信じることができないのかどうかを確かめるように人々を招くことができるでしょうか。

そのような悲しみが私たちの背中に覆いかぶさるので、私たちはしっかりと、絶えずこの主から離れてはならず、この地全体と天全体をこの主のもとに置かなければなりません。神が私たちを偉大なものとしてくださったように、小さな事柄に満足できない人間に造ってくださったように、人間にとっては天も十分な大きさではなく、地も十分な大きさではない、それほどのものとして人間を造ってくださったように、私たちもまたスケールの大きな考えを持つことを学ばなければなりません。あなたがたが私の言うことを信じることができるならば、束縛を払いのけ、**スケールの大きな考えを持ち**

なさい！　まさに私たちキリスト者はこの世の人々と私たち自身を断罪することにおいて、また私たちを取り巻くものを見る見方において、恐ろしいほどに偏狭になりました。私がスケールの大きな考えを持っているという理由だけで私を憎む、元来は信仰深い人々の群れはとりわけ恐ろしいほどに偏狭になりました。けれども、私はあなたがたにお願いします。**このような敬虔に対する憎しみを捨て去りなさい。**このような憎しみは世界中に広まり、何千、何百万という人々を殺しました。なぜなら、彼らがスケールの大きな考えを持っていたからであり、イエスを信じていたからです。今日、このような敬虔に対する憎しみは取り除かれなければならず、信心ぶった人々がこの世で幅を利かせることはもはや許されません。彼らが何と呼ばれようとも――彼らは王座から陥落しなければなりません。あらゆることを非難し、あらゆることを裁くこれらの人々は、復活なされた主イエスと共に立っていません。彼らは倒れなければなりません！　そして、わがイエスの福音がこの世に到来するために、私は私の最後の血の一滴までも注ぎたいのです。最終的に、復活なされた主イエスがすべての被造物のもとに来てくださるために、陰府の福音、悪魔の福音、偽りの福音、それらは引き降ろされ、踏みつけられなければなりません。いかなる偽預言者も、いずれかの魂に対して、天の父への道をもはや困難にすることはできませんし、そうすることは許されません。

私の愛する友たちよ、**イエスとはこのような方なのです！　この方は死から出で、生きておられます。私はすべての死者に対して次のように言いたいのです。「起きなさい！　あなたがたはもはや何も心配する必要はありません！　イエスは生きておられます。それゆえに、あなたがたも生きることになるのです！」と。**

エーバハルト・ユンゲル

エバーハルト・ユンゲル（Eberhard Jüngel）は、一九三四年に生まれた。テュービンゲン大学の組織神学と宗教哲学の教授。この説教は、一九九〇年の復活祭後第一主日（Quasimodogeniti）に、テュービンゲンの十字架教会で語られたもの。『信仰に対する責任』所収。
P. Neuner/H. Wagner (Hg.), In Verantwortung für den Glauben, FS Heinrich Fries, Verlag Herder, Freiburg 1992.

復活祭後第一主日（Quasimodogeniti）〔1〕
ローマの信徒への手紙第八章一八―二四節a

現在の苦しみは、将来わたしたちに現されるはずの栄光に比べると、取るに足りないとわたしは思います。被造物は、神の子たちの現れるのを切に待ち望んでいます。被造物は虚無に服していますが、それは、自分の意志によるものではなく、服従させた方の意志によるものであり、同時に希望も持っています。つまり、被造物も、いつか滅びへの隷属から解放されて、神の子供たちの栄光に輝く自由にあずかれるからです。被造物がすべて今日まで、共にうめき、共に産みの苦しみを味わっていることを、わたしたちは知っています。被造物だけでなく、〝霊〟の初穂をいただいているわたしたちも、神の子とされること、つまり、体の贖われることを、心の中でうめきながら待ち望んでいます。わたしたちは、このような希望によって救われているのです。

全能の神、愛する天の父よ！　あなたはあなたの御子、私たちの兄弟ナザレのイエスを死人の中から復活させられ、あなたの御そばで、私たち死すべき人間のために執り成す立場を永遠に保持する方となるために引き上げられました。私たちは、あらゆるものを滅ぼす死よりも強いあなたの全能の愛をほめたたえます。主イエス・キリストよ、あなたは私たちのために苦しみを受け、厳しい死を通って命に至り、私たちに先立って、私たちに道を開いてくださいました。私たちはあなたの信実に対して、あなたに感謝を捧げます。聖霊なる神よ、あなたはイースターの炎を私たちの内に灯すために来てくださいます。私たちはあなたに祈り願います。聖なる三位一体の神であられるあなたが私たちに約束してくださることに、私たちの注意と私たちの全存在が集中するために、今、命を与える神の御言葉に私たちの耳と心とを開かせてください。アーメン。

愛する教会員の皆さん！　あらゆるキリスト教の祭りの中でも最も栄光に満ちた祭りの歓声の余韻が今なお私たちの内に残っています。最初の教会の、抑えがたいイースターの喜びが、今なお私たちの礼拝においても多少なりとも見られます。今なお私たちの賛美歌は確信に満ちています。そうです、

「このイースターの時、私たちは皆一緒に、喜びましょう。神が私たちの救いをもたらしてくださったから。……十字架で死なれたイエス・キリストは甦られた。この方にとこしえに賛美と栄光があるように〔2〕」。私たち自身の歓声は、全被造物から神へと立ち昇る、全世界のイースターの大いなる歓声のかすかな反響に過ぎないようにさえ思われます。「全世界が、私たちのために犠牲を払い、楽園を贖ってくださった神の御子をたたえる……〔3〕」。そして、私たちも共に歌います。今なお！　今なお驚きに包まれているこの世は、キリスト教徒たちが天高く歓声をあげて歌うイースターのハレルヤを聞きます……。

けれども、たった一つの悲しい経験だけで、つい先ほどまで天高く歓声をあげていた私たちの魂が死ぬほどに悲しみに沈んでしまうことも珍しくありません。そして、たとえ私たちがすぐに——ゲーテのクレールヒェン〔4〕のように——極端から極端に走らないとしても、単調な毎日が自ずから、イースターの喜びを次第に薄れさせます——最も輝かしいイースターの炎でさえも次第に一か所に集まり、ゆっくりと、しかし確実に、かすかに燃える灰の下に消えていきます。

ここで、ある新約聖書のテキストに耳を傾けることは有益です。このテキストには、同様にイースターの朝の歓声の余韻が残っていますが、すぐに「現実に存在する世界」に目が向けられます。それはしばしば最も陽気な人をさえもひどく失望させます。使徒パウロはローマの信徒への手紙第八章一八節以下にこのことを書いています。

「現在の苦しみは、将来わたしたちに現されるはずの栄光に比べると、取るに足りないとわたしは思います。被造物は、神の子たちの現れるのを切に待ち望んでいます。被造物は虚無に服しています

が、それは、自分の意志によるものではなく、服従させた方の意志によるものであり、同時に希望も持っています。つまり、被造物も、いつか滅びへの隷属から解放されて、神の子供たちの栄光に輝く自由にあずかれるからです。被造物がすべて今日まで、共にうめき、共に産みの苦しみを味わっていることを、わたしたちは知っています。被造物だけでなく、〝霊〟の初穂をいただいているわたしたちも、神の子とされること、つまり、体の贖われることを、心の中でうめきながら待ち望んでいます。わたしたちは、このような希望によって救われているのです。アーメン」。

愛する教会員の皆さん、もしそれが使徒でなかったならば、このテキストで、一人の人間が「わたしたちは知っています」、「わたしは確信しています」と語る――このような揺るぎない態度はおそらく私たちに不信感を抱かせることでしょう。この鼻につくような確信をもって、隠された将来の事柄、しかも完全に隠された将来の事柄を約束する者が使徒でなかったならば、それが使徒でなかったならば――私たちはおそらく「この人は自分が賢いと思い込んでいる[5]」と言うことでしょう。

人は大抵の場合、多少頭を振りながら、われわれこの世の人間におけるよりもはるかに鋭い洞察力を持ち、はるかに繊細な感受性を持つ人々についてそのように語ります。そのような言い回しはノルウェー・アイスランドの伝説（新エッダ[6]、第一部第二七章）に遡ります。この伝説は、天の神々の見張り役を果たす神、アース神へイムダル[7]に関して、この言葉を繰り返し語っています。彼は「夜でも昼でも、一〇〇マイル離れたところまで見えるし、地面の草の生長する音や羊の毛が伸びる音……は、もらさずききとれるのだ[8]」。耳がさとい人は他の人々よりも早く、私たちに迫り来るものに気づきます。この人は今すでに、現在に迫り来るものを知っています――それは、この人を除いて、私たちにはまだ隠されています——。この人は、エッダに登場する天の見張りのように、見るために生まれ、洞察する使命が与えられています。すなわち、われわれこの世の人間にはまだ隠されている事柄に気づく使命が、この人には与えられているのです。

愛する教会員の皆さん、ローマの信徒への手紙第八章で使徒パウロが歌い始めた希望の賛歌を聞くならば、私たちはおそらくそのように考えるでしょう。この人は、私たちやこの過ぎ行く世が終わる時に私たちに迫り来るものを、今すでに見抜いているように思われます。この使徒は今すでに、神の隠された永遠なる世界から私たちに、すなわち全被造物やとりわけ私たち信仰を持つ人の子らに近づいて来るものに気づいているように思われます。ここでは、私たちの身において明らかになるべき、差し迫る栄光について語られています。ここでは、神の子らの栄光に輝く自由と私たちの体の贖われることについて語られています。これらすべてのことを宣べ伝え、私たちの将来のこととして、これらのことを約束するのが使徒でなかったならば——私たちは「この人は自分が賢いと思い込んでいる！」と言うのではないでしょうか。

それどころか、この使徒の場合、彼は、草が**成長する**音だけではなく、むしろ——とても不思議なことですが——草が**枯れる**音をも聞き、また自分自身が過ぎ去ることにため息をつき、呻き苦しむ声を聞くということについてさえ、人は語らなければならないでしょう。全被造物がため息をつき、痛みを感じ、（ルターが訳しているように）不安を抱いていることに、この使徒は気づいています。もっとも、このように聞き知ることによって、パウロはもっと深い洞察力を持つ人として、それどころかその特別な知識によって自分自身のために利益を引き出す〔古代ローマの〕鳥占い師として、まさに私たちと一線を画そうとしているわけではありません。パウロは宗教に関する内密の知識や秘密の知識をひけらかしているのではありません――キリスト教信仰には、そのような知識はありません。むしろ、パウロは彼自身の、より高度な知覚能力、他者の苦しみや人間以外の被造物の苦しみに対するこの極めて鋭敏な感受性を私たちすべての者たちにも要求するのです。**彼**だけが知っているのではなく、**「私たち」**――そのように彼は書いています――「**私たちは**知っています、今日に至るまで、全被造物がため息をつき、呻き、不安を抱いているということを」。

もっとも、今日、私たちにこのような感受性が改めて要求される必要はありません。私たちは痛みを覚えつつ、昔の諸民族にとって当たり前だったことを学び、再び学び直しました。すなわち、人間と人間以外の被造物は互いに分かちがたく結びついており、私たち人間が他のすべての被造物を用い、加工し、道具として利用しているにもかかわらず、それ自身のゆえに敬うことなく、単なる物質として軽視するならば、厳しい報いを受けることになるということを。すべての生き物のみならず、すべての物質が**本質**を持ち、それゆえに、それ自身のゆえに**本質的に重要なもの**であることを、昔の諸民族はまだ知っていました。けれども、私たちが、神から私たちに託されたこの地上に住むものに対する支配を、搾取することと取り違え、それゆえに自分たちだけが本質的に重要なものであると考え始めるようになって以来、他の被造物は私たちにとって**本質を持たないもの**、**本質的に重要なものではなくなり**、搾取されるべき物質となり、それ以上のものではなくなりました。

私たち自己中心的な人間は、神の良き被造物の上に暗い影を落としました。そして、今や驚くべきことに、この影がさらに暗く私たちの上にはね返ってくるのです。最も美しいバルト海の島の一つが、最近人間の手によって引き起こされた大量の魚の死によってひどく汚染され、そこに休息を求めてやって来た客たちが、その島全体を覆った腐臭ゆえに逃げ出さざるを得なかった様子を、私たちはまたしても、つい一昨日、テレビ画面で見ることができました。私たちが被造物に対してすることが、私たち自身にはね返って来るということを、私たちは皆、次第に理解し始めています。それ以来、私たちの本質と矛盾することが私たち自身に起こる時に、ため息をつき、痛みの中で呻いているのは私たち人間だけではないということにも私たちは気づいています。それ以来、人があらゆる被造物からその本質をだまし取り、単なる目的のための手段、本質を持たない単なる物質――人はそれを、同じ目的をよりよく実現する他のものとたやすく交換するでしょう――として乱用するとき、あらゆる被造物がため息をつき、呻いていることにも私たちは気づいています。あらゆるものは交換可能であるというのは、堕落した世界のしるしです。それ固有の本質をもはや何も持たないがゆえに、すべてのものが交換可能となるところでは、原初の混沌とした状態、「トフー・ワ・ボーフー」[9]が神の被造物の中に舞い戻って来る危険が迫っています。私たちは自分たちだけを**本質的に重要なもの**と見なし、他の一切のものを、本質を持た**ない**ものと見なすことによって、再び原初の混沌とした状態を自ら呼び起こすのです。けれども、混沌とした状態、創造の朝の「トフー・ワ・ボーフー」の背後には、虚無が潜んでいます。私たちはそこで、いかなる悪魔の一味が動き始めたかを次第に理解し始めているがゆえに、全世界が今日この日曜日を「地球の日」として祝うのです。すなわち、その傷が天に叫びをあげ、苦しみ呻く地球の日です。

にもかかわらず、私たちを取り巻く環境に対する私たちの不遜な態度の結果として、私たちが今日、非常な苦しみを覚えて経験しているすべてのことは、すべての被造物がため息をつき、呻き、不安を抱いているとパウロが語るときに、彼が本来言おうとしていることをかすかに思い起こさせるものでしかありません。この使徒は、私たちと共に造られた被造物に対する私たちの卑劣な態度だけにその責任を負わせるのでは決してありません。むしろ、パウロは、全被造物に突然降りかかった災いの責任は、それに劣らず創造主御自身に対する私たちの卑劣な態度にあると指摘します。私たちが神のようでありたいと望むとき、私たちが神御自身に対して為し、すでにこれまでずっとしてきたことが、他の被造物に対する私たちの態度に反映され、繰り返されているだけなのです。聖書の冒頭で、アダムの罪として述べられていることは、まさに神もその固有な本質において、すなわち創造主としての神の本質において、私たちから敬われていないということに他なりません。私たち自身も神と同じように、尽きることのない創造の御力を持ちたいと願い、感謝して受け取ることもなく、限りない創造の御力を持ちたいと望むことで、また何が善であり、何が悪であるかについて、私たち自身が決定を下すことを望むことで、私たちは創造主としての神の本質を我が物にします。そうすることで、私たちはこの方、すなわち神をも本質的に重要でないもの、本質を持たないものにしてしまうのです。私たちが、神にのみ固有の本質である、尽きることのない創造主としての本質を我が物にすることで、私たちはすべてのものを取り替えるだけでなく、創造主と被造物さえも取り違えてしまうのです。「……いっさいの神的なものが……悪用されてきたが、感謝の念もなく／それをしたのはずる賢い種族だ」〔10〕とフリードリッヒ・ヘルダーリンは的確に診断しています。

神に対するこのような不当な行使こそがパウロの語っている虚無の根源なのです。すなわち、私たちや私たちと共に他のすべての被造物が服している虚無です。というのは、私たちは他の被造物と分かちがたく結びついており、これらの被造物も私たちと――善きにつけ、悪しきにつけ――分かちがたく結びついているからです。この点で、新約聖書の使徒〔パウロ〕は旧約聖書の預言者や黙示文学者たちと完全に一致しています。すなわち、人間の罪は、現実の世界全体とそのあらゆる可能性を巻き添えにしてしまうということです。たとえば、第四エズラ[11]〔エズラ記（ラテン語）〕〔第七章一一節以下〕には次のようにあります。「アダムがわたしの戒めを破ったとき、〔同時に彼と共に〕被造物が裁かれた。そして、この世〔この無限に長い時代〕の出入り口の数も少なく、状態も悪く、危険をはらみ、大きな困難を強いるものとなった」。造られた世の存在は分かちがたいのです。あらゆる被造物の客観的な連帯、事実上の連帯のようなものが存在します。善きにつけ、悪しきにつけ、それらの被造物の代表であり、代表者であるのが私たち人間なのです。

私たちは今日、悪しきことにおける客観的な連帯をとりわけ痛切に経験しています。私たちはまさに原初の「トフー・ワ・ボーフー」を呼び起こし、それと共に、大きく口を開けている虚無を被造物全体にまでももたらさんとしているということを経験し、恐れおののいています。パウロはこのような経験を「滅びへの隷属」〔ローマの信徒への手紙第八章二一節〕の経験と適切に呼んでいます。存在するすべてのものが**私たちのせいで**、滅びへの隷属に苦しんでいます。メフィストフェレスはこの運命を「なぜといって、一切の生じ来るものは、滅びるだけの値打ちのものなんです[12]」と悪意をもって解説しました。パウロはそれを「奴隷の運命」または「隷属」と呼んでいます。そこに存在していながら、いつでも次の瞬間にはもう存在することを許されず過ぎ去り、滅び**なければならない**ことを考慮に入れなければならないのは事実、奴隷のような存在です。私たちが死ななければならない限り、人間には奴隷としての特徴が残ります。そして、他の被造物が過ぎ去り、その意志に反して過ぎ去らなければならない限り、それらも隷属状態の中にあるものの顔をしています。そのことは、私たちやこの世を繰り返し覆う不思議な悲しみを明らかにします。しかも、まさにこの世が私たちにとりわけ美しく見えるときに。悲しみよ、こんにちは〔Bonjour tristesse〕[13]……。

それだけに、パウロが被造物のため息を否定的に評価するだけでなく、私たちの身において明らかにされる栄光、それのみならず全世界に益をもたらす栄光と比べれば、現在の苦しみは取るに足らないということを指し示すものとして肯定的に理解したことは一層驚くべきことです。

使徒パウロがそこで敢えて表明しているのは大胆な見解です！　現在の苦しみ、神の良き被造物をあまりにひどく歪めてしまった、想像を絶する規模の地上の悲惨さ全体は、より良い将来に私たちを待ち受けている栄光と比べれば、取るに足らないというのです。

このパウロの見解に対する異議を、人は――多かれ少なかれ――学問的な書物や機知に富んだ詩の中にわざわざ探し求める必要もありません。そのような異議は明白であり、辛い経験を通して試みを受ける自分自身の心から繰り返し沸き起こるものです。たとえ、そう簡単に誰もが口にしないとしても、今現在、痛みを覚えながら、自分をごまかして、栄光に輝く将来に希望をつなぐことに何がでも反対する言葉が口先まで出かかっています。「民衆にとっての阿片」〔カール・マルクス〕[14]としての宗教の希望――いいえ、結構です！　「このようなやり方で悲しい現実を受け入れるために、私たちは感覚を麻痺させられ、酔わされることを望みません。私たちは、**永遠の**命への憧れのためだけに、この**地上の**生を厳密に観察し、場合によっては、すでに死を目前にした命でさえも生きるに値するものに変える時間も力ももはや持っていない『天国の候補者』となるように譲歩させられることを望みません」。「天の国」と同一でないにしても、少なくとも永遠の命として私たちを待ち受けているものをこの地上で表す比喩を「私たちは今この地上に」打ち建てたいのです。

けれども、使徒パウロが同時にこれらすべてのことをも望んでいたことは間違いありません。彼がこの同じ手紙で、ほんの数頁後に、心を新たにして神に仕え、私たちが神の御意志に従って行動し、**善い**こと、（神に）**喜ばれる**こと、**完全な**ことを実行するようにキリストの教会に勧めているのは理由のないことではありません（ローマの信徒への手紙第一二章一―三節）。パウロはこの世からかけ離れた希望を用いて、私たちの現在の惨めさを厚かましくも無視するようなことをまったく考えていません。まったく反対に、それは、栄光に輝く命を求める、真剣な、確固とした根拠を持つ希望です。この栄光は、この世で私たちを悲しませ、不安にさせるあらゆることに対してキリスト者たちをとりわけ敏感にさせます。真実に希望を抱くことのできる人は不安をごまかしません。真実に希望を抱くことのできる人は、むしろ不安を明らかにします。すなわち、自分自身の不安や共に生きる人々の不安、また他のすべての被造物の不安を明らかにします。そして、そのような人は、徹底的に不安を熟慮します。それは、不安の根源を究明し、その上でさらに可能な限りそれに打ち克つためです。真実に希望を抱くことのできる人はさまざまな不安を抱くかもしれませんが、不安のための不安を抱くことはありません。

パウロも同様です。彼は、希望を持たない存在が人間らしくないのと同様に、不安がないことも人間らしくないことを知っています。なぜなら、その希望と共に、またその不安と共に、被造物は将来に対する権利を主張するからです。

けれども、この将来は**栄光に輝くもの**です。愛する教会員の皆さん、それが福音の約束です。私たちのテキストを希望の高尚な歌とし、使徒による希望の賛歌にするのは、この福音の約束なのです。福音を知らない人は事実、ここでは、ある人が「自分は賢いと思い込んでいる」と思わ**ざるを得ない**でしょう。けれども、信仰は、自分が賢いと思い込むことではなく、むしろ神の国がどのように成長するのかを悟ります。すなわち、地の中ではなく、この地上でもなく、神の国が天から、神の永遠なる世界からあなたがたや私たちに与えられるのを悟ります。なぜなら、そこに、神の右に――そのように私たちは信じ、告白しています――十字架に架けられ、死人の中から復活させられた主イエス・キリストが座しておられるからです。この方も、不安の汗が血の滴るように地に落ちるほどに不安を抱かれました――とルカは私たちに報告しています（ルカによる福音書第二二章四四節）。この方も滅びに隷属し、虚無に服されました。すなわち、十字架に架けられ、死にて葬られました。にもかかわらず、まさにこのゴルゴタで処刑されたイエス・キリストを神は甦らせ、永遠の栄光へと引き上げられたのです。このことに基づいて、私たちやすべての被造物に希望を、すなわち栄光に包まれた命に対する希望を約束するのがイースターの信仰なのです。

栄光の姿に変えられる――これこそが、万物が目指している目標に他なりません。貧しく、憐れな人間である私が栄光の姿に変えられるというのです。失われ、呪われるべき人の子らである私たちが栄光の姿に変えられるというのです。それどころか、ため息をついているすべての被造物が神の子らの栄光に輝く自由にあずかるというのです。

それは何を意味するのでしょうか。そこで何が私たちやこの世のすべてのものに約束されているのでしょうか。初めから、この使徒の希望がどこを目指しているのかということから話を逸らしたくなければ、**具体的に**話さなければなりません。そして、私たちが身をもって体験することは、私たちにとっていつでも**具体的**です。パウロも「わたしたちの**体**が贖われること」を私たちに約束するとき、身をもって体験したことから出発しているのは明らかです。というのは、この言葉でもって、決して――何世紀にもわたって、私たちに信じ込ませようとしてきたように――体**から**魂が贖われることについて語られているのではなく、決して、体を伴わないあの世での命について語られているのではないからです。

体を伴わない命は、聖書の見方によれば、そもそも命ではありません――この世を欠いたあの世がそもそもあの世でないのと同様に。聖書が私たちに永遠の命として約束しているものはいずれの場合にも、**生きた体と共にある**命です――けれども、その命は、今や私たちの地上の命にとって絶えず重荷となる罪や罪責から解放されるのです。私たちが互いに与える苦痛から解放され、はっきりと認め得る根拠もなく私たちを急に襲う苦しみから解放されるのです。意志に反して滅びなければならないという全被造物を襲う運命から解放されるのです。そのとき、もはや次のように語られることはなくなります。

過ぎてゆく　落ちてゆく

悩みを負う人の子は、
ひとときまたひとときと。
ものぐるおしい谷水が
岩から岩になげうたれ
はてはその跡も
知られぬように〔15〕**。**

否、そのときには、私たちの命は住むところを得ます。パウロは、永遠に生きる**体**と共にあるこの命について「それは栄光に輝くであろう」と言っています。最後に私はなお、「私たちは**栄光の姿に変えられることになる**」という言葉でもって言おうとされていることを説明したいと思います。栄光に輝く人間――それは今の世においては、来たるべき世におけるのと同様に、人に見られても恥ずかしくない人間であるに違いありません。人々は栄光に輝く人間の方に振り向きます。人々はそのような人間を目で追います。そして、もし人々がとても若く、厚かましく、向こう見ずであるならば、人々は自分の受けた良い教育をも忘れ、彼らに向かって後ろから威勢よく口笛を吹くことさえします。

ところで、**私たちは**、私たちを**永遠に見るに値するものとする**ものをほんのわずかしか持っていません。永遠に見るに値する方はただ神のみです。けれども、自ら栄光に輝く神は、とりわけ神がその栄光を私たちと**分かち合おう**とされる点において、虚栄心の強い私たち人間とは区別されます。神御自身は私たち抜きに見られることを望まないほどに私たちを愛してくださいます。それゆえに、私たちが神と共に見られても恥ずかしくない者になるまで、神は隠れた方でありますし、そうあり続けられます。創造主が隠れておられること――自分の母親を見ることができず、あるいは見ることを許されない子どものように、全被造物はこのことのゆえに苦しんでおり、創造主が隠れておられること――それが終わるのを、全被造物はため息をついて待ち焦がれています。したがって、それが終わることは私たち人間に**益をもたらします**。そして、それゆえに、神が**私たちと共に**遂にその御姿を示されるのを、すべてのものが待ち望んでいるのです。

　けれども、神が仲間となってくださるならば――私たちも見られても恥ずかしくない者になることが**できます**。もし私たちだけならば、おそらく恥ずかしくて消え去らなければならないことでしょう。この地上ですら、小さく、か弱い男の子たちが自分よりも大きくて強い兄と並んで見られるのを喜ぶのであるならば、それ以上に、私たちは神のそばに立って、見られても恥ずかしくない者になるのをどれほど喜ぶことでしょうか！　愛する兄弟姉妹の皆さん、**神と**並んで、**神と**並んで、私たちも比較を絶した意味で美しくなり、それどころか栄光に輝く者になり始めるのです。長い間、母から離れていた後、再び母を見る子どもの目が輝き始めるように、「私たちが罪と過ちから解き放たれ、永遠に神御自身を見る〔16〕」とき、私たちの目だけでなく、全人格が輝き始めるのです。そのときには、私たちも永遠に**見るに値する**者となるのです。

　そして、私は賭けてもよいと思っていますが、そのときには、天使たちが私たちの方を振り向くことでしょう。そして、誰にも分かりませんが、おそらく天使たちの中の何人かは大胆不敵にも、私たちを目で追うのみならず、天での彼らの良い教育を忘れて、私たちの後ろから威勢よく口笛を吹くことでしょう。アーメン。

聖なる三位一体の神よ！　あなたは栄光に輝く命を私たちに約束し、保証してくださいました。あなたは、貧しく、哀れな私たち人間と共に、永遠に見られることを望んでおられます――そのことが私たちを喜ばせ、私たちのこの地上での命に意味と方向性と目標を与えてくれます。このような希望を持って忍耐し、避け得ないことを耐え忍ぶ力を私たちに与えてください。そして、私たち人間が互いに負わせ、他の被造物に負わせる、避けることのできるすべての苦しみと勇敢に戦わせてください。私たちの助けが必要とされるあらゆる機会に対して私たちの目を開いてください。助けを与える言葉を語るために私たちの唇を開き、役に立つ行為をするために私たちの手を開いてください。困窮の中にあるすべての人々、不当に迫害されているすべての人々のために、私たちはあなたに祈り願います。彼らをその悲惨さから救い出し、そこで自ら共に働く力を私たちに与えてください。私たちは二つのドイツ政府のために、こちらで、とりわけあちらで、国民の幸福のために賢い決断と決然とした行為がなされるようにあなたに祈り願います。あなたのキリスト教会を守り、聖なるものとし、あなたの真理を喜んで首尾よく証する唯一の神の民へと新たに造り変えてください。そして、この地上の生活において私たちの最後の時が到来するときには、私たちをあらゆる苦しみから救い出し、恵みによってあなたの永遠の栄光の中に私たちを受け入れてください。アーメン。

訳注

〔1〕復活祭後第一主日の「クアジモドゲニティ」（Quasimodogeniti）という名称は、昔のラテン語のミサの入祭文の“Quasi modo geniti infantes, Halleluja, rationabile, sine dolo lac concupiscite”（「生まれたばかりの乳飲み子のように、混じりけのない霊の乳を慕い求めなさい」）（ペトロの手紙一第二章二節）に由来する。「クアジモドゲニティ」はラテン語で「生まれたばかりの乳飲み子のように」という意味。

〔2〕福音主義教会讃美歌第一〇〇番“wir wollen alle fröhlich sein in dieser österlichen Zeit”の第一節の歌詞。

〔3〕前掲讃美歌の第四節の歌詞。

〔4〕ゲーテの悲劇『エグモント』に登場するエグモントの愛人。『関口存男著作集』翻訳・創作篇6、三修社、二〇一三年（POD版）。

〔5〕ここで用いられているドイツ語の表現（“das Gras wachsen hören”）は、直訳すると「草が成長する音を聞く」となる。そこから「耳がさとい」、「何でもよく気がつく（と思い込んでいる）」、「自分が賢いつもりでいる」という意味で用いられる。

〔6〕「エッダ」とは、九—一三世紀に古アイスランド語で書かれたゲルマン神話や英雄伝説の集成。一六四三年にアイスランドで発見された。天地創造、神と巨人族との闘争を主な内容とする。韻文の古エッダと、詩人・歴史家であるスノッリ＝スツルルソン（Snorri Sturluson, 一一七八—一二四一年）が編纂した散文の新エッダ（「詩学の書」）とがある。「新エッダ」は、スノッリ＝スツルルソンが若いスカルド（九—一四世紀の北欧の宮廷詩人）たちのために古詩を引用しながら作詩法を説いた詩学書である。「散文エッダ」「スノリのエッダ」とも呼ばれる。

〔7〕北欧神話における神々の系統をアース神族と呼ぶ。その中でヘイムダルは、山の巨人らから、神々の居所アースガルズへと至る虹の橋を守る光の神。

〔8〕『エッダ——古代北欧歌謡集』谷口幸男訳、新潮社、二〇〇四年（第二二刷）、二四七頁。この部分は「新エッダ」の第一部、神話大観「ギュルヴィたぶらかし」の第二七章の中の一節である。

〔9〕創世記第一章二節の「混沌であって」と訳されているヘブライ語。

〔10〕フリードリヒ・ヘルダーリン『ヘルダリン全集２』手塚富雄・浅井真男訳、新装版、河出書房新社、二〇〇七年、五三頁。
〔11〕ユダヤ教およびキリスト教の外典。
〔12〕ヨハン・ヴォルフガング・ゲーテ『ファウスト』第一部、相良守峯訳、岩波文庫、一九九一年（第二刷）、九三頁。
〔13〕『悲しみよこんにちは』（Bonjour Tristesse）は、一九五四年に発表されたフランスの作家フランソワーズ・サガンの小説のタイトル。世界的なベストセラー。
〔14〕カール・マルクス『ユダヤ人問題に寄せて／ヘーゲル法哲学批判序説』中山元訳、光文社、二〇一四年、一六二頁参照。
〔15〕フリードリヒ・ヘルダーリンの有名な「ヒュペーリオンの運命の歌」の一節。『ヘルダリン全集３』新装版、ヒュペーリオン・エムペドクレム、手塚富雄・浅井真男訳、二〇〇七年、河出書房新社、一三五頁。
〔16〕福音主義教会讃美歌第一八四番“Wir glauben Gott im höchsten Thron”の第五節の歌詞。

カール・ハインツ・ラッチョウ

カール・ハインツ・ラッチョウ（Carl Heinz Ratschow）は一九一一年に生まれ、一九九九年に死去。マールブルク（ラーン）大学の組織神学、並びに宗教哲学の教授（退職名誉教授）。この説教は、一九七八年、マールブルク（ラーン）で復活祭後第二主日（Misericordias Domini）に語られたもの。カール・ハインツ・ラッチョウ著『信仰における生』所収。Carl Heinz Ratschow, Leben im Glauben. Marbacher Predigten, Stuttgart/Frankfurt 1978, S. 96-102.

復活祭後第二主日（Misericordias Domini）〔1〕
ペトロの手紙一第二章一八―二五節

召し使いたち、心からおそれ敬って主人に従いなさい。善良で寛大な主人にだけでなく、無慈悲な主人にもそうしなさい。不当な苦しみを受けることになっても、神がそうお望みだとわきまえて苦痛を耐えるなら、それは御心に適うことなのです。罪を犯して打ちたたかれ、それを耐え忍んでも、何の誉れになるでしょう。しかし、善を行って苦しみを受け、それを耐え忍ぶなら、これこそ神の御心に適うことです。あなたがたが召されたのはこのためです。というのは、キリストもあなたがたのために苦しみを受け、その足跡に続くようにと、模範を残されたからです。
「この方は、罪を犯したことがなく、
その口には偽りがなかった」。
ののしられてもののしり返さず、苦しめられても人を脅さず、正しくお裁きになる方にお任せになりました。そして、十字架にかかって、自らその身にわたしたちの罪を担ってくださいました。わたしたちが、罪に対して死んで、義によって生きるようになるためです。そのお受けになった傷によって、あなたがたはいやされました。あなたがたは羊のようにさまよっていましたが、今は、魂の牧者であり、監督者である方のところへ戻って来たのです。

イースター後の第二主日は、この日曜日の説教テキストに従って、羊飼いにたとえられる復活の主を賛美する日です。この日曜日のテキスト――招詞の詩編、福音書、書簡――はこの羊飼いのたとえに方向づけられています。復活なされた十字架の主は、詩編第二三編の羊飼いとして、またヨハネによる福音書第一〇章のたとえ話の良い羊飼いとして、そして、この書簡では、私たちの魂の牧者であり、監督者であられる方として宣べ伝えられています。これらの三つのテキストが示しているように、人々は実にさまざまな表現で羊飼いとしての神について語り、あるいは羊飼いとしてのキリスト、あるいは羊飼いとしての復活の主について語ることができます。詩編第二三編には、この羊飼いが私を正しい道に導いてくださるという確信があります。そして、私が通り抜けなければならない暗闇がいかなるものであろうとも、この方は私と共にいてくださいます。この方は私の鞭、私の杖であられ、私の身にはまったく何事も起こりません。ヨハネによる福音書第一〇章では、羊飼いとしてのイエスについて語られます――けれども、異なった表現で語られます。「わたしは良い羊飼いである。雇い人は危険が迫ると逃げ出す。けれども、わたしは去らずに留まる。なぜなら、あなたがたはわたしのものだからである。父がわたしを知っておられるように、わたしもあなたがたを知っている。あなたがたもわたしを知っている」。キリストとキリスト者とがこのように深く一つに結び合わされていること、キリストとキリスト者とがこのように互いのものであるということ、偽りの羊飼いとは対照的に、教会とその羊飼いとがこのように一つであるということ、それがこの話の伝えようとしていることなのです。そして、今日取り上げるペトロの手紙一のように羊飼いについて語ることもできるでしょうし、そのようにも語らなければならないでしょう。今日取り上げる書簡がそれについてどのように語っているのか、またここで私たちの魂の牧者また監督者のたとえが何を語っているのかを私たちは問い、聞きたいのです。

まず第一に、私たちの魂の牧者また監督者についての話はおそらく次のことを言おうとしているでしょう。すなわち、魂がそれぞれ別々のものとして、他のものと切り離され、一つ一つが個別に扱われる場合には、魂――ギリシア語で「プシュケー」――は命であるということです。命は、その素質や運命に従って一つ一つ個別に見るならば、極めて個性的なものです。一つ一つの「魂」は、ほかのどの「魂」とも異なります。一つ一つの命は極めて明確に他と区別される命です。そして、この明確に他と区別される命が自分の牧者を手に入れたのです。すなわち、この牧者には一般的な人生の真理が重要なのではなく、この方には一人一人の運命が重要なのです。一人一人がその運命と共に、私たちは私たちの運命と共に、復活なされた主において私たちの牧者を受け取ったのです。どうして、そんなことが起こり得るのでしょうか。この節の御言葉は次のように語ります。「あなたがたは道に迷った羊のようであった。けれども、今やあなたがたはあなたがたの魂の牧者を持っている」と。すなわち、人間存在のいかなる迷いや混乱に直面しようとも――そして、それは一人一人の人間にとって異なる様相を呈します――このようないかなる迷いや混乱に直面しようとも、私たちの誤りを正すことができ、そうすることを望まれる方が今や私たちの人生のただ中に来てくださるのです。

それがこの書簡の牧者のたとえの主題です。今日取り上げるテキストでは、この主題は二通りの仕方で展開されます。まず第一にイエス・キリスト御自身を指し示すことにおいて（二一a―二四節）、第二に事柄それ自体が具体的に述べられることによって（一八―二一節a）。最初に私たちのテキストは次のことを語ります。すなわち、この方、キリストは、あなたがたがこの方の足跡を辿るために、私たちに模範を残されたのだと。ギリシア語のテキストのこの箇所で、「模範」を表す言葉は本来、模範ではなく、「手本」〔2〕を表します。この時代、ヘレニズム文化には、初学者のための編成表がありました。そして、この編成表では、すべてのアルファベットの文字が三、四、五の言葉にまとめられ、暗記されました。イエスは私たちにとって、「手本」なのです。あるいは、私たちが幼い初学者のように、何でもこの方をまねして語り、書くことができるようになるために、イエスは、初学者が学ぶことのできる手本を残してくださったのです。この「手本」の内容は、連続する三つの関係文において三点挙げられます。⑴この方は罪を犯したことがありませんでした。その口には何の偽りもありませんでした。⑵ののしられてもののしり返さず、苦しめられても人を脅しませんでした。この方は、正しくお裁きになる方にお任せになりました。そして、⑶この方は十字架にかかって、自らその身に私たちの罪を担ってくださいました。これがこの「手本」の三つの部分です。これらの手本に従って、キリスト者はこの世に生き、キリスト者としての生活を送るのです。ですから、人が信仰をその初歩から一つ一つ学び始めるところでは、「私はあれこれのことが真実であると信じます」ということが始まるのではなく、「彼は罪を犯さず、その口には偽りがなかった」ということが始まるのです。すなわち、キリスト教信仰が始まるところでは、「あれこれをあなたは真実と見なさなければならない」ということが始まるのではなく、次のような問いが始まるのです。「そもそも、あなたの人生における欺瞞にどう対処したらよいのでしょうか。人が罪と呼ぶもの、私たちが互いに付き合うなかで経験する不誠実や醜さやいらだちにどう対処したらよいのでしょうか。それらはいったいどう対処したらよいのでしょうか」。そのような問いが始まります。それが「〈信仰の〉いろは」です。極めて実際的な事柄です。そして、イエスがパレスチナを巡られたのか、イエスがどのように生きられたのか、イエスがどのように弟子たちと関わりを持たれたのか、イエスがどのようにファリサイ派の人々と関わりを持たれたのか、このようなイエスの物語を背景として、人が自分の生活を見るならば、次のような結論は決して的外れなものではありません。「確かに、私たちに関して言えば、極めてお粗末な状況です。そして、イエスについて『彼には偽りがなかった』と語られること、そのことを私たちは自分自身について語ることはできません」。このような一切の衝動的な思いから、より一層離れようとする努力自体、そのような試み自体が非常に困難なことなのです。

今取り上げているテキストが語っている第二のことは、そのことをさらに深めます。「ののしられてもののしり返さず、苦しめられても人を脅さず、正しくお裁きになる方にお任せになりました」。この御言葉を完全に理解するためには、私たちの人生全体が相互関係によって成り立っているという事実を、私たちがはっきりと認識する必要があります。私たちの愛がそうです。共感と反感がそうです。私たちのすべての経済生活や政治生活、私たちのすべての公的生活は相互性、あるいは相互関係によって成り立っています。イエスはこのような相互関係から私たちを解き放たれなければならないとお考えになるのです。そのことは福音書全体を貫いています。すなわち、あなたがたに挨拶を返してくれる人にあなたがたは挨拶すべきではなく、あなたがたを招き返してくれる人々をあなたがたは招くべきではないということです。むしろ重要なのは、対象そのものを定める愛です。それは、隣人がとても親切なので、その隣人を愛するというような愛ではありません。神が私を愛してくださるのは、私がまんざらでもないからではなく、むしろ私が失われたものであるにもかかわらず、なのです。この愛はそのようなものなのです。これが、ののしられてものの しり返さない愛であり、苦しめられても脅さない愛であり、「あなたが私にしたように、私もあなたにする」と言わない愛です。それは私たちの自意識では、ほとんど不可能なことです。けれども、そのことが私たちの信仰の「いろは」として、私たちに要求されるのです。私たちが人との付き合いで、私たちの周りの人々との日々の付き合いで、売り言葉に買い言葉を繰り返さないこと、私たちが悪に悪をもって、善に善をもって報いないこと、むしろ私たちがこの人生の構造から解き放たれ、愛を、この愛を――神の愛を――擁護すること、それこそがここで重要なことなのです。

それによって、あの最初の事柄――「彼は罪を犯したことがなく、その口には偽りがなかった」――は、命の相互関係という根拠を土台として深く掘り下げられます。このような相互関係は私たちの人生そのものです。けれども、それは、この世の人々を自己満足に終始させ、神に対して心を閉ざさせるものとして克服され、捨て去られなければなりません。というのは、神はそれとは別様に御業をなされるからです。神は御自分の主権によって御自分の愛の対象を定めることで御業をなされます。

そして、第三のことは次のことです。すなわち、この方は「十字架にかかって、自らその身にわたしたちの罪を担ってくださいました。わたしたちが、罪に対して死んで、義によって生きるようになるためです。そのお受けになった傷によって、あなたがたはいやされました」。これらの御言葉はイザヤ書第五三章の神の僕の歌に由来します。すなわち、イエスがなされたことがこの神の僕の歌に従って解釈されるのです。そして、これらの御言葉が由来するこのイザヤ書第五三章では、さらに次のように続きます。「わたしたちは羊の群れ／道を誤り、それぞれの方角に向かって行った。そのわたしたちの罪をすべて／主は彼に負わせられた」〔イザヤ書第五三章六節〕。私たちは今や次のことを知っています。すなわち、「誤り」という言葉、「あなたがたは道に迷った羊である」という言葉で、そもそも何が言おうとされていたのかということを。このように語ることによって、イザヤ書第五三章のこの御言葉は次のことを言おうとしたのです。すなわち「誰しも自分の道に心を向けています。けれども、この方は御自分の道に心を向けられませんでした。むしろ、神はこの方を私たちの道に立たせられました。それは、私たちが罪に死に、義に生きるためです」と。罪に死ぬ、そうすることができるならば、それはすばらしいことでしょう。否、そうならなければならないのです！　それはペトロの手紙一のこの御言葉だけが語っていることではなく、パウロのすべての書簡が語っていることです。本来、キリスト者はそもそも、もはや罪を犯すことは「でき」ないのです。彼らはもはやまったくそうすることが「でき」ません。なぜなら、彼らは洗礼によって罪に死んだからです（ローマの信徒への手紙第六章）。私たちがこの世での生活の相互関係から解き放たれるところで、私たちの罪が葬り去る死を、私たちはそれとなく感じます。それは、あたかも私たちが「もはや自分自身の道に心を向けるのではなく、他の人の道に心を向けるようになる」と言うのと同じことです。私たちはそうすることができるのでしょうか。もちろん、できません。第一に私たちはそうすることができませんし、第二に、もしそうなったら、この世から何が生じるでしょうか。私たちはそれぞれの道に心を向けざるを得ません。私たちは経済生活の相互関係に縛られています。私たちは、私たちを動かすさまざまな衝動の赴くままに行動せざるを得ない状況に置かれています。けれども、私たちが頼らざるを得ないこの世での私たちの生活の不確かさにおいて、またその不確かさと共に、信仰の「いろは」が問われているのです。この信仰の「いろは」は問い返しとして私たちに迫って来ます。すなわち「あなたが他の人と出会い、ひょっとすると、その人があなたを必要とするところで、いったいあなたは自分の生活にどう対処しますか。あなたはそれにどう対処しますか。あなたはそこで自分の道に心を向けますか」という問い返しです。また、それはおそらく次のようであるでしょう。すなわち、私たちがこの世の相互関係において、たとえば経済の領域で下さなければならない決断、相互関係に左右されざるを得ない決断、すなわち「あなたが私にするように、私もあなたにする！」ということに左右されざるを得ない決断は、このような事情が甚だ不確かであることを知っている人がそれを実行するのと、このような事情はすばらしいと思っている人がそれを実行するのとでは、やはり異なる様相を呈するのです。

これがすなわち、私たちに「手本」を残してくださった私たちの魂の牧者また監督者に関する問いに対する最初の答えです。この「手本」に従って、信仰を一日一日、その初歩から一つ一つ学ぶことができます。そこで「あなたがたは罪に死んだ」と私たちに語られていることをその人生において実現させたいと思うならば、それを学び尽くすことは決してありません。このような途方もないイースターの喜び、それを私たちは日々新たに学ばなければなりません。私たちはそれを決して把握しません！　けれども、私たちがこの道を行くこと、それこそが大切なことなのです。

第二の答えは、私たちに与えられた聖書の御言葉の最初の部分にあります。そこでは、このキリストに向けられた熟慮がとても具体的に教会の実際的な場面に適用されています。より詳しく言えば、ここでは主人に服従する家の召し使いたちについて語られています。そこではつまずきが生じました。なぜなら、穏やかで慈しみに満ちた主人がおり、この家の召し使いたちが置かれた状況も大して悪くないのですが、無慈悲な主人たちや不当な苦しみを与える主人たちも存在するからです。そして、そのような場合には、そのような家の召し使いたちは、オネシモが語ったのとまったく同じことを語ります。「私たちはこのような主人たちのもとに留まりません」と（フィレモンの手紙）。私たちに与えられた聖書の御言葉はそれに対して次のように言っています。「あなたがたは無慈悲な主人たちのもとにも留まらなければなりません。なぜなら、悪を耐え、不正を忍ぶことが肝要だからです。あなたがたが罪を犯して打ちたたかれ、それを耐え忍んでも、何の誉れになるでしょう。しかし、善を行って苦しみを受け、それを耐え忍ぶなら、これこそ神から賜る恵みです」〔3〕と。

したがって、ここでは神から賜る恵みについて語られているのです。けれども、日々の生活のごく特殊なケースに関連づけて言及する場合にのみ、神から賜る恵みは正しく理解されます。恵みとは、そもそも一般的な事柄ではありません。むしろ、恵みとは、主人がその召し使いに不当な苦しみを与えるにもかかわらず、やり返さず、それを耐え忍ぶということを召し使いがやってのけるところでの事態なのです。それこそが恵みなのです。あるいは、私たちがそれぞれの生活の文脈で、やり返すことなしに不正を耐え忍ぶということをやってのけるところでの事態なのです。それこそが恵みなのです。概して人は「恵み」という言葉で、ごく普通なこと、すなわち「親切」や「同情」といったごく普通の仕草を理解します。けれども、恵みは、私たちが語った「〔信仰の〕いろは」に数えられるものです。ここでは、第二の節〔一九節〕が語っているように、神の良心について語られています〔4〕。すなわち、神のものであり、神が私たちに与えてくださる良心について語られています。ここでは、そのことが問題なのです。そして、神が私たちに与えてくださるこの良心は、不正を克服する力なのです。

すなわち、一つにはやり返さないこと、第二には――おそらくそれよりもはるかに重要なことです――その不正が絶えず私たちを苦しめるものとして私たちのうちに居座り、絶えず私たちを不安にし、煩わせることなく、むしろ正しくお裁きになる方に不正をお任せすることができるようになることによって、この不正を克服することです。ここで語られていることは実に明白です。ここでは次のことについて語られています。すなわち、イエスという方はののしられてもののしり返さず、苦しめられても、人を脅さなかったということです。すなわち、再び相互関係の破壊について語られており、あるいは神の愛に足を踏み入れること、主権と威厳をもってその対象を置く愛に足を踏み入れることについて語られています。それは、敵をも愛する愛としても、神の愛の驚くべき確かさにおいて、この世に存在することのできる愛です。イエス・キリストにおいて、またイエス・キリストを通して私たちに与えられる神に対する良心こそが神の恵みなのです。そして、私たちが打たれても打ち返さずにいられることが恵みなのです。それこそが恵みなのです。

今やこの「〔信仰の〕いろは」によって何が言われているのかがなんとなく分かります。すなわち、この「いろは」は「あなたがたはキリストがなさったことを実現しなければならない。さもなければ、あなたがたに災いあれ！」ということを言おうとしているのではありません。むしろ「このナザレのイエスに見られることをあなたがたはすべきである」と言っているのです。そして、事実あなたがたはそうすることができるのです。なぜなら、神の恵みはすでに道の途上にあるからです。私たちはこのテキストも、そのように聞かなければなりません。神の恵みはイエス・キリストにおいて現れたのです。神の恵みは私たちのために存在することを望み、十字架に架かって、その身に私たちの苦しみを担ってくださったのです。恵み——すなわち、もし私たちが当然のこととして、「いったい誰が罪に関して、そのようなことを成し遂げるというのでしょうか。そのようなことが成し遂げられるなどということはまったくあり得ません。いったい誰が相互関係から逃れることなどできるでしょうか」

と語るならば、その場合には、私たちは次のように言わなければなりません。「そうです、この『いろは』を初歩から一つ一つ学ぶことは、キリスト者にとって全生涯を規定する事柄です。けれども、そこで何らかの圧力があなたがたの背後に迫っているというのではなく、むしろ、そうすることのできる恵みが私たちのためにすでに用意されているのです。私たちは安心して道を進むことができます。なぜなら、恵みはイエス・キリストにおいて私たちのために存在しているからです」と。私たちはこのことをとてもよく知っています。

以上で全容が明らかになります。そして、私たちは、ペトロの手紙一が私たちの魂の牧者また監督者について語るとき、この手紙が何を言おうとしているのかを理解します。この羊飼いは恵みによって、御自分の群れのために配慮してくださるのです。すなわち、その群れが進むべき道を進み、すべての誤りから離れ、正しい方向に歩むことができるために、この羊飼いは配慮してくださるのです。この羊飼いはそのために配慮してくださいます。そして、同時にこの方は監督者でもあられます。この方は、私たちの信仰という建造物が垂直に建てられるように気を配ってくださいます。というのは、監督者とは、要するに、ある建物の壁もきちんと垂直になるように気を配る現場監督のことだからです。

それと共に、このテキストの喜ばしい知らせが私たちの前に現れます。すなわち、神がその恵みによって、私たちが信仰に生きることができるように配慮してくださるということです。同時に神はそうせざるを得ないのです。なぜなら、私たちは自分の力で、私たちの生活の相互関係から脱出することはできないからです。けれども、キリストにおける神の愛においては、そのことが可能なのです！

そして、それによって、人がどのようにして、その人生の不正を克服するかという極めて実際的な問題が語られているのです。あらゆる人生がこの問題と関わりを持ちます。あらゆる人生が不当な扱いを受ける中で愛を問われているのです。それゆえに、あらゆる人生が恵みに依り頼まざるを得ないのです。恵みは私たちにとって確かなものです。というのは、私たちは私たちの魂の牧者また監督者に向かって方向転換させられているからです！

訳注

〔1〕復活祭後第二主日の「ミゼリコルディアス・ドミニ」(Misericordias Domini) という名称は、昔のラテン語のミサの入祭文の“Misericordias Domini plena est terra”(「地は主の慈しみに満ちている」)(詩編第三三編五節、ラテン語のウルガタ訳では詩編第三二編五節)に由来する。「ミゼリコルディアス・ドミニ」はラテン語で「主の慈しみ」を意味する。

〔2〕ペトロの手紙一第二章二一節。ギリシア語は“ὑπογραμμός”。

〔3〕ここで「神から賜る恵み」と訳されている言葉は『新共同訳聖書』では、「神の御心に適うこと」と訳されている。ギリシア語本文では“χάρις”「カリス」という言葉が用いられている。ドイツ語のルター訳聖書では、「恵み」を意味する“Gnade”という言葉が当てられている。

〔4〕新共同訳聖書で、ペトロの手紙一第二章一九節の「神がそうお望みだとわきまえて」と訳されている言葉は、ドイツ語のルター訳聖書では、「神に対する良心のゆえに」と訳されている。

訳者あとがき

本書は以下の書物の翻訳です。Rudolf Landau (hg.), Christ ist erstanden. Predigten und Bilder zu Passion und Ostern (Stuttgart: Calwer Verlag, 1997).

本書は、ルードルフ・ランダウ編『光の降誕祭――二〇世紀クリスマス名説教集』（加藤常昭訳、教文館、一九九五年）の姉妹編です（編者のルードルフ・ランダウについては、『光の降誕祭』の「訳者まえがき」に詳しく紹介されていますので、そちらをご参照ください）。

本書には、二〇世紀のドイツ語圏を代表する牧師や神学者たちによって語られた、キリストの受難と復活に関する二八編の説教が収録されています。全体の構成を概観すると、四旬節になされた説教が二〇編、復活祭ならびに復活節になされた説教が八編収められています。そして、四旬節と復活節に関する一連の説教の導入の役割を果たしているのが、ゲオルク・アイヒホルツによる二編の短い説教です。いずれもヴッパータールの教会立神学大学での礼拝の際に語られたものであり、イエス・キリストの苦難と死、そして復活の意味を包括的に説き明かす優れた説教です。

原著には、編者のルードルフ・ランダウによる「まえがき」や「あとがき」は一切ありません。ですから、キリストの受難と復活に関する膨大な説教や絵画の中から、どのような意図でこれらの説教や絵画が選ばれたのかは推測する以外にありません。しかし、一つ明らかな本書の特徴は、四旬節から復活節に至る教会暦の意味を明らかにする説教が選ばれている点にあります。ヨーロッパのキリスト教会の伝統では、四旬節ならびに復活節の日曜日にそれぞれ名称が付けられています。本書の翻訳を通してそのことを改めて教えられました。訳注にも記しましたが、それらの名称はもともとラテン語のミサの入祭文の最初の言葉に由来し、それが今でも慣習的に用いられています。必ずしもすべての説教ではありませんが、その名称の由来や意味を説き明かす説教が選ばれ、編集されているのが本書の特徴の一つです。説教はそれらの教会暦の順番に配列されています。

本書には、カール・バルトやエドゥアルト・トゥルンアイゼンなど、日本でもよく知られた神学者や牧師の説教が紹介されていますが、訳者も初めて触れる神学者や牧師の説教も少なくありませんでした。年代に関して言えば、一八四二年生まれのクリストフ・ブルームハルトから、一九四六年生まれのルードルフ・ランダウに至るまで、実に一〇〇年余りの開きがあります。それらの説教はそれぞれの時代背景を色濃く反映しています。原著では、説教者についての簡潔な紹介が巻末にまとめて記されていますが、邦訳では『光の降誕祭』と同様に、それらの紹介をそれぞれの説教の冒頭に置きました。原著が出版された一九九七年当時はまだ存命であった何人もの説教者が、その後二〇年が経過する間に天に召されました。訳者自らその没年を書き入れることに寂しさを覚え、一つの時代の終わりを感じつつも、激動の世紀と言われる二〇世紀に、揺るがぬ思いでキリストの福音を証し続けたそれらの証人たちの働きに感謝と敬意を込めて、この訳書を世に送り出したいと思います。

特に難解だったのはロータァー・シュタイガーの説教でした。『光の降誕祭』にも「シュタイガーの説教は、特に独特なドイツ語のスタイルで知られる」（『光の降誕祭』一七五頁）と紹介されています。訳者の手に余る難解な説教でしたが、幸いにも教文館で翻訳の仕事をしておられる山吉智久氏にご協力いただき、翻訳を校正していただくことができました。山吉氏は八年間ドイツで学ばれ、テュービンゲン大学で博士号を取得された新進気鋭の聖書学者です。ほとんど元の訳の原型を留めないほど手を入れていただきました。その他の説教の翻訳に関しても貴重なご指摘を数多くいただきました。この場をお借りして心から感謝申し上げます。もちろん、翻訳上の責任が訳者一人にあることは言うまでもありません。翻訳に際し、訳者が後から聖書箇所を明示した箇所は〔　〕によって示してあります。基本的には、日本聖書協会の新共同訳聖書を引用しましたが、ドイツ語の原文と齟齬が生じる場合には原文に即して訳し変え、〔〜による〕と記しました。また訳注の説明に関しては岩波書店の『広辞苑』等を参照しました。

教文館の髙木誠一氏から翻訳のご依頼を受けたのは二〇一三年二月のことでした。それから約四年の月日を要してしまい、出版を遅らせてしまいましたことをお詫び申し上げますと共に、髙木氏をはじめ、忍耐強くご協力いただいたスタッフの方々に心から御礼を申し上げます。また今回も、訳者が仕える教会の教会員の方や他の何名かの方々に校正の労をとっていただきました。特に日本基督教団魚津教会牧師のウェーラー・ルツ・エステル先生には何度もメールを差し上げ、難解なドイツ語の箇所を教えていただきました。それらの方々に心から感謝申し上げます。

本書の翻訳に取り組んでいる間、教会の聖書研究祈禱会や家庭集会において、信徒の方々と共に、受難節、復活節を問わず一年を通して繰り返しキリストの受難と復活に関する説教を読む機会を与えられました。二〇世紀を代表する説教者たちの証言を通して、福音の本質である主イエス・キリストの十字架の死と復活の出来事の意味を絶えず心に留め、毎主日の説教準備に当たることができたのはとても幸いな経験でした。本書がそのように信徒の方々の信仰生活を導く書として、また教職の方々の説教の備えのための書として用いていただければ幸いです。

二〇一六年一二月アドヴェント

主の御許に召された信仰の先達を思い、復活の望みを新たにして

野崎卓道

人名索引

ア 行

アイヒェンドルフ男爵，ヨーゼフ・カール・ベネディクト・フォン（Eichendorff, Joseph Karl Benedikt Freiherr von） 98
エル・グレコ（El Grecos） 264
オーデン，ウィスタン・ヒュー（Auden, Wystan Hugh） 289

カ 行

カルヴァン，ジャン（Calvin, Jean） 89, 188, 190, 194
グリューネヴァルト，マティアス（Grünewald, Matthias） 274
ケネディ，ジョン・フィッツジェラルド（Kennedy, John Fitzgerald） 142
ゲーテ，ヨハン・ヴォルフガング・フォン（Goethe, Johann Wolfgang von） 207, 306, 319
ゲルハルト，パウル（Gerhardt, Paul） 108, 211
孔子（ドイツ語 Konfuzius） 305
ゴルヴィツァー，ヘルムート（Gollwitzer, Helmut） 90

サ 行

シュタインヴァント，エドゥアルト（Steinwand, Eduard） 275
シュレンク，エリアス（Schrenck, Elias） 22
ショーペンハウアー，アルトゥル（Schopenhauer, Arthur） 98
ストリンドベリ、ヨハン・アウグスト（Strindberg, Johan August ） 193

タ 行

ダマスキノス，ミヒャエル（Damaskinos, Michael） 264
ツヴィングリ，フルドリッヒ（Zwingli, Huldrych） 188, 190, 194
テルステーゲン，ゲルハルト（Tersteegen, Gerhard） 239

ナ 行

ニーチェ，フリードリヒ・ヴィルヘルム（Nietzsche, Friedrich Wilhelm） 143, 269, 270
ニーメラー，マルティン（Niemöller, Martin） 229

ハ 行

バッハ，ヨハン・ゼバスティアン（Bach, Johann Sebastian） 188, 190, 199, 207, 241
バルト，カール（Barth, Karl） 229, 246
ハーン，トラウゴット（Hahn, Traugott） 22
ヒトラー，アドルフ（Hitler, Adolf） 142
ヒメネス，フアン・ラモン（Jimenez, Juan Ramon） 61
ブッダ（Buddha） 305, 310
ヘルダーリン，ヨハン・クリスティアン・フリードリヒ（Hölderlin, Johann Christian Friedrich） 324
ベンゲル，ヨハン・アルブレヒト（Bengel, Johann Albrecht） 202
ボナパルト，ナポレオン（Bonaparte,

Napoléon） 207
ボンヘッファー，ディートリッヒ（Bonhoeffer, Dietrich） 49

マ 行

マルクス，カール・ハインリヒ（Marx, Karl Heinrich） 326

ラ 行

ルター，マルティン（Luther, Martin） 20, 21, 62, 74, 102, 105, 107, 108, 143, 150, 153, 154, 155, 165, 188, 190, 194, 201, 267, 321
ルートヴィヒ 1 世（Ludwig I） 151

《訳者紹介》

野 崎 卓 道（のざき・たかみち）

1973年生まれ。東京神学大学博士課程前期課程修了、同後期課程単位取得退学。日本基督教団阿佐ヶ谷教会伝道師を経て、2001-2003年ミュンヘン大学で学ぶ。現在、日本基督教団白銀教会牧師。

訳書『エーバハルト・ユンゲル説教集2　霊の現臨』（共訳、教文館、2002年）、F. W. グラーフ『プロテスタンティズム――その歴史と現状』（教文館、2008年）、W. リュティ『祝福される人々――山上の説教抄講解』（新教出版社、2009年）、『十戒――教会のための講解説教』（新教出版社、2012年）、『主の祈り――講解説教』（新教出版社、2013年）。

キリストは甦られた　20世紀レント・イースター名説教集

2017年3月20日　初版発行

訳　者　野崎卓道

発行者　渡部　満

発行所　株式会社　教文館

〒104-0061 東京都中央区銀座4-5-1　電話 03(3561)5549　FAX 03(5250)5107

URL　http://www.kyobunkwan.co.jp/publishing/

印刷所　モリモト印刷株式会社

配給元　日キ販　〒162-0814　東京都新宿区新小川町9-1

電話 03(3260)5670　FAX 03(3260)5637

ISBN978-4-7642-6727-5　　Printed in Japan